제 2 판

공기업의
정치경제

사례와 데이터로 이해하는 공공기관 정책

유승원

박영사

이 저서는 2015-17년 정부(교육부)의 재원으로 한국연구재단의
지원을 받아 수행된 연구임(NRF-2015SIA6A4A0 14194)

추천사

공기업 관련 강연을 하는 자리에 설 때가 종종 있다. 이때마다 항상 들려주던 말이 있었다. "공기업은 어렵다"이다. 경영을 맡고 있는 공기업 임직원은 물론이고 정부의 정책담당자 입장에서도 어렵다. 민간 기업은 몇 번을 실패해도 한 번의 성공으로 수백 명의 직원을 먹여 살리고 영웅이 되기도 한다. 하지만 아무리 칭찬받던 공기업이라도 한 번의 실패로 국민적 비난에 휩싸이기도 한다. 재무적 성과가 좋다고 해서 항상 칭찬을 받는 것도 아니다. 그것을 이루는 과정이 투명하고 도덕적이어야 하고 결과도 사회적 가치에 맞아야 한다. 국민은 공기업의 주인이자 가장 큰 고객이기도 하다. 주인으로서의 국민과 고객으로서의 국민의 목소리는 가끔 다르게 보이기도 한다. 공기업을 둘러싸고 국민이나 국민을 대리·대표하는 정부, 국회, 경영진, 언론, 시민·사회단체, 노동계 등 다양한 목소리와 요구를 들어야 한다.

이러한 점에서 '공기업의 정치경제'는 공기업을 둘러싼 복잡하고 난해한 고민들을 이해하는데 큰 도움을 준다. 유승원 교수는 그동안 시도되지 않았던 새로운 접근법, 정치·경제적 프리즘을 통해 공기업의 존재이유와 공기업을 둘러싼 다양한 담론들을 체계적으로 알기 쉽게 풀어낸다. 전통적인 공기업 이론에 보태어 공기업 특유의 생성과 발전과정, 현재의 지배구조가 형성된 의미, 그리고 문제점을 조목조목 꼼꼼히 분석하고 있다. 여기에 공기업이 추구하는 가치로서 공공성과 기업성 문제, 공기업의 경영평가 등 전통적인 이슈와 함께 사회적 가치경영이나 협력업체와의 동반성장, 상장공기업 등 최근에 새롭게 부각되는 이슈들을 공공기관 정책실무자와 학생들이 이해하기 쉽도록 구체적인 사례와 데이터를 사용하여 체계적으로 설명하고 있는 점은 이 책의 큰 강점이다.

「공공기관의 운영에 관한 법률」을 제정하고 현재의 제도를 마련하는데 나름대로 역할을 한 입장에서 우리나라의 공공기관 정책에 대해 큰 책임감을 가지고 있다. 한편으로 잠시나마 공기업 경영을 담당하였던 본인의 경험에 비추어 보면 제도와 현실 사이에 상당한 간극이 있음을 느꼈다. 실제 사례와 데이터를 통해 현실에 접근하는 이 책의 방식은 보다 현실에 가깝게 공기업 정책을 이해하기 위한 훌륭한 시도이다. 공기업 혁신을 위한 많은 제언도 담고 있어 정부에도 큰 도움을 줄 것으로 믿는다.

오늘날 공공기관들은 중대한 변화의 기로에 서있다. 오직 국민만을 바라보는 공공기관으로 거듭나기 위해 공공기관 정책에도 의미 있는 변화가 필요한 때다. 어느 때보다도 치열한 고민과 뼈를 깎는 노력이 필요하다. 마침 유 교수가 좋은 책을 참 좋은 시기에 써주었다. 책 구석구석 유승원 교수의 뜨거운 열정과 치열한 고민도 느낄 수 있었다. 유 교수와는 과거 기획예산처 시절부터 알고 지낸 사이지만 통찰력이 깊어 언제나 같이 일하고 싶은 동료였다. 정책 담당자로서 감사를, 과거 동료로서 심심한 축하의 인사를 보낸다. 이 책이 앞으로 많은 공공기관 정책 담당자들, 현장 실무자들과 공부하는 학생들에게 소중한 자산이 될 것을 믿어 의심치 않는다.

김용진 국민연금공단 이사장(전 기획재정부 2차관 및 한국동서발전 사장)

제2판 서문

독자들께서 제1판(2018년, 2쇄)에 좋은 반응을 주셔서 개정판인 제2판을 출판하게 되었다. 독자들께 깊은 감사를 드린다.

본서가 말하는 공기업은 「공공기관의 운영에 관한 법률」(공운법) 상 공공기관을 의미한다. 제2판은 다음의 특징을 가진다. 첫째, 공기업(공운법상 공공기관, 이하 같음)에 대한 핵심사항 중심으로 간략하게 구성하였다. 둘째, 저자가 공기업에 대해 새롭게 연구한 결과물을 반영하였다. 셋째, 대학교 공기업 교과서에서 공통적으로 다루고 있는 주요한 주제를 저자의 관점에서 분석하여 추가하였다. 마지막으로, 최신의 데이터와 사례를 이용하여 공기업 정책을 안내하였다.

공기업이 한국 경제와 국민들의 삶에 미치는 영향은 지대하다. 그러나 공기업 연구는 한국과 외국 모두에서 민간 사기업에 대한 연구만큼 활발하지 않다. 공기업을 적극적으로 연구하는 연구자 중 한 명으로서 공기업 연구 분야를 개척하고 확대해 나가고자 한다.

공기업 연구를 함께 진행했거나 진행하고 있는 부경대 이남국 교수님, 서울연구원 신가희 박사, 고려대 심연우 박사, 성균관대 유은지 박사 등 많은 동료들과, 본서에 대해 귀중한 조언을 해주신 기획재정부의 정향우 국장님, 고재신 과장님, 강준모 과장님께 감사드린다. 여러 공기업 관계자 분들은 인터뷰 등으로 도움을 주셨다. 마지막으로 부족한 저자를 아껴준 동반자, 사랑하는 아내에게 고마움을 전한다. 본서에서 개선할 사항이 있다면 모두 저자의 몫이다.

2022년 2월
저자 유승원

제1판 서문

공기업은 본래 공공가치를 실현하거나 공공재·외부효과로 인해 발생하는 시장실패 문제 등을 해결하기 위해 설립되었다. 그러나 실제로는 공기업이 오히려 실패하거나 골치 덩어리로 전락하기도 한다. 공기업의 생성과 운영원리는 중앙부처, 지방자치단체와 다르고 사기업과도 상이하다. 이러한 공기업의 특징을 고려하지 않고 공기업을 정부부처, 지자체 또는 사기업과 유사하게 바라보고 운영·관리하는 데에서 문제가 발생하는 것이 아닌가 한다.

공기업을 올바르게 이해하기 위해서는 공기업을 정치경제적 관점에서 검토할 필요가 있다. 여기서 정치적 관점은 누가 공기업에 대한 권한을 가지고 운영·관리하는가의 문제로서 지배구조(governance)와 관련이 깊고, 경제적 관점은 공기업의 제반 자원을 어떻게 배분하는가와 관련된 문제이다. 국민(주인)과 공기업(최종 대리인) 사이에서 정치권(중간 대리인)이 공기업에 어떻게 개입하고 그 결과 공기업의 자원이 어떻게 배분되는지를 분석하는 것이다.

본서는 이러한 정치경제적 접근방법을 통해 그동안 이슈가 되어 왔거나 앞으로 이슈가 될 수 있는 핵심적인 사항을 중심으로 공기업 정책을 다루고 있다. 공기업의 실제 사례와 데이터를 최대한 수집하여 설명하고 실증적으로 분석하였다. 공기업 정책 담당자나 공기업 현장의 활동가가 공기업 정책에 대한 이해를 높이고 정책을 개발하며, 대학(원)에서 공기업 수업을 진행하는데 도움이 되도록 노력하였다. 관련하여 각 장에서 살펴볼 수 있는 사항은 다음과 같다. 본서를 순서에 따라 읽어도 좋지만, 독자의 선호에 따라 필요한 장을 선별하여 읽어도 무방하다.

본서가 나오기까지 많은 분들이 도움을 주셨다. 부경대의 이남국 교수, 강원대의 김영록 교수, 지방공기업평가원의 노성민 박사는 아이디어를 제공하고 내용도 점검해 주었다. 신가희 연세대 박사과정생은 이에 더해 교정까지 꼼꼼히 봐 주었다. 박영사는 출판 작업을 원활히 진행해주었고, 여러 공기업 관계자 분들은 인터뷰 등 도움을 주셨다. 모두에게 감사드린다. 마지막으로 부족한 저자를 아껴준 동반자, 사랑하는 아내에게 고마움을 전한다.

2018년 9월
저자 유승원

목 차

추천사 • iii

제2판 서문 • v

제1판 서문 • vi

제 1 편 공공기관 길라잡이

1장 공공기관의 원리 • 3

공공기관의 의의 / 3
공공기관의 포괄범위 / 4
공공기관의 생성원리 / 6
공공기관의 운영원리 / 8

2장 공공기관의 현황 • 14

분석 대상: 「공공기관의 운영에 관한 법률」상 공공기관 / 14
중앙부처와의 비교 / 17
민간 사기업과의 비교 / 18

제 2 편   공공기관 정책의 정치적 접근

3장   공공기관의 지배구조   • 29

공공기관 지배구조의 의의 / 29
지배구조가 성과에 미치는 경로 / 31
전통적인 공공기관 지배구조: 내부 지배구조와 외부 지배구조 / 32
OECD 공공기관 지배구조 가이드라인 / 37

4장   정부의 공공기관 지정   • 42

정부의 지정: 재량 vs. 기속 / 42
공공기관 지정시와 비지정시의 차이 / 49
공공기관 지정 관련 이슈와 사례 / 52

5장   공공기관 임원의 정치적 연결   • 70

낙하산 인사 개념의 무용성과 정치적 연결 개념의 우월성 / 71
기관장, 감사, 사외이사의 정치적 연결성: 4개 정부 비교 / 77

6장   선거와 공공기관   • 84

선거가 공공기관의 경영관리에 미치는 영향 / 85
선거가 공공기관의 성과에 미치는 영향 / 87
한국의 사례 / 93

제 3 편   공공기관 운영의 관리 정책

7장   공공기관의 사회적 가치와 ESG • 101

공공기관의 사회적 책임에 대한 이해 / 101
공공기관의 정치·경제적 요인과 사회적 가치 평가 / 107
공공기관에서의 ESG / 112

8장   공공기관 경영평가 • 114

공공기관 경영평가 개요 / 114
공공기관 경영평가 결과 분석 / 121
공공기관 경영평가에 대한 평가와 문제점 / 124

9장   공공기관의 인사 · 조직 · 재무 관리 및 노사관계 • 133

공공기관의 인사관리 / 133
공공기관의 노사관계 / 136
공공기관의 조직관리 / 138
공공기관의 재무관리 / 140

제 4 편   공공기관 정책의 경제적 접근

10장   공공기관과 협력업체의 동반성장 • 145

공공기관 협력업체의 현황 / 147
공공기관 협력업체의 성과 / 153

공공기관의 성과와 협력업체의 성과간 관계 / 156
공공기관 동반성장 평가 / 165

11장   **공공기관 민영화**   • 168

공공기관 민영화의 이해 / 169
공공기관 민영화의 성과에 대한 연구 정리 / 173
역대 정부별 민영화 정책 / 184

12장   **주식시장에 상장된 공공기관**   • 197

국내 및 해외의 상장 공공기관 현황 / 197
공공기관 상장(부분 민영화) 정책의 목표 / 200
상장 공공기관 정책의 해외 사례 / 204
한국의 상장 공공기관 정책 / 211

참고문헌 • 219

찾아보기 • 229

표 목차

표 1-1   공공기관의 생성원리 및 관련 공공기관 예시 * 7
표 1-2   공공성과 기업성의 조화 사례: 한국전력공사의 전기요금 * 12
표 2-1   공운법 상 공공기관(중앙 공공기관) 현황 * 15
표 3-1   전통적인 공공기관 지배구조: 내부 지배구조와 외부 지배구조 * 33
표 3-2   공공기관의 내부 지배구조: 핵심 요인 * 35
표 3-3   공공기관의 외부 지배구조: 핵심 요인 * 37
표 3-4   OECD 공공기관 지배구조 가이드라인 내용 및 한국에서의 적용 평가 * 41
표 4-1   연도별 공공기관 지정 현황 * 47
표 4-2   「공공기관의 운영에 관한 법률」 제5조에 의한 공공기관 유형 분류 관련 주요사항 정리 * 48
표 4-3   공공기관 지정시와 비(非)지정시의 차이 * 50
표 4-4   공공기관 지정시 정부가 재량을 발휘할 때의 장단점 * 54
표 4-5   공공기관 지정시 법률에 기속(의무 분류)시킬 경우의 장단점 * 55
표 4-6   정부의 재량적 지정 사례: 한국산업은행 등 * 58
표 4-7   KBS와 EBS의 공공기관 지정 요건 충족 여부 * 61
표 4-8   KBS, EBS가 공공기관으로 지정되는 경우의 실익 검토 * 64
표 4-9   상호부조기관의 공공기관 지정 요건 및 실제 지정 현황 * 66
표 4-10 상호부조기관의 공공기관 지정 관련 실익 검토 * 68
표 5-1   낙하산 개념의 단점과 정치적 연결성 개념의 우월성 * 76
표 5-2   공공기관 임원의 정치적 연결에 해당하는 5가지 사례 * 78
표 6-1   선거가 공공기관의 성과에 미치는 영향을 미치는 경로 * 92
표 6-2   선거와 공공기관의 성과에 대한 사례 * 97
표 7-1   공공기관 경영평가중 사회적 책임 활동 관련 평가 지표와 배점 * 105
표 7-2   사회적 책임에 대한 국제표준화기구(ISO)의 규정 * 106
표 7-3   공공기관의 ESG 관련 공시 확대 사항 * 112
표 7-4   ESG 관련 공공기관 경영평가에서 활용할 수 있는 지표 예시 * 113
표 8-1   공공기관 경영평가의 평가 유형 구분 * 115
표 8-2   공공기관 경영평가 지표 및 가중치 예시(공기업) * 116
표 8-3   한국철도공사의 경영평가 결과 예시 * 120
표 8-4   공공기관 유형별 경영평가 총점 및 등급 현황 * 121
표 8-5   경영평가 항목간 피어슨 상관계수 * 128
표 8-6   계량평가에서 기관이 제시한 점수 대비 평가단이 인정한 점수 * 130
표 8-7   경영평가 실적보고서(증빙자료 포함)의 오류 또는 허위 사례 * 131
표 10-1 공기업 협력업체의 개요 * 147
표 10-2 공기업 협력업체의 산업별 분포 현황 * 149
표 10-3 공기업이 거래하는 협력업체 현황 * 149
표 10-4 공기업 유형별 협력업체 현황 * 150
표 10-5 소위 재벌에 속하는 대규모 협력업체 현황 * 151
표 10-6 공기업 협력업체의 주식시장 상장 현황 * 152

표 10 - 7　　　공기업 협력업체의 소속 주식시장별 특성 분석 • 152

표 10 - 8　　　협력업체 성과 분석을 위한 공통 지표 • 153

표 10 - 9　　　공기업 협력업체의 성과 개요 • 154

표 10 - 10　　공기업 유형별 대규모 기업집단 협력업체와 여타 협력업체의 성과 분석 • 155

표 10 - 11　　공기업의 재무성과와 협력업체의 재무성과간 상관관계 • 157

표 10 - 12　　공기업의 재무성과와 협력업체의 재무성과간 상관관계(공기업 유형별) • 158

표 10 - 13　　공기업의 재무성과와 협력업체의 재무성과간 상관관계(상장 협력업체, 비상장 협력업체) • 160

표 10 - 14　　공기업의 재무성과와 협력업체의 재무성과간 상관관계(대규모 기업집단 협력업체, 여타 협력업체) • 160

표 10 - 15　　공기업의 정부 경영평가 등급간 공기업의 재무성과 차이비교 • 162

표 10 - 16　　공기업의 정부 경영평가 등급간 협력업체의 재무성과 차이비교 • 162

표 10 - 17　　공기업의 정부 경영평가 등급간 협력업체의 재무성과 차이비교(공기업 유형별) • 163

표 10 - 18　　공기업의 정부 경영평가 등급간 협력업체의 재무성과 차이비교(기타) • 164

표 10 - 19　　공공기관 동반성장 평가 항목 및 배점 • 165

표 10 - 20　　공공기관 동반성장 평가 결과 (2017년 - 2021년 평가) • 166

표 11 - 1　　　민영화된 기관에 대한 후생변화 분석 • 177

표 11 - 2　　　민영화된 기관에 대한 형평성 등 기타사항 분석 • 181

표 11 - 3　　　민영화의 성과(효율성·형평성 등) 정리 - 선행연구 종합 • 182

표 11 - 4　　　역대 정부별 민영화 정책 정리(계획, 실행, 성과·환류 측면) • 195

표 12 - 1　　　국내 상장 공공기관 현황 • 198

표 12 - 2　　　해외 상장 공기업 현황 • 199

표 12 - 3　　　완전 민영화의 목표와 공공기관 상장(부분 민영화)의 목표 • 203

표 12 - 4　　　상장 공공기관 정책에 대한 해외사례 • 209

표 12 - 5　　　상장 공공기관 대한 정부의 출자금 및 보조금 지원(2012년~20년) • 212

표 12 - 6　　　한국의 상장 공공기관 관련 정책 • 217

그림 목차

그림 1-1 공공부문의 포괄범위에서 바라본 공기업(공공기관) •5
그림 1-2 정부부처·지자체와 사기업의 대리인 구조 •9
그림 1-3 공공기관의 대리인 구조 •10
그림 2-1 공운법상 공공기관의 현원 현황(중앙부처 대비) •17
그림 2-2 공운법상 공공기관의 예산 현황(중앙부처 대비) •17
그림 2-3 공운법상 공공기관 전체 현황(삼성전자 대비) •19
그림 2-4 최대 규모 공기업(한국전력공사) 현황(현대자동차 대비) •20
그림 2-5 공운법상 공공기관 평균 수준 현황(SK가스 대비) •21
그림 4-1 공운법에 따른 공공기관 지정 및 배제 흐름도 •43
그림 5-1 낙하산 인사와 정치적 연결성, 그리고 1종·2종 오류 •77
그림 5-2 기관장의 정치적 연결성 •80
그림 5-3 감사(위원장)의 정치적 연결성 •81
그림 5-4 사외이사의 정치적 연결성 •82
그림 6-1 선거가 공공기관의 성과에 영향을 미치는 경로 •88
그림 6-2 선거 연도의 재무성과와 정부평가(공공기관 경영평가) 결과 비교 •95
그림 6-3 실증분석−선거가 재무성과 및 정부평가에 미치는 영향 •96
그림 6-4 실증분석−선거와 공공기관의 성과가 기관장의 교체에 미치는 영향 •96
그림 7-1 사회적 가치 평가 현황 •107
그림 7-2 공공기관의 정치적 요인과 사회적 가치 평가 •110
그림 7-3 공공기관의 경제적 요인과 사회적 가치 평가 •111
그림 8-1 공공기관 경영평가 등급 현황(2010년~20년 실적평가) •122
그림 8-2 공공기관 유형별 경영평가 등급 현황(2010년~20년 실적평가 평균) •123
그림 8-3 공공기관 경영평가 총점의 4개 정부간 비교 •124
그림 10-1 공기업 협력업체의 소위 재벌·중견기업·중소기업·소상공인 현황 •148

제 1 편

공공기관 길라잡이

1장 공공기관의 원리

2장 공공기관의 현황

공공기관의 원리

공공기관의 의의

공(公)기업 또는 공공(公共)기관은 사(私)기업의 형태를 띠고 사기업의 방식으로 운영되지만 공적(公的)인 기능(목적)을 가지는 조직을 말한다.

공공기관은 삼성전자 또는 현대자동차와 같이 영리를 추구하는 법인 또는 주식회사의 형태를 가지며, 기획재정부·보건복지부 등 정부 부처 형태를 가지지 않는다. 또한, 공공기관은 사기업 방식으로 운영되기에 사장(기관장)이 공공기관의 최고경영자(CEO)이고, 조직의 중요한 의사결정은 다수의 이사로 구성된 이사회에서 집단 지성 및 견제와 균형에 의해 결정된다. 대통령·장관에 의해 지휘되고 이사회가 없는 정부 부처와 상이하다.

한편, 공공기관은 공적인 기능(목적)을 가진 조직이다. 사기업은 이윤을 극대화하여 사기업의 주인인 주주에게 이윤을 분배하려는 사적인 기능을 하는 조직이다. 법을 지키기만 한다면 주주 이외의 다른 사람 또는 조직에 대한 배려는 최소화하는 것이 사기업의 생리이다. 반면, 공공기관과 정부는 조직 내부 구성원의 이윤이 아닌 전체 국민·시민의 공공(公共)복리(행복, 안전, 발전 등)를 위해 운영되는 조직이라는 점에서 공통점을 가진다.

우리 신체의 여러 장기 중 심장(가슴)과 뇌(머리)는 감성과 이성을 지배한다. 팔·다리는 우리의 감성과 이성에 의해 움직이는 조직에 해당한다. 공공기관의 가슴(감성)과 머리(이성)는 공적(公的)인 기능을 하고, 팔과 다리는 사기업의 형태를 가지며 사기업처럼 운영되도록 설계된 것이다. 즉, 공공기관은 태생적으로 공적(公的) 기능과 사적(私的) 운영이라는 두 가지 사항을 동시에 가지고 있는 조직이다.

조직을 훌륭하게 운영하는 것은 말처럼 쉽지 않다. 현실에서는 공적 기능과 사적 운영 중 하나만 잘해도 평균 수준에 해당한다고 대외적으로 평가받을 수 있다. 그런데 공공기관은 이 두 가지를 모두 잘하여 최상위 조직이 되라고 요청받고 있는 것이다. 공공기관은 상반된 것으로 보일 수 있는 두 가지(공적 기능과 사적 운영)를 동시에 추구하기에 대단히 훌륭하거나 고도로 발달된 조직이 되어야 할 것이다. 그러나 현실에서는 두 가지 중 하나만 잘하는 것도 쉽지 않고 두 가지 모두를 놓칠 수도 있다. 이상은 높지만 현실은 그에 미치지 못할 가능성이 존재하는 것이다. 이것이 공공기관이 가진 태생적 신비로움 또는 태생적 딜레마이다.

공공기관의 포괄범위

공공기관의 포괄범위는 어느 조직이 공공기관인지, 어디까지가 공공기관을 포괄하는 울타리에 해당하는지를 말하는 것이다. 아래에 몇 가지 기관이 제시되어 있다. 독자는 해당 기관이 공공기관에 해당하는지, 어디까지가 공공기관인지 생각해 보기 바란다[1].

① 한국전력공사, 한국도로공사, 한국산업은행, 한국수출입은행
② 서울교통공사, 부산도시공사
③ 국민연금공단, 한국농어촌공사, 대한무역투자진흥공사(KOTRA), 한국개발연구원(KDI), 한국여성정책연구원
④ 경상남도 문화예술진흥원, 전라남도 중소기업진흥원, 서울연구원

---

1) 해당 사례는 유승원(2020)을 참고하였다.

답은 ①, ②, ③, ④ 모두가 공공기관이다. 일부 독자는 ①만 공공기관이거나, ①과 ③이 공공기관에 해당한다고 생각할 수 있다. 하지만, ②와 ④도 공공기관이다. [그림 1-1]에서와 같이, ①과 ③은 중앙정부와 관련된 중앙 공공기관이고, ②와 ④는 지방정부와 관련된 지방 공공기관이다. 즉, 공공기관은 중앙 공공기관과 지방 공공기관 모두를 포괄하는 개념이다. 이는 저자뿐 아니라 IMF, UN, OECD, EU 등 국제기구가 공통적으로 규정하는 사항이다. 참고로, ③은 중앙 공공기관이면서 중앙정부에 속하는 기관이고, ④는 지방 공공기관이면서 지방정부에 속하는 기관이다[2].

그림 1-1 공공부문의 포괄범위에서 바라본 공기업(공공기관)

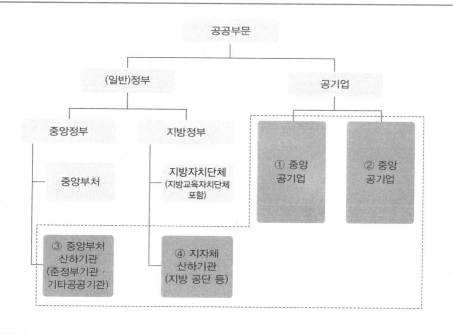

---

2) 일반 국민과 정부 공무원 중 일부는 중앙정부는 중앙부처만 해당하고, 지방정부는 지방자치단체만 해당하는 것으로 생각하는 경향이 있다. 그러나 중앙정부에는 중앙부처뿐만 아니라 중앙 산하기관도 포함되고, 지방정부에는 지방자치단체뿐만 아니라 지방 산하기관도 포함된다. 이는 국제기구가 공통적으로 규정하는 사항이다.

국제기구와 한국 법률이 ①, ②, ③, ④ 각각을 부르는 명칭은 다소 상이하다. 그러나 그 내용은 일맥상통한다. 국제기구는 ①은 중앙 공기업, ②는 지방 공기업, ③은 중앙 산하기관, ④는 지방 산하기관이라 부른다. 한국 법률은 ①은 공기업, ②는 지방공기업, ③은 준정부기관 및 기타공공기관, ④는 지방 공단 등이라고 칭한다. ①과 ③은 「공공기관의 운영에 관한 법률」이 규정하고 있고, ②와 ④는 「지방공기업법」 등이 규정하고 있다.

국제기구와 한국 법률은 [그림 1-1]에서와 같이 공기업과 공공기관을 상이한 기관으로 규정하고 있다. 그러나 일반 국민은 공기업과 공공기관은 동일하다고 인식하는 경향이 있다. 대학교에서 수강하는 공기업론과 관련 책은 일반 국민의 인식에 바탕을 두고 만들어진 명칭으로 과거의 전통을 따른 것이다. 이 책도 전통을 따라 공기업이라는 용어를 사용하지만, 국제기구 규정 및 한국 법률 상 공공기관을 의미한다.

본서의 사례와 데이터는 「공공기관의 운영에 관한 법률」에 근거를 둔 중앙 공공기관인 ①, ③을 중심으로 설명한다. 그러나 본서의 논리는 지방 공공기관인 ②, ④에도 동일하게 적용된다.

공공기관의 생성원리

많은 학자들이 공공기관의 생성원리에 대해 논하고 있지만 대체로 경제적인 원리 및 정치사회적인 원리 등 두 가지로 요약할 수 있다[3].

경제적인 원리는 시장실패 치유와 산업·지역개발 및 경제안정으로 나눌 수 있다. 먼저 시장실패 치유는 공공재, 외부효과, 정보의 비대칭, 자연독점 등의 시장실패 문제를 사기업 등 민간부문이 해결할 수 없기 때문에 정부가 공공기관을 통해 치유하는 것이다. 공공기관을 통한 공공재 문제의 해결은 안전, 연구개발 등이 이에 해당할 수

---

3) 여타 생성원리로는, 과거의 공공기관에서 찾아볼 수 있는 유형으로서, 국가적 위신(예: 과거 대한항공공사) 또는 역사적 유산(예: 일제 잔재였던 과거 대한통운주식회사)에 의해 공공기관이 설립되는 경우가 있다(김준기, 2014: 36).

있다(한국전기안전공사, 한국가스안전공사, 한국연구재단 등). 공공기관을 통한 외부효과의 해결은 환경문제, 국민건강 등의 사항이 해당할 수 있다(한국환경공단, 해양환경관리공단, 국민건강보험공단 등). 공공기관을 통한 정보의 비대칭 문제의 해결은 소비자정보, 안전정보 등이 여기에 해당할 수 있다(한국소비자원, 식품안전정보원 등). 자연독점 문제는 유틸리티 산업이 해당된다(한국전력공사, 발전사 등).

산업·지역 개발 및 경제안정의 경우 민간자본이 충분하지 않은 상태에서 국가경제 또는 지역을 개발하고자 할 경우 또는 개별 산업 진흥과 경제위기시 경제안정 등을 위해 공공기관이 활용될 수 있다(한국토지주택공사, 대한무역투자공사(KOTRA), 중소기업진흥공단, 한국산업은행, 한국자산관리공사 등).

정치사회적 원리는 국가전략 지원 및 취약계층지원 등 공공가치 실현으로 구분할 수 있다. 국가전략 지원은 국방, 화폐 등 국가의 전략적 지원이 필요한 경우에 해당한다(국방과학연구소, 한국국방연구원, 한국조폐공사 등). 취약계층지원 등 공공가치 실현은 여타 기관 또는 정부부처보다 형평성을 적극적으로 추구하기 위한 것으로 이해할 수 있다(한국장애인고용공단, 한국노인인력개발원, 한국보훈복지의료공단, 한국청소년상담복지개발원 등).

표 1-1 공공기관의 생성원리 및 관련 공공기관 예시

생성 원리		공기업 예시
경제적 원리	시장실패 치유	• 공공재: 한국전기안전공사, 한국가스안전공사, 한국연구재단 등 • 외부효과: 한국환경공단, 해양환경관리공단, 국민건강보험공단 등 • 정보의 비대칭: 한국소비자원, 식품안전정보원 등 • 자연독점: 한국전력공사, 발전사 등
	산업·지역개발 및 경제안정	• 한국토지주택공사, 대한무역투자진흥공사(KOTRA), 중소기업진흥공단, 한국산업은행, 한국수출입은행 등
정치 사회적 원리	국가전략 지원	• 국방·화폐 등: 국방과학연구소, 한국국방연구원, 한국조폐공사 등
	취약계층지원 등 공공가치 적극실현	• 한국장애인고용공단, 한국노인인력개발원, 한국보훈복지의료공단, 한국청소년상담복지개발원 등

[표 1-1]은 공공기관의 생성원리와 예시 기관이다. 이때 각 공공기관의 대표적인 생성원리를 기준으로 생성원리와 예시 기관을 매칭하였다. 그러나 공공기관은 성격에 따라 다수의 생성원리를 가질 수도 있다. 예를 들어 한국토지주택공사는 민간 건설사가 저렴한 주택을 사회적으로 적정한 수준보다 과소하게 공급하여 발생하는 시장실패

를 치유하기 위한 공공가치 실현과 도시지역 개발 등의 복수의 생성원리가 있을 수 있다. 이러한 공공기관은 여타 기관에 비해 생존 이유가 상대적으로 강한 공공기관이다.

반면 생성원리가 없거나 취약한 공공기관도 존재할 수 있다. 이러한 기관은 생존 이유가 취약한 기관이 될 것이다. 공공기관의 민영화 또는 기능 조정 검토시 우선 해당 공공기관의 생성 원리와 그 강도를 분석할 필요가 있을 것이다.

공공기관의 운영원리

특수한 주인-대리인 구조 하의 운영[4]

공공기관의 운영원리중 정부부처 · 지방자치단체 및 사기업과 가장 상이한 점은 특수한 주인-대리인 문제를 가지고 있다는 점이다. [그림 1-2]에서 보듯이 정부부처 · 지방자치단체의 주인-대리인 관계는 주인(국민 · 주민)-대리인(정치권 · 정부 · 지자체)으로 단순하다. 사기업도 주인(주주)-대리인(경영진)으로 마찬가지의 단순한 구조이다. 그러나 [그림 1-3]처럼 공공기관은 주인(국민 · 주민)-중간대리인(정치권 · 정부 · 지자체)-최종대리인(공기업)으로 다중적(복:複) 대리인 구조를 가지고 있다(Vickers & Yarrow, 1988; Yarrow, 1989).

대리인은 주인의 목표와 상이한 자신만의 목표를 추구하는데 이 과정에서 대리인 비용이 발생한다(Fama & Jensen, 1983; Jensen & Meckling, 1976). 이때 공공기관의 다중적 대리인 구조 때문에 공공기관의 대리인비용([그림 1-3]에서 사각형 면적)이 정부부처 · 지방자치단체나 사기업의 대리인비용([그림 1-2]에서 삼각형 면적)보다 클 확률이 높다.

공공기관의 대리인 문제를 풀기 위해서는 공공기관에만 독특하게 존재하는 중간 대리인과 최종 대리인 간의 문제를 푸는 것이 핵심이다. 이때 주목할 사항이 목표왜곡 A이다[5]. 이것은 정치권 · 정부 · 지자체 등 중간 대리인이 주인(국민 · 주민)의 목표가

---

4) 본 사항은 배득종 · 유승원(2014: 501-503)을 수정 · 보완하였다.
5) 주인(국민 · 주민)과 중간 대리인(정치권 · 정부 · 지자체)간의 또 다른 목표왜곡은 정치학 관련 연구에서 다양하게 논의되고 있기에 본서는 다루지 않는다.

그림 1 - 2 | 정부부처·지자체와 사기업의 대리인 구조

(a) 정부부처·지자체의 대리인 구조

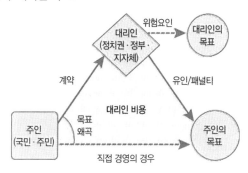

(b) 사기업의 대리인 구조

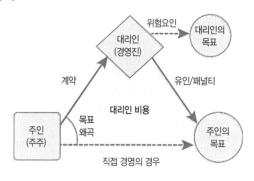

주: 배득종·유승원(2014)을 수정·보완함

아닌 자신(중간대리인)의 목표를 최종 대리인(공기업)을 통해 추구하면서 발생하는 왜곡
이다.

정치권·정부·지자체는 제반 정책 등 제도를 통해 주인의 목표와는 상이한 자신
의 목표를 추구할 수 있다. 또한 자신의 정치적 네트워크와 연결된 인사(정치적 연결 인
사)를 선임함으로써 손쉽게 자신의 목표를 추구할 수도 있다. 즉 공공기관의 대리인
문제를 해석하고 푸는데 주요한 열쇠가 될 수 있는 것은 공공기관의 정책을 왜곡시킬
여지가 있는 제반 제도 등으로 볼 수 있다. 본서는 이에 대한 사항을 여러 곳에서 논
의하고 있다.

그림 1 - 3   공공기관의 대리인 구조

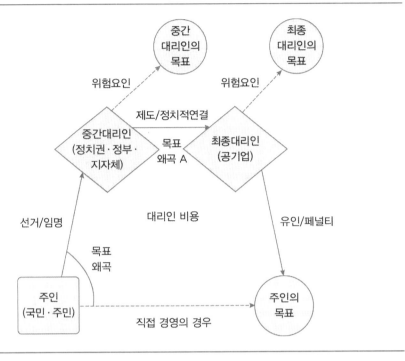

주: 배득종·유승원(2014)을 수정·보완함

기업성과 공공성을 함께 추구

사기업은 주로 기업성을 추구한다. 정부부처 및 지방자치단체는 주로 공공성을 추구한다. 그러나 공공기관은 기업성과 공공성을 균형되게 추구할 것을 요청받는다. 여기서 말하는 기업성은 이윤 추구를 의미한다. 고수익, 저비용을 통해 이윤을 극대화하거나 경우에 따라서는 손실을 극소화하는 것이 기업의 본연의 목적이다.

이때 기업성과 효율성을 동일한 개념으로 보는 경우가 있다. 즉 업무 추진 과정에서 투입(input)을 낮추거나 산출물(output)을 높여서 투입 대비 산출물의 비율을 높이거나 공기업의 업무추진 과정에서 비효율성을 제거하는 것이 기업성이라고 오해하는 것이다. 기업성(이윤 추구)은 기업의 목적이고, 효율성은 도구이다. 따라서 기업성과 효율성은 별개의 개념이다. 효율성은 공기업의 또 다른 목적중 하나인 공공성을 추구할 때에도 도구로 활용될 수 있다.

공공기관에게 기업성이 요청되는 이유는 공공기관 활동의 재원을 국민의 세금 등으로 보전하는 것이 아니라 공공기관(특히, 공기업)이 스스로 마련할 수 있기 때문이다. 즉 공공기관(특히, 공기업)은 정부부처·지방자치단체와 달리 경영활동을 통해 시장에서 거래를 하며 자체적으로 수입을 마련할 것이 요청된다.

공공기관이 기업성을 얼마나 달성하고 있는지를 판단할 수 있는 좋은 지표 중 하나는 이윤, 자체수입 비중 또는 부채비율 등이다. 당기순이익이 크거나, 총 수입 중 정부나 지방자치단체의 지원액을 제외한 자체수입이 차지하는 비중이 큰 공공기관은 대체로 기업성이 높다고 평가할 수 있다. 또한 공공기관이 계속 적자를 보거나 자체수입 비중이 낮다면 외부에서 재원을 조달해서 보전해야 하기 때문에 부채비율이 높거나 상승하게 되므로 기업성이 낮다고 평가할 수 있다.

공공성은 공공의 이익, 쉽게 말해 국민 또는 지자체 주민 전체의 삶에 도움이 되는 것을 말한다. 국민 또는 주민의 먹거리, 일거리, 향유 거리 등 삶과 관련된 제반 사항을 윤택하게 하거나 이와 관련된 문제점을 해결하는 것을 의미한다. 정책당국이나 공공기관 현장에서는 공공기관의 공공성을 모호하게 생각하는 경향이 있다. 그러나 공공기관은 사기업이 시행하지 못하는 공공성을 해결하기 위해 설립된 기관이다. 따라서 해당 공공기관의 생성원리를 충실히 이행하면 그 공공기관에게 부여된 공공성을 자연스럽게 만족시킬 수 있을 것이다.

예를 들어 시장실패 치유가 주요 생성원리인 공공기관은 공공재를 공급하고 외부효과, 정보의 비대칭 또는 자연독점을 잘 해결하면 그것이 공공성을 만족시키는 것이 된다. 산업·지역개발 및 경제안정이 주요 생성원리인 공공기관은 이를테면 토지·주택 개발을 잘하고, 기업의 무역 또는 투자를 진흥시키고, 수출입·산업 및 중소기업을 효과적·효율적으로 진흥시키면 될 것이다. 취약계층지원 등 공공가치를 적극 실현시키는 것이 주요 생성원리인 공공기관은 주요고객의 니즈(needs)를 법령에 따라 잘 만족시키면 자연스럽게 공공성이 충족될 것이다.

그런데 공공기관의 기업성과 공공성은 서로 상충되는 경우가 있다. 기업성은 이윤을 극대화(또는 손실을 극소화)하는 것인데 이를 위해서는 쉽게 말해 돈이 되는 상품 또는 서비스를 선별하여 생산하고, 고객도 그러한 고객을 선별하거나 차별화하여 관리할 필요가 있다. 그러나 상품·서비스 또는 고객을 차별화하면 공공성은 만족하기 어려워진다.

공공기관의 기업성과 공공성이 상충되는 정도는 공공기관을 둘러싼 환경에 의해

결정되는 경향이 강하다(김준기, 2014). 예를 들어 호경기보다 불경기시에 기업성과 공공성이 상충되는 정도가 더욱 커질 수 있다. 사기업과 달리 공공기관은 불경기임에 불구하고 경제회복과 취약계층 지원 등을 위해 적극적인 지출 또는 투자를 하는 경우가 있기 때문이다.

표 1-2 공공성과 기업성의 조화 사례: 한국전력공사의 전기요금

[공공성 관련]
전기를 생산하는데 들어가는 제반 원가가 전기를 판매하여 얻는 총수입중 차지하는 비율인 원가보상률이 2014년 기준으로 98.4%(전수연, 2016)에 불과하다. 한국의 전기요금과 OECD 국가를 비교해보면 산업부문 전기요금은 OECD 평균 가격이 한국의 1.1배, 주거부문 전기요금은 OECD 평균 가격이 한국의 1.6배에 해당한다(전수연, 2016). 이는 한국의 전기요금이 전력을 공급하는 원가에 미치지 못하고 외국에 비해서도 저렴한 것을 의미한다. 공공성이 달성되고 있다고 볼 수 있다.

[기업성 관련]
반면 한국전력공사는 원가에 미달하는 전기요금을 받다보니 상당 기간 손실을 보았다(2009년 △2.8조원, 2011년 △3.3조원, 2012년 △2.7조원, 자료: 금융감독원 전자공시시스템). 공공성을 추구하는 과정에서 기업성이 다소 훼손되었다고 볼 수 있다.

[공공성과 기업성의 조화]
최근 들어 한국전력공사는 2016년 전력요금 누진제를 일부 개편하는 등 국민 편의 제고를 위해 노력하였다. 또한 경영효율화화 업무 프로세스 개편, 조직·인사 및 내부평가와 관련된 개편을 추진하여 6,257억원의 비용을 절감한 바 있다(기획재정부, 2017: 435-436). 이처럼 효율성 제고를 통해 전기요금 인상 억제와 비용 절감을 동시에 달성하고 결과적으로 공공성과 기업성을 함께 추구할 수 있다.

[개선의 여지]
그러나 한국전력공사가 공공성과 기업성을 추가로 개선시킬 여지는 존재한다. 예를 들어 현재의 전기요금 체계는 산업용 전기가 가정용 전기에 비해 상당한 혜택을 받게끔 설계되어 있고, 최근 소득 수준 증가와 기후 변화 등에 따른 필수 전기소비량이 증가한 것을 충분히 반영하지 않고 있으며, 가정용 전기의 경우 집에 사는 사람의 수(가구원 수)를 고려하지 않아 1인 가구와 다인 가구간 요금 형평성에 문제가 발생하고 있다. 이러한 문제점 등을 개선하여 전기요금체계를 보다 효율화하면서 국민 고객의 요청에 대응할 필요가 있다. 또한 사업을 추진하는 과정에서 직원들이 금품을 수수하고 부당하게 업무를 처리하는 경우(감사원 보도자료, 2018.2.8) 등을 억제한다면 한국전력공사의 공공성과 기업성은 현재보다 개선될 것이다.

그렇다고 공공기관의 기업성과 공공성이 반드시 상충되는 것은 아니다. 공공기관이 효율적으로 업무를 추진하고 국민 고객의 요청에 잘 대응할 경우 공공성과 기업성을 동시에 제고시킬 수 있다. 공기업이 정치권으로부터 받는 불필요한 영향은 줄이고 국민 고객에의 대응성을 높일수록 공공성과 기업성이 조화롭게 달성될 수 있을 것이다. [표 1-2]에서 한국전력공사의 사례를 참고하자.

공공기관이 기업성과 공공성을 잘 달성하고 있는지를 평가하고 긍정적인 방향으로 견인할 수 있는 방법 중 하나가 정부의 평가이다[6]. 그렇지만 공공기관의 공공성을 측정할 수 있는 지표는 기업성처럼 명확하지 않다. 기업성과 달리 공공성은 보는 사람에 따라 다양한 의견을 제시할 수 있기 때문이다. 또한 공공성 개념의 성격상 정성적(비계량) 방법으로 평가할 소지가 높은데 이 경우 평가의 객관성이 높지 않고, 반대로 평가의 객관성을 높이기 위해 정량적(계량) 방법으로 평가할 경우 해당 지표에 대한 수용성이 높지 않을 수 있기 때문이다.

---

6) 이에 대한 자세한 사항은 제7장(공공기관의 사회적 가치와 ESG)과 제8장(공공기관 경영평가)을 참고하기 바란다.

2장

공공기관의 현황

분석 대상: 「공공기관의 운영에 관한 법률」상 공공기관

본서가 집중하는 공기업은 일반 국민이 인식하는 공기업으로서 광의의 공기업에 해당한다. 이 중, 사례와 데이터를 제공하는 공기업은 중앙 공공기관으로서, 「공공기관의 운영에 관한 법률」(이하, 공운법) 상 공공기관을 의미한다. 이들 중앙 공공기관은 [표 2−1]과 같이 2021년 12월 현재 350개 기관이다[1]. 참고로, [표 2−1]에서 시장형 공기업, 준시장형 공기업, 기금관리형 준정부기관, 위탁집행형 준정부기관, 기타공공기관이라는 용어는 중앙 공공기관의 유형을 구분한 용어로서 제4장에서 구체적으로 설명한다.

이들 350개 기관은 중앙부처 소속 기관으로서, 독자들에게 익숙한 공기업도 있고 그렇지 않은 공기업도 있다. 이들 모든 중앙 공공기관이 독자들의 경제·사회 활동, 에너지, 안전 등 생활 전반에 큰 영향을 미치고 있다.

---

1) 이에 대한 자세한 사항은 제4장(정부의 공공기관 지정)을 참고하기 바란다.

표 2-1	공운법 상 공공기관(중앙 공공기관) 현황 (2021년 12월 기준)
구 분	(주무 중앙부처) 기관명
시장형 공기업 (16)	(산업부) 한국가스공사, 한국광물자원공사, 한국남동발전㈜, 한국남부발전㈜, 한국동서발전㈜, 한국서부발전㈜, 한국석유 공사, 한국수력원자력㈜, 한국전력공사, 한국중부발전㈜, 한국지역난방공사, 주식회사 강원랜드 (국토부) 인천국제공항공사, 한국공항공사 (해수부) 부산항만공사, 인천항만공사
준시장형 공기업 (20)	(기재부) 한국조폐공사 (문체부) 그랜드코리아레저㈜ (농식품부) 한국마사회 (산업부) ㈜한국가스기술공사, 대한석탄공사, 한국전력기술㈜, 한전KDN㈜, 한전KPS㈜ (국토부) 제주국제자유도시개발센터, 주택도시보증공사, 한국도로공사, 한국부동산원, 한국철도공사, 한국토지주택공사, 주식회사 에스알 (해수부) 여수광양항만공사, 울산항만공사, 해양환경공단 (방통위) 한국방송광고진흥공사 (환경부) 한국수자원공사
기금관리형 준정부기관 (13)	(교육부) 사립학교교직원연금공단 (문체부) 국민체육진흥공단, 한국언론진흥재단 (산업부) 한국무역보험공사 (복지부) 국민연금공단 (고용부) 근로복지공단 (중기부) 기술보증기금, 중소기업진흥공단 (금융위) 신용보증기금, 예금보험공사, 한국자산관리공사, 한국주택금융공사 (인사처) 공무원연금공단
위탁집행형 준정부기관 (83)	(기재부) 한국재정정보원 (교육부) 한국교육학술정보원, 한국장학재단 (과기부) (재)우체국금융개발원, (재)한국우편사업진흥원, 우체국물류지원단, 정보통신산업진흥원, 한국과학창의재단, 한 국방송통신전파진흥원, 한국연구재단, 한국인터넷진흥원, 한국정보화진흥원, 재단법인 연구개발특구진흥재단 (외교부) 한국국제협력단 (문체부) 국제방송교류재단, 한국콘텐츠진흥원, 아시아문화원, 한국관광공사 (농식품부) 농림수산식품교육문화정보원, 농림식품기술기획평가원, 축산물품질평가원, 한국농수산식품유통공사, 한국농어 촌공사 (산업부) 대한무역투자진흥공사, 한국가스안전공사, 한국광해관리공단, 한국디자인진흥원, 한국산업기술진흥원, 한국산업 기술평가관리원, 한국산업단지공단, 한국석유관리원, 한국에너지공단, 한국원자력환경공단, 한국에너지기술평가원, 한 국전기안전공사, 한국전력거래소 (복지부) 건강보험심사평가원, 국민건강보험공단, 한국사회보장정보원, 한국노인인력개발원, 한국보건복지인력개발원, 한국보건산업진흥원, (재)한국보육진흥원, 한국건강증진개발원 (환경부) 국립공원공단, 국립생태원, 한국환경공단, 한국환경산업기술원 (고용부) 한국고용정보원, 한국산업안전보건공단, 한국산업인력공단, 한국장애인고용공단 (여가부) 한국건강가정진흥원, 한국청소년상담복지개발원, 한국청소년활동진흥원 (국토부) 국가철도공단, 국토교통과학기술진흥원, 국토안전관리원 한국국토정보공사, 한국교통안전공단, 재단법인 대한건 설기계안전관리원, (해수부) 선박안전기술공단, 한국수산자원관리공단, 해양수산과학기술진흥원, 한국해양수산연수원 (행안부) 한국승강기안전공단 (중기부) 중소기업기술정보진흥원, 소상공인시장진흥공단, 창업진흥원 (금융위) 서민금융진흥원 (공정위) 한국소비자원 (방통위) 시청자미디어재단 (보훈처) 독립기념관, 한국보훈복지의료공단 (식약처) 한국식품안전관리인증원 (경찰청) 도로교통공단 (소방청) 한국소방산업기술원 (산림청) 한국임업진흥원, 한국산림복지진흥원, 한국수목원관리원 (농진청) 농업기술실용화재단 (특허청) 재단법인 한국특허전략개발원 (기상청) 한국기상산업기술원

구 분	(주무 중앙부처) 기관명
기타 공공기관 (218)	(국조실) 경제·인문사회연구회, 과학기술정책연구원, 건축공간연구원, 국토연구원, 대외경제정책연구원, 산업연구원, 에너지경제연구원, 정보통신정책연구원, 통일연구원, 한국개발연구원, 한국교육개발원, 한국교육과정평가원, 한국교통연구원, 한국노동연구원, 한국농촌경제연구원, 한국법제연구원, 한국보건사회연구원, 한국여성정책연구원, 한국조세재정연구원, 한국직업능력개발원, 한국청소년정책연구원, 한국해양수산개발원, 한국행정연구원, 한국형사정책연구원, 한국환경정책·평가연구원
	(기재부) 한국수출입은행, 한국투자공사
	(교육부) 강릉원주대학교치과병원, 강원대학교병원, 경북대학교병원, 경북대학교치과병원, 경상대학교병원, 국가평생교육진흥원, 동북아역사재단, 부산대학교병원, 부산대학교치과병원, 서울대학교병원, 서울대학교치과병원, 전남대학교병원, 전북대학교병원, 제주대학교병원, 충남대학교병원, 충북대학교병원, 한국고전번역원, 한국사학진흥재단, 한국학중앙연구원
	(과기부) 과학기술일자리진흥원, (재)우체국시설관리단, 광주과학기술원, 국가과학기술연구회, 국립광주과학관, 국립대구과학관, 국립부산과학관, 기초과학연구원, 대구경북과학기술원, 울산과학기술원, 재단법인 한국여성과학기술인지원센터, 한국건설기술연구원, 한국과학기술기획평가원, 한국과학기술연구원, 한국과학기술원, 한국과학기술정보연구원, 한국기계연구원, 한국기초과학지원연구원, 한국나노기술원, 한국데이터산업진흥원, 한국생명공학연구원, 한국생산기술연구원, 한국식품연구원, 한국에너지기술연구원, 한국원자력연구원, 한국원자력의학원, 한국재료연구원, 한국전기연구원, 한국전자통신연구원, 한국지질자원연구원, 한국천문연구원, 한국철도기술연구원, 한국표준과학연구원, 한국한의학연구원, 한국항공우주연구원, 한국핵융합에너지연구원, 한국화학연구원
	(외교부) 한국국제교류재단, 재외동포재단
	(통일부) 북한이탈주민지원재단, (사)남북교류협력지원협회
	(법무부) 대한법률구조공단, 정부법무공단, 한국법무보호복지공단
	(국방부) 전쟁기념사업회, 한국국방연구원, 국방전직교육원
	(행안부) 민주화운동기념사업회, (재)일제강제동원피해자지원재단
	(문체부) 국악방송, (재)예술경영지원센터, (재)예술의전당, (재)한국문화정보원, 게임물관리위원회, 국립박물관문화재단, 대한장애인체육회, 대한체육회, 세종학당재단, 영상물등급위원회, 태권도진흥재단, 영화진흥위원회, 한국문화예술위원회, 한국공예디자인문화진흥원, 한국도박문제관리센터, 한국문학번역원, 한국문화관광연구원, 한국문화예술교육진흥원, 한국문화진흥㈜, 한국영상자료원, 한국예술인복지재단, 한국저작권보호원, 한국저작권위원회, 한국체육산업개발㈜, 한국출판문화산업진흥원
	(농식품부) 가축위생방역지원본부, 국제식물검역인증원, 농업정책보험금융원, 재단법인 한식진흥원, 축산환경관리원, 한국식품산업클러스터진흥원
	(산업부) 전략물자관리원, 한국로봇산업진흥원, 한국산업기술시험원, 재단법인 한국에너지재단, 한국세라믹기술원, 재단법인 한국에너지정보문화재단, 한전원자력연료㈜, 한전엠씨에스㈜, 한국전력 국제원자력대학원대학교
	(복지부) (재)한국장애인개발원, 국립암센터, 국립중앙의료원, 대구경북첨단의료산업진흥재단, 대한적십자사, 오송첨단의료산업진흥재단, 한국국제보건의료재단, 한국보건의료연구원, 한국보건의료인국가시험원, 한국사회복지협의회, 한국의료분쟁조정중재원, 재단법인 한국장기조직기증원, 한약진흥재단, 재단법인 의료기관평가인증원, 국가생명윤리정책원, 재단법인 한국공공조직은행, 아동권리보장원, 재단법인 한국자활복지개발원
	(환경부) 국립낙동강생물자원관, 국립호남권생물자원관, 수도권매립지관리공사, ㈜워터웨이플러스, 한국상하수도협회, 환경보전협회, 한국수자원조사기술원
	(고용부) 건설근로자공제회, 노사발전재단, 학교법인한국폴리텍, 한국고용노동교육원, 한국기술교육대학교, 한국잡월드, 한국사회적기업진흥원
	(여가부) 한국양성평등교육진흥원, 한국여성인권진흥원
	(국토부) 건설기술교육원, 공간정보품질관리원, 국립항공박물관, 새만금개발공사, 주택관리공단㈜, 코레일관광개발㈜, 코레일네트웍스㈜, 코레일로지스㈜, 코레일유통㈜, 코레일테크㈜, 한국도로공사서비스㈜, 항공안전기술원, 한국해외인프라도시개발지원공사
	(해수부) 국립해양과학관, 국립해양박물관, 국립해양생물자원관, 한국어촌어항공단, 한국해양과학기술원, 한국해양조사협회, 한국항로표지기술원, 한국해양진흥공사
	(중기부) (재)중소기업연구원, ㈜중소기업유통센터, 신용보증재단중앙회, 한국벤처투자, 주식회사 공영홈쇼핑, 재단법인 장애인기업종합지원센터
	(금융위) 중소기업은행, 한국산업은행, 한국예탁결제원
	(공정위) 한국공정거래조정원
	(원안위) 한국원자력안전기술원, 한국원자력안전재단, 한국원자력통제기술원
	(보훈처) 88관광개발㈜
	(식약처) 한국의료기기안전정보원, 한국의약품안전관리원, 식품안전정보원
	(관세청) (재)국제원산지정보원
	(방사청) 국방과학연구소, 국방기술품질원
	(문화재청) 한국문화재재단
	(산림청) 한국등산트레킹지원센터
	(기상청) (재)차세대수치예보모델개발사업단, (재)APEC기후센터
	(특허청) 한국발명진흥회, 한국지식재산보호원, 한국지식재산연구원, 한국특허정보원

자료: 알리오 시스템(www.alio.go.kr)

중앙부처와의 비교

공운법상 공공기관의 2021년말 현원은 411,907명으로 중앙부처의 2021년 현원

그림 2 - 1 공운법상 공공기관의 현원 현황(중앙부처 대비)

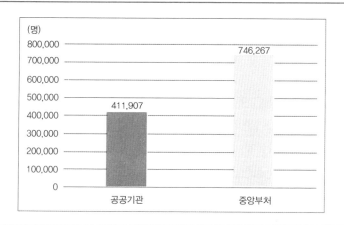

자료: 알리오시스템(www.alio.go.kr) 및 행정안전부 정부조직관리정보시스템(org.mois.go.kr). 2021년 기준

그림 2 - 2 공운법상 공공기관의 예산 현황(중앙부처 대비)

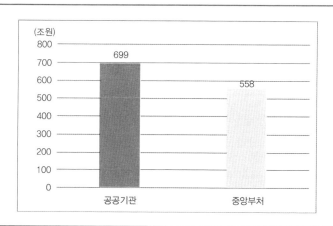

자료: 알리오시스템(www.alio.go.kr) 및 열린재정시스템(www.openfiscaldata.go.kr). 2021년 기준

(746,267명)보다 작다. 그러나 공운법상 공공기관의 2021년 예산은 699조원으로 중앙부처의 2021년 예산(558조원)보다 크다. 즉 공운법상 공공기관은 중앙부처에 비해 인력은 작지만 훨씬 많은 예산을 사용하고 있다. 따라서 공운법상 공공기관이 중앙부처 못지 않거나 국민에게 더 큰 영향을 미치는 기관이라고 볼 수 있다.

민간 사기업과의 비교

여기서는 공운법상 공공기관 현황을 유사한 규모의 사기업과 대비하여 살펴본다. 이때 유의할 사항은 공공기관의 수준을 가늠하기 위해 대비되는 사기업을 참고하는 정도로만 활용해야 한다는 것이다. 자산, 부채 등 제반 항목에 대해 공공기관과 대비되는 사기업을 직접 비교하여 분석하는 것은 적절하지 않다.

공운법상 공공기관 전체의 현황: 공공기관 전체에 대한 자산규모는 902조원으로서 세계적인 초우량 기업인 삼성전자[2] 자산규모(378조원)의 약 2.4배에 달하는 거대 규모이다. 공공기관 전체의 부채는 약 545조원이고 당기순이익은 약 5.3조원이다 (2020년 기준).

공공기관 전체의 임직원수는 411,907명이고 직원 1인당 평균급여(중간값)는 6,932만원이다. 임직원수는 삼성전자(109,501명)의 약 3.8배이지만 직원 1인당 평균급여는 삼성전자(1억 2천 7백만원)의 약 55% 수준이다.

앞의 공기업의 운영원리에서 살펴본 것처럼 공기업은 사기업과 달리 다중(복) 대리인 구조의 특성 때문에 사기업보다 대리인비용이 과다하게 발생하여 상대적으로 부채는 크고 당기순이익은 작으며 임직원수가 많은 것으로 해석할 수 있다. 한편 공기업이 사기업과 달리 공공성과 기업성을 함께 추구하기 때문에 그러한 현상

---

[2] 삼성전자는 2021년말 현재 한국에서 가장 큰 기업이면서, 미국 포브스(Forbes)가 매출, 수입, 자산, 시장가치 등 4개 지표를 기준으로 선정한 2017년 세계최대기업 랭킹 16위이고, 미국 시장조사업체 가트너(Gartner)의 산정 기준으로 글로벌 반도체 기업 매출액 세계 1위 기업으로서 세계적인 초우량 기업이다.

이 발생하는 것으로도 해석할 수 있다.

최대 규모 공기업의 현황: 공기업의 대표 기관은 한국의 공기업 중 자산규모가 가
장 크면서 주식시장에 상장되어 시장과 국민에게도 잘 알려진 한국전력공사를 들

그림 2 - 3 공운법상 공공기관 전체 현황(삼성전자 대비)

(a) 재무 현황

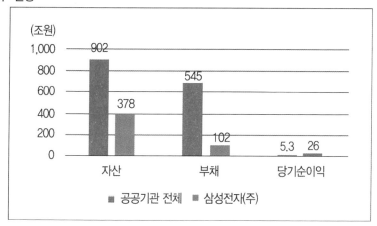

(b) 인원 및 급여 현황

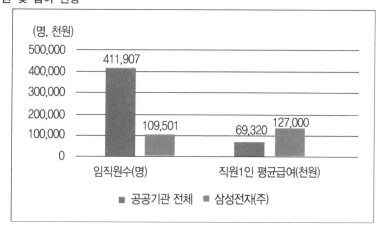

자료: 공공기관은 알리오시스템, 삼성전자는 전자공시시스템(Dart)
주: 2020년 연결재무제표 기준

그림 2-4 최대 규모 공기업(한국전력공사) 현황(현대자동차 대비)

(a) 재무 현황

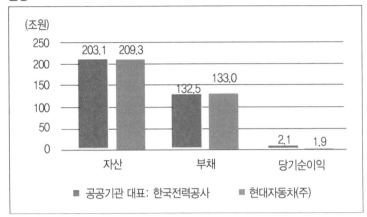

(b) 인원 및 급여 현황

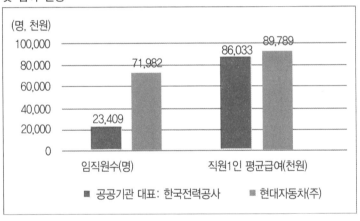

자료: 전자공시시스템(Dart)
주: 2020년 연결재무제표 기준

　　수 있다. 한국전력공사와의 대비할 수 있는 사기업으로는 현대자동차를 고려할 수
있다. 현대자동차는 삼성전자 다음으로 자산규모가 가장 큰 기업이면서 한국전력
공사와 마찬가지로 제조업(표준산업분류체계상 대분류 기준)에 속한다.
　　한국전력공사의 자산, 부채 규모는 대체로 현대자동차와 유사한 수준이다. 그러나 당기순이익은 한국전력공사가 현재자동차보다 큰 반면, 임직원수와 직원 1인당 평균급여는 한국전력공사가 약간 작다.

공기업 평균 수준 현황: 공기업의 평균 수준은 공공기관 전체 규모를 350개 공공기관 수로 나눈 것을 말한다. 평균 자산규모, 부채규모 및 당기순이익 규모는 각각 2.6조원, 1.6조원, 151억원이다. 이러한 공공기관 평균 규모와 자산, 부채 및 당기순이

그림 2 - 5 **공운법상 공공기관 평균 수준 현황(SK가스 대비)**

(a) 재무 현황

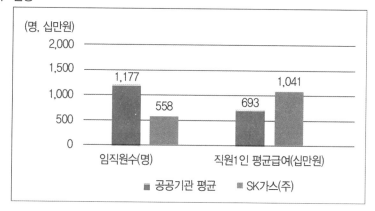

(b) 인원 및 급여 현황

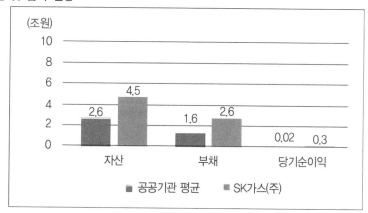

자료: 공공기관은 알리오시스템, SK가스는 전자공시시스템(Dart)
주: SK가스는 2020년 개별재무제표 기준(공공기관 임직원수는 2020년 기준)

익 측면에서 비슷한 규모의 사기업은 SK가스㈜[3]를 고려할 수 있다.

즉 공공기관 전체의 규모는 대기업 계열사인 SK가스㈜와 비슷한 규모의 기관이 약 300여 개 존재한다고 볼 수 있다. 이는 공기업이 국가 경제나 국민의 삶에 미치는 영향이 지대함을 보여주는 수치이다. 자산, 부채 및 당기순이익 규모가 엇비슷한 SK가스에 비해 중앙공기업 평균 수준의 임직원수(1,172명)는 많고 직원 1인당 평균급여(6,932만원)는 낮은 수준이다.

---

3) SK가스는 1985년 설립된 LPG(액화석유가스) 전문기업으로 가정용, 상업용, 차량용, 산업용 LPG를 안정적으로 공급하는 LPG 시장점유율 1위 기업으로서 국내 에너지산업의 주요역할을 수행하고 있다. (출처: SK가스 홈페이지)

〈참고〉 공운법상 공공기관의 세부 현황

■ 임직원 현원 및 신규채용 현황

정원 현원

총 임직원-현원(2020년 12월말 기준) 단위: 명

409,374명

전체	409,374
공기업	144,495
준정부기관	117,621
기타공공기관	147,256

유형별 현황(2020년 12월말 기준) 단위: 명

기타공공기관: 147,256명
공기업(시장형): 65,176명
공기업(준시장형): 79,320명
준정부기관(위탁집행형): 89,432명
준정부기관(기금관리형): 28,189명

임직원 현황(현원)

(단위: 명)

	2016년	2017년	2018년	2019년	2020년	2021년 3분기
전체	308,417	324,312	359,762	393,167	409,374	411,907
공기업	121,350	127,037	133,948	141,377	144,496	144,405
시장형	57,765	60,029	61,619	63,870	65,176	64,830
준시장형	63,585	67,008	72,329	77,507	79,320	79,575
준정부기관	88,541	94,178	107,336	114,860	117,621	118,764
기금관리형	21,212	22,548	26,440	27,819	28,189	28,296
위탁집행형	67,329	71,630	80,896	87,041	89,432	90,468
기타공공기관	98,526	103,097	118,478	136,930	147,256	148,737

신규채용현황

(단위: 명)

	2016년	2017년	2018년	2019년	2020년	2021년 3분기
전체	20,954	22,536	33,896	41,336	30,735	19,237
공기업	5,991	6,807	9,076	11,283	7,684	3,653
시장형	3,665	3,666	4,208	4,303	3,231	1,384
준시장형	2,326	3,141	4,868	6,980	4,453	2,269
준정부기관	6,155	6,966	9,934	9,258	7,461	5,687
기금관리형	1,112	1,790	2,672	1,651	1,474	1,205
위탁집행형	5,043	5,176	7,262	7,607	5,987	4,482
기타공공기관	8,808	8,763	14,886	20,795	15,590	9,896

주: 임원 및 정규직 기준임
자료: 알리오 시스템(www.alio.go.kr), 2022년 1월 기준

■ 임직원 평균보수

기관장 평균연봉

(단위: 천원)

	2016년	2017년	2018년	2019년	2020년
전체	166,661	167,800	170,895	176,624	179,975
공기업	201,871	198,607	196,266	210,903	215,120
시장형	191,720	201,946	209,860	232,153	229,519
준시장형	209,992	195,946	185,391	194,965	204,321
준정부기관	172,948	171,730	175,680	181,448	184,852
기금관리형	224,421	205,759	225,002	238,109	239,448
위탁집행형	164,687	166,335	167,954	172,574	176,301
기타공공기관	157,274	160,389	164,199	168,629	171,965

이사 평균연봉 (단위: 천원)

		2016년	2017년	2018년	2019년	2020년
전체		140,352	141,992	146,140	149,959	150,687
공기업		152,327	148,945	150,143	156,783	160,164
	시장형	146,515	151,086	157,654	168,856	168,153
	준시장형	156,976	147,232	144,134	147,125	153,773
준정부기관		141,903	141,465	146,665	149,489	151,716
	기금관리형	174,044	160,709	175,696	185,879	188,261
	위탁집행형	133,198	136,252	138,963	140,027	142,580
기타공공기관		130,434	137,798	142,868	146,168	143,885

감사 평균연봉 (단위: 천원)

		2016년	2017년	2018년	2019년	2020년
전체		151,297	150,667	156,229	160,621	163,017
공기업		154,010	152,083	152,880	159,493	161,978
	시장형	146,790	153,490	161,213	171,281	173,463
	준시장형	159,107	151,089	146,997	151,172	153,872
준정부기관		157,334	151,893	162,295	163,398	162,857
	기금관리형	185,525	168,170	185,737	193,962	194,306
	위탁집행형	141,224	142,591	148,900	145,934	145,704
기타공공기관		144,170	148,578	153,653	159,147	163,905

직원평균보수 (단위: 천원)

		2016년	2017년	2018년	2019년	2020년
전체		66,502	67,499	68,170	68,146	69,319
공기업		78,387	78,308	78,523	79,478	81,555
	시장형	81,249	81,910	82,632	84,300	85,823
	준시장형	76,097	75,427	75,236	75,620	78,142
준정부기관		64,172	64,518	65,234	65,632	66,814
	기금관리형	76,703	76,973	77,739	78,649	80,141
	위탁집행형	62,255	62,657	63,366	63,687	64,823
기타공공기관		65,579	67,082	67,815	67,457	68,503

자료: 알리오 시스템(www.alio.go.kr) 2022년 1월 기준

■ 재무 현황

자산 현황 (단위: 조원)

		2016년	2017년	2018년	2019년	2020년
전체		799.5	809.9	828.2	860.8	902.4
공기업		563.0	569.0	579.3	600.1	615.7
	시장형	277.3	278.0	283.0	296.2	296.3
	준시장형	285.7	291.0	296.3	304.0	319.4
준정부기관		203.2	207.1	209.6	218.4	235.9
	기금관리형	110.9	113.1	116.0	125.4	140.4
	위탁집행형	92.2	94.0	93.7	93.0	95.5
기타공공기관		33.4	33.8	39.3	42.3	50.8

부채현황

(단위: 조원, %)

		2016년	2017년	2018년	2019년	2020년
전체	부채규모	500.3	495.1	503.4	526.9	544.8
	부채비율	167.2%	157.3%	155.0%	157.8%	152.4%
공기업	부채규모	363.0	364.1	371.2	388.1	397.9
	부채비율	181.5%	177.6%	178.3%	183.0%	182.6%
시장형	부채규모	169.7	172.2	180.4	196.2	199.1
	부채비율	157.8%	162.8%	175.8%	196.3%	204.7%
준시장형	부채규모	193.3	191.9	190.8	191.9	198.8
	부채비율	209.1%	193.5%	180.8%	171.2%	164.8%
준정부기관	부채규모	123.6	118.1	118.2	122.3	125.7
	부채비율	155.5%	132.7%	129.3%	127.2%	114.1%
기금관리형	부채규모	67.1	60.9	57.8	57.8	60.2
	부채비율	153.1%	116.6%	99.5%	85.4%	75.1%
위탁집행형	부채규모	56.5	57.2	60.4	64.5	65.5
	부채비율	158.4%	155.5%	181.3%	226.7%	218.5%
기타공공기관	부채규모	13.7	13.0	14.0	16.5	21.2
	부채비율	69.7%	62.5%	55.5%	64.0%	72.0%

주: 여기서 부채비율은 자산규모 대비 부채규모가 아닌 자본규모 대비 부채규모를 의미함

당기순이익 현황

(단위: 조원)

	2016년	2017년	2018년	2019년	2020년
전체	15.7	7.3	0.7	0.8	5.3
공기업	9.0	4.2	2.0	1.2	△0.6
시장형	6.3	1.0	△1.1	△1.7	△2.5
준시장형	2.8	3.2	3.1	2.9	2.0
준정부기관	6.5	2.9	△1.3	△0.5	3.1
기금관리형	3.1	2.4	2.7	2.5	1.6
위탁집행형	3.4	0.5	△4.0	△2.9	1.5
기타공공기관	0.1	0.2	0.0	0.1	2.8

자료: 알리오 시스템(www.alio.go.kr) 2022년 1월 기준

제 2 편

공공기관 정책의
정치적 접근

3장 공공기관의 지배구조

4장 정부의 공공기관 지정

5장 공공기관 임원의 정치적 연결

6장 선거와 공공기관

7장 공공기관의 사회적 가치와 ESG

공공기관의 지배구조

공공기관 지배구조의 의의[1]

기업 지배구조의 개념

지배구조에 대한 논의는 당초 사기업으로부터 시작되었다. 기업 지배구조는 국가별, 기업별로 기업이 성장해 온 역사적, 제도적 환경이 상이하여 이에 대한 개념정의는 매우 다양하다(허경선·라영재 2011). 협의적으로 지배구조는 경영자가 본인의 성과에 대하여 기업소유자에게 책임을 지는 과정이다(Keasey & Wright 1997). 이 경우 경영진 선임과 경영진의 의사결정 과정에 대한 통제가 지배구조의 중심이 된다. 광의적으로 지배구조는 경제적 효율성을 증진시키는 중요한 요소로서 기업의 경영진, 이사회, 주주, 정부, 기타 이해관계집단 간의 일련의 관계로 정의하고 있다(OECD 2004[2]). 이 경우 지배구조에 영향을 미치는 구성요소로 주주, 정부, 은행 등 채권자, 기관투자자, 종업

----

1) 본 사항은 유승원(2013)을 참고하였다.
2) 사기업에 적용되는 기업지배구조 원칙을 OECD가 1999년 최초 마련하고 2004년 개정하였다. 한편, OECD(2005)는 공기업의 지배구조 가이드라인을 2005년 도입하였다. OECD(2005) 공기업 가이드라인에는 기업지배구조에 대한 개념정의는 없으나, 공기업 관련 가이드라인이 1999년 사기업 관련 가이드라인에 대한 보완적 역할을 한다는 언급을 볼 때 1999년 사기업 관련 지배구조원칙에서 규정한 기업지배구조에 대한 개념정의를 함께 사용하는 것으로 볼 수 있다.

원 등 이해관계집단 등이 포함된다(유훈 등 2010). 쉽게 말해 기업 지배구조는 기업을 누가 관리하고 이들 관리자는 누구에 의해 통제되는가에 대한 것이다(정갑영 등, 1996).

공공기관은 사기업과 달리 법적으로 독점적 지위가 보장되거나 정부로부터 재정 지원을 받아 도산위험이 거의 없는 등 시장에 의한 견제·감시 기능이 내재적으로 제약되어 있다. 따라서 공공기관의 지배구조 혁신을 위해서는 민간의 시장감시 기능을 대체할 수 있는 효율적인 관리 감독시스템이 필요하다(한국개발연구원 2005). 특히, 공기업은 사기업처럼 시장, 기관투자자, 채권자 등 외부 지배구조로부터의 영향은 미미하고 내부 지배구조로부터 더 큰 영향을 받는다(강영걸 2004). 따라서, 기업 지배구조에 대한 다양한 정의에도 불구하고 공기업 지배구조 논의시 가장 중요한 사항은 기관장, 이사, 감사 선임과 관련된 이사회 구성이다(곽채기 2002; 허경선·라영재 2011; Frederick 2011).

공공기관 지배구조의 중요성

제2장에서 살펴본 바와 같이, 공공기관의 자산규모, 인력채용 규모 등 경제에 미치는 영향은 상당하다. 1998년 외환위기 이후 일부 사기업, 특히 재벌은 분식회계와 정경유착 등으로 도산하는 경우가 많았지만 상당수 공공기관은 외환위기 극복에 기여하며 사기업보다 높은 경쟁력을 보이는 등 성과를 보여주었다. 그러나 공공기관의 규모가 점차 커지면서 공공기관의 방만하고 비효율적인 경영은 문제가 되었고 이에 대한 정부 등의 외부 통제시스템은 한계에 부딪치게 되었다(이상철 2007). 특히 과거 공공기관 임원 인사와 관련된 공정성 시비 등 임원 선임에 대한 정치적 논란이 계속되어 국민으로부터 불신을 초래하였다(한국개발연구원 2005). 그 비판은 노무현정부, 이명박정부, 박근혜정부, 문재인정부에서 큰 차이가 없다[3].

공공기관 개혁이 어려운 이유는 제1장에서 살펴본 바와 같이, 공공기관 조직의 소유와 운영이 사기업과 달리 특수한 주인-대리인 문제를 가지고 있기 때문이다. 사기업은 '주주(주인)-경영자(대리인)'의 단순한 관계인데 반해, 공공기관은 '국민(주인)-정부/정치권(受任者)-공기업(대리인)'의 다중적(복) 대리인 구조(Vickers & Yarrow 1988, 1991; Yarrow 1989)를 가지고 있다. 따라서 공공기관에서 도덕적 해이와 방만 경영이 발생할 가능성이 매우 높으며, 개혁조치의 효과가 저하되고 공공기관의 성과를 유인하기가 어렵다.

----

3) 이를 공공기관 임원의 정치적 연결성이라 한다. 이에 대한 구체적인 사항은 제5장을 참고하기 바란다.

공공기관 개혁을 위해 가장 먼저 대안으로 논의되는 것은 보통 공공기관 민영화이다(이상철 2007). 그러나 공공기관 민영화는 이를 통한 사회경제적 후생의 증가 여부[4] 또는 증가 정도에 대한 복잡하고 난해한 경제학적 판단뿐만 아니라 민영화가 가져올 여러 정치적·사회적 영향 등에 대한 종합적인 판단이 요구되는 매우 논쟁적인 영역이다(박정수·박석희 2011). 외국의 민영화 사례분석을 보더라도 민영화의 효과는 제한적이며, 산업과 시장구조가 유사한 기업도 어떤 나라는 민영화가 이루어진 반면 다른 나라는 여전히 공공기관을 운영하면서도 수익성과 효율성 측면에서 좋은 평가를 받고 있기 때문이다(박정수·박석희 2011). 민영화에 신중한 입장을 취하는 쪽에서는 공공기관 개혁에 있어 하드웨어적인 방법으로 고비용이 소요되는 민영화 대신 공기업의 내부통제 및 관리체계를 개선하는 소프트웨어적인 지배구조 개선을 추진하는 경우 효과를 볼 수 있다고 주장한다(이상철 2007). 한편, 남일총 등(1998)은 공공기관 지분의 부분적 매각 등 공공기관의 성격을 계속 유지하는 상태에서 공공기관의 내부효율성을 제고하는 것은 큰 성과가 없다고 주장한다. 공공기관의 민영화는 공공기관 존재 자체에 대한 논의로서 공공기관 지배구조 개선과 민영화에 대한 논의는 상호 구분되는 것이며, 공공기관의 지배구조 개선은 모든 공공기관에 적용되어야 하는 사항이므로 공공기관 개혁 차원에서 민영화와 지배구조 개선을 함께 고려하는 것이 적절하다(유승원 2009). 이처럼 공공기관 지배구조는 민영화의 대안 또는 보완적인 역할로 공기업 개혁에서 매우 중요한 역할을 차지하고 있다.

지배구조가 성과에 미치는 경로

좋은 지배구조에 대해 논의하는 이유는 해당 기관의 성과를 제고시키기 위함이다. 기관의 지배구조가 성과에 영향을 미치는 경로는 다음의 3가지로 요약될 수 있다(Claessens & Yurtoglu 2012).

첫째, 좋은 지배구조는 기관의 재무관리를 투명하게 하고 채권자의 권리를 강화함

---

4) 이에 대한 구체적인 내용은 제11장을 참고하기 바란다.

으로써 기업의 자금시장에의 접근을 용이하게 하여(Djankov 등 2008; Laeven 2005) 기관의 성과 및 고용창출 기회를 높인다(Rajan & Zingales 1998; World Bank 2007).

둘째, 좋은 지배구조는 기관의 투자정책을 개선시켜 외부 투자자에게 기관의 미래 현금흐름을 개선시킬 것이라는 믿음을 주는 등 기관에 대한 의구심을 해소시킨다. 또한 좋은 지배구조는 대리인비용을 낮추고 향후 배당액이 증가할 것이라는 기대와 함께 소액주주의 이탈 가능성을 낮추는 등 기업 자금조달을 용이하게 한다. 이러한 경로로 기관의 자본비용이 하락하고 이를 통해 기관의 성과가 제고된다(Anderson 등 2004; Ashbaugh 등 2004; Chen 등 2011).

셋째, 좋은 지배구조는 기관의 산업 및 경쟁 환경 등을 고려한 객관적이고 투명한 경영을 통해 자원을 효율적으로 배분하고 노사정책을 개선시키는 등 기관의 성과를 제고시킨다(Claessens 등 2010; Wurgler 2000). 넷째, 좋은 지배구조는 경제위기시 대리인인 경영진의 불합리한 보수 증액 등 기회주의적 행동을 통제하고 투명한 회계정보를 제공하는 등 시장에서의 신뢰를 유지하여 금융위험을 줄이고 주가급락을 방지한다(Cornett et al. 2009; Lemmon & Lins 2003; Mitton 2002). 다섯째, 좋은 지배구조는 은행, 채권자, 종업원, 지역, 정부 등 다양한 이해관계자로부터 기관에 대한 우호적인 반응을 이끌어 내고, 그것이 개별 이해관계자의 기관에 대한 긍정적인 영향력으로 작용하면서 기업성과가 제고될 수 있다.

전통적인 공공기관 지배구조: 내부 지배구조와 외부 지배구조

[표 3-1]과 같이, 공공기관 지배구조는 쉽게 말해 공공기관을 누가 관리하고 이들 관리자가 누구에 의해 통제되는가에 대한 것이다. 또한 공공기관 지배구조의 목적은 기관의 성과를 제고시키는 것이다.

공공기관 지배구조는 공공기관을 중심으로 공공기관 내부에서 관리·통제하는지, 공공기관 외부에서 관리·통제하는지에 따라 각각 내부 지배구조와 외부 지배구조로 구분할 수 있다. 이것이 공공기관 지배구조를 구분하는 전통적인 방식이다.

내부 지배구조는 공공기관 내부의 관리자·통제자에 대한 것이다. 구체적으로,

CEO(기관장), 이사, 감사 및 이사회가 핵심 요인(관리자·통제자)이고, 이들이 어떠한 메커니즘에 의해 공공기관을 관리·통제하는지가 주요 관심사이다. 반면, 외부 지배구조는 공공기관 외부의 관리자·통제자에 대한 것이다. 구체적으로, 정부, 채권자, 투자자, 근로자(노조) 등이 핵심 요인(관리자·통제자)이고, 이들이 어떠한 메커니즘에 의해 공공기관을 관리·통제하는지가 주요 관심사이다.

표 3-1 전통적인 공공기관 지배구조: 내부 지배구조와 외부 지배구조

공공기관 지배구조의 개념		■ 쉽게 말해, 공공기관을 누가 관리하고 이들 관리자가 누구에 의해 통제되는가에 대한 것 * 협의: 경영자가 본인의 성과에 대하여 기업소유자에게 책임을 지는 과정 * 광의: 경제적 효율성을 증진시키는 중요한 요소로서 기업의 경영진, 이사회, 주주, 정부, 기타 이해관계집단 간의 일련의 관계
공공기관 지배구조의 목적		공공기관의 성과 제고
전통적인 유형 구분	내부 지배구조	■ 핵심 요인: CEO(기관장), 이사, 감사 및 이사회 ■ 핵심 요인이 어떠한 메커니즘에 의해 공공기관을 관리·통제하는지가 주요 관심사임
	외부 지배구조	■ 핵심 요인: 정부, 채권자, 투자자, 근로자(노조) 등 ■ 핵심 요인이 어떠한 메커니즘에 의해 공공기관을 관리·통제하는지가 주요 관심사임

내부 지배구조

내부 지배구조의 핵심 요인은 기관장, 이사, 감사이다. 기관장은 최고경영자로서 공공기관의 내부 지배구조에서 중요한 역할을 한다. 이사는 상임(사내) 이사와 비상임(사외) 이사로 구분할 수 있다. 상임(사내) 이사는 기관장을 적극 지원하는 참모이기에 기관장과 별개로 구분하여 분석하기 어렵다. 반면, 비상임(사외) 이사는 기관장과 공공기관의 잘못된 활동을 바로잡고 컨설팅(안내)하는 인사로서 기관장과 구분된다. 따라서, 내부 지배구조에서 말하는 이사는 비상임(사외) 이사에 집중된다. 감사의 주요임무는 이사회 활동에 대한 감시·견제이고 이사회와 독립적으로 활동하므로 이사회에 참석하지 않는 것이 원칙이다. 이사회는 기관장, 이사, 감사가 중심이 되어 참여하는

회의체로서 내부 지배구조에서 중요한 역할을 한다.

　기관장, 이사, 감사에 대한 관리·통제는 그들에 대한 임면(임명과 면직)과 성과평가를 통해 달성될 수 있다. 해당 임면과 성과평가는 내용적 측면과 절차적 측면에서 모두 정당해야 할 것이다.

　첫째, 기관장, 이사, 감사에 대한 임면을 살펴보자. 내용적 측면에서, 공공기관의 성과 제고에 기여할 수 있는 인사가 임명되고, 그렇지 못한 인사는 면직되는 것이 원칙이다. 이를 위해서는 전문성과 독립성을 가진 인사가 임명되고, 그렇지 않은 인사는 면직되도록 법령에 규정되어야 할 것이다. 한국의 공운법은 기관장이 정부로부터 독립성을 갖도록 하는 요건은 규정하지 않고, 기관장의 전문성 요건은 모호하게 규정하고 있다. 공운법은 비상임(사외) 이사 및 감사의 독립성 요건을 규정하고는 있으나, 이들의 전문성 요건은 모호하게 규정하고 있다[5]. 즉, 법 규정상 개선의 여지가 존재하고, 모호한 규정 등에 기인하여 전문성과 독립성 요건이 현실에서 충실하게 지켜지지 않을 수 있다. 한편, 절차적 측면에서 기관장, 이사, 감사는 공공기관의 유형 및 규모에 따라 임면되는 절차가 상이하다. 예를 들어, 대규모 공기업 및 준정부기관의 기관장은 대통령에 의해 임명되지만, 소규모 공기업 및 준정부기관의 기관장은 주무부처 장관에 의해 임명된다[6]. 또한, 기관장, 비상임이사(소규모 기관은 제외), 감사의 임명은 해당 기관 내에 설치된 임원추천위원회와 기획재정부 내에 설치된 공공기관운영위원회 절차를 거쳐야 한다. 요약하면, 기관장, 이사, 감사 및 이사회에 대한 임면에서, 한국의 내부 지배구조 중 절차적 측면은 촘촘하게 관리되고 있지만 내용적 측면은 상대적으로 개선의 여지가 존재한다.

　둘째, 기관장, 이사, 감사의 성과평가에 대한 사항을 살펴보자. 내용적 측면에서, 기관장, 이사, 감사는 공공기관의 성과 제고에 기여한 경우 인센티브를 받고, 그렇지 않은 경우 패널티를 받는 것이 원칙이다. 이들은 공공기관 경영평가 및 성과계약서 등을 통해 성과 제고에 기여하거나 성과계약서를 달성한 경우 인센티브를 받고, 그렇

....

5) 해당 사항은 공공기관 임원의 정치적 연결 또는 정치적 독립에 대한 것이다. 구체적인 내용은 제5장을 참고하기 바란다.
6) 상임(사내) 이사는 공공기관의 유형 및 규모와 상관없이 기관장에 의해 임명된다. 비상임(사외) 이사의 경우, 공기업의 해당 인사는 기획재정부 장관에 의해 임명되고, 준정부기관의 해당 인사는 주무부처 장관에 의해 임명된다. 감사의 경우, 공공기관 유형에 관계없이 대규모 공공기관의 인사는 대통령에 의해 임명되고, 소규모 공공기관의 인사는 기획재정부 장관에 의해 임명된다.

지 않으면 패널티를 받는다. 해당 사항이 공운법에 규정되어 있다. 그러나 현실은 기관장, 이사, 감사별로 상이하게 적용되고 있다. 기관장, 상임(사내) 이사, 감사는 대체로 그들의 성과에 따라 인센티브와 패널티가 적절히 부여되는 편이나, 비상임(사외) 이사는 그렇지 못하다. 한편, 절차적 측면에서 기관장, 이사, 감사에 대한 성과평가 방식은 공공기관별로 상이하다. 모든 공공기관은 교수 등 외부 전문가가 평가하는 공공기관 경영평가[7]의 결과를 근거로 인센티브와 패널티를 산정한다. 이에 더하여 일부 공공기관은 공공기관 경영평가 이외의 내부평가 결과를 활용하여 인센티브와 패널티를 산정하기도 한다[8]. 이상의 사항을 [표 3-2]에 정리하였다.

표 3-2 공공기관의 내부 지배구조: 핵심 요인

	기관장·이사·감사의 임면	기관장·이사·감사의 성과평가
내용적 측면	■ 독립성과 전문성 필요 ■ 공운법 규정상 개선의 여지 존재 ■ 해당 규정이 실제 충실하게 지켜지지 않음	■ 공공기관의 성과 제고에 기여하면 인센티브를 받고, 그렇지 않으면 패널티를 받는 것이 원칙 ■ 공운법에 규정되어 있고, 대체로 적절히 이행됨 ■ 다만, 비상임(사외) 이사는 공운법 규정에도 불구하고 사실상 성과평가를 받지 않음
절차적 측면	■ 공공기관의 유형 및 규모에 따라 임면되는 절차가 상이함	■ 성과평가 방식은 공공기관별로 상이함 ■ 대부분의 공공기관은 공공기관 경영평가를 활용하나, 일부 기관은 자체적인 내부 평가를 추가 활용함

외부 지배구조

외부 지배구조의 핵심 요인은 정부, 채권자, 투자자, 근로자(노조) 등이다. 이 중, 정부가 공공기관의 제1 소유주로서 가장 큰 역할을 하고, 채권자, 투자자, 근로자(노조) 등이 여타의 역할을 한다. 이를 고려해서 여기서는 정부 중심으로 분석한다.

....

7) 이에 대한 구체적인 내용은 제8장을 참고하기 바란다.
8) 공공기관 종사자는 외부 전문가가 평가하는 공공기관 경영평가를 외평(外評)이라고 하고, 내부평가를 내평(內評)이라고 칭하기도 한다.

정부는 공공기관에 대해 다양한 관리·통제를 할 수 있다. 공공기관의 인사·조직·재무 등 경영관리 전반과 주요사업의 인·허가, 감독 등을 통해 공공기관을 관리·통제한다. 공공기관에 대한 정부의 관리·통제의 목적은 공공기관의 성과를 제고시키는 것이다. 정부는 이를 위해 그들의 관리·통제를 내용적 측면 및 절차적 측면에서 효율화해야 할 것이다.

첫째, 내용적 측면에서 정부는 공공기관 관련 제반 규정(지침)을 제정·집행한다. 이때, 정부가 해당 규정(지침)을 포괄적으로 규정하면 공공기관의 자율성은 제고될 수 있고, 해당 규정(지침)을 세부적으로 규정하면 공공기관의 자율성은 위축될 수 있다. 즉, 정부는 해당 규정(지침)의 세밀함 또는 포괄성을 통해 공공기관의 외부 지배구조를 통제할 수 있다. 또한, 정부는 공공기관 경영평가를 통해서 공공기관의 제반 활동 및 성과를 평가할 수 있다. 평가결과가 우수할 경우 공공기관에게 인센티브를 부여하고, 그렇지 않을 경우 패널티를 부여하여 공공기관의 성과를 제고시키기 위함이다. 한국 정부는 공운법에서 공공기관의 관리·통제 및 경영평가를 위한 조항을 두고 있다. 공공기관 경영평가는 비교적 효율적으로 운영되고 있다. 다만, 한국 정부는 관리·통제 관련 규정(지침)을 세밀하게 규정하고 있어 공공기관의 자율성이 제한되고 있는데 이는 개선될 여지가 있다. 특히, 규모가 크고 시장을 선도하며 해외 기업과 경쟁하는 공기업에 대한 관리·통제 규정(지침)이, 규모가 작고 시장의 참여자이며 해외 기업과의 경쟁 정도가 약한 준정부기관 및 기타공공기관에 대한 관리통제 규정(지침)보다 세밀하고 강하다. 결과적으로 공기업의 자율성이 준정부기관 및 기타공공기관의 자율성에 미치지 못하는 것이다.

둘째, 절차적 측면에서 정부의 관리·통제 관련 사항은 공공기관뿐만 아니라 채권자, 투자자, 근로자(노조) 및 지역사회 등 제반 이해관계자에게 공개되어야 한다. 또한, 정부가 그들의 관리·통제 내용을 일방적으로 결정하는 것이 아니라 이해관계자와 소통하여 결정하고 수정·보완해야 한다. 이를 위해 한국 정부는 공공기관 관련 제반 활동 사항을 대중에게 공개하는 공시 제도를 적극 활용하고 있다. 알리오(www.alio.go.kr) 시스템이 그것이다. 알리오 시스템은 2021년 이슈가 된 공공기관의 ESG(환경, 사회, 지배구조)[9] 관련 사항을 신속하게 추가 공시하는 등 공공기관의 제반 정보를 효율적으로 공개하고 있다. 이상의 사항을 [표 3-3]에 정리하였다.

....

9) 이에 대한 구체적인 내용은 제7장을 참고하기 바란다.

표 3-3	공공기관의 외부 지배구조: 핵심 요인	
내용적 측면		절차적 측면
■ 공공기관의 제반 경영관리 및 주요사업 관련 규정(지침)을 제정·집행 ■ 해당 규정(지침)의 세밀함 또는 포괄성을 통해 공공기관의 외부 지배구조를 통제 가능 ■ 해당 규정(지침)이 공운법에서 세밀하게 규정되어 공공기관의 자율성이 다소 위축될 수 있음 ■ 공공기관 경영평가를 통해 공공기관의 활동 및 성과를 평가함 ■ 공공기관 경영평가는 공운법 조항에서 규정되어 있고 비교적 효율적으로 운영됨		■ 정부의 관리·통제 관련 사항은 제반 이해관계자와 소통하고 공개될 필요 ■ 정부는 알리오 시스템을 통해 공공기관 관련 제반 정보를 공시함

OECD 공공기관 지배구조 가이드라인

OECD 공공기관 지배구조 가이드라인의 의의

'OECD 공공기관 지배구조 가이드라인'은 공공기관이 어떻게 하면 효율적이고, 투명하며, 책임감 있게 운영될 수 있는지에 대해 각국 정부에 제시하는 권고안이다[10]. OECD 가이드라인은 사기업에 적용되는 'OECD의 기업지배구조 원칙'을 공공기관에 적용시키기 위해 2005년에 제정되었다. 본 가이드라인은 OECD 회원국에서의 10년간의 시행 경험을 반영하고 공공기관과 관련하여 새롭게 대두되는 문제들을 해결하고자 2015년에 개정되었다. 개정된 가이드라인은 공공기관 정책당국이 어떻게 공공기관을 설립해야 하고, 합의된 모범 관행들을 어떻게 시행해야 하는지에 대하여 알려준다.

과거에는 많은 학자와 공공기관 당국(기획재정부)은 OECD 가이드라인을 단순 참고용으로 간주한 경향이 있다. 그러나 최근에는 OECD 가이드라인의 중요성이 매우 높

---

10) 본 단락은 한국조세재정연구원(2017)을 참고하였다.

아졌다. 저자는 향후 이것을 중심으로 공공기관의 많은 정책이 운용될 것이라고 생각한다.

OECD 공공기관 지배구조 가이드라인 내용 및 한국에의 적용 평가

여기서는 OECD의 공공기관 지배구조 가이드라인의 주요내용과 한국에서의 적용 현황을 평가하고자 한다. OECD의 가이드라인은 다음과 같이 총 7개를 규정하고 있다. ① 정부 소유권에 대한 근거, ② 소유주로서 정부의 역할, ③ 시장에서의 공기업, ④ 주주와 기타 투자자에 대한 공평한 대우, ⑤ 이해관계자와의 관계 및 책임 경영, ⑥ 공시 및 투명성, ⑦ 공공기관 이사회의 책임이다.

① 정부 소유권에 대한 근거의 경우, 정부는 국민의 이익(사회가치)의 극대화를 위해 공공기관을 소유하도록 규정하였다. 즉, 정부가 공공기관을 소유하는 이유는 사기업이 추구하는 이윤의 극대화(기업성)가 아닌 공공성의 추구임을 명확히 한 것이다. 또한, 정부는 공공기관이 달성해야 할 공공 목표를 분명히 명시하고 공개해야 한다고 규정하였다.

이에 대해, 한국 정부는 「공공기관의 운영에 관한 법률」 제1조에서 동법 및 공공기관의 목적으로 대국민 서비스 증진을 규정하고 있으며, 「지방공기업법」에서 지방공기업의 목적으로 지방자치의 발전과 주민복리의 증진에 이바지함을 규정하고 있다. 또한, 독자들은 공공요금을 원가 이내로 통제하는 등 한국 공공기관이 실제 공공성을 기업성보다 우선하여 운영하는 모습을 생활에서 확인할 수 있다. 즉, 첫 번째 OECD 가이드라인은 한국에서 양호한 수준으로 운영되고 있다고 평가된다.

② 소유주로서 정부의 역할의 경우, 정부는 공공기관의 유일한 또는 제1의 주주로서 공공기관 지배구조의 투명성과 책임성을 실현하도록 규정하였다. 이를 위해 정부는 공공기관 운영 자율성을 보장하고 경영간섭을 배제해야 하며, 공공기관 이사회의 독립성을 보장해야 한다. 또한, 정부는 주주총회에 대표로 참석하여 실질적인 의결권을 행사하고, 공공기관의 의무사항(목표, 위험 등)을 거시적으로(세부적이지 않게) 설정하고 이행상황을 감독해야 한다.

이에 대해, 한국 정부는 공운법 등에서 공공기관의 자율적 운영을 규정하고는 있지만 그 조항의 실효성은 높지 않다. 공기업 이사회의 독립성은 공운법 등에서 규정되어 있지만 실질적인 보장은 잘 되지 않고 있다. 또한, 정부는 공공기관의 의무사항을 세부적으로 설정하여 이행상황을 감독하고 있다. 즉, 두 번째 OECD 가이드라인은 한국에서 관련 법령에 규정되어 있지만 그 실효성은 보통의 수준으로 운영되고 있다고 평가된다.

③ 시장에서의 공기업의 경우, 정부는 공공기관과 인접 경쟁 사기업에 대해 공평하고 공정한 경쟁환경을 보장해야 한다. 구체적으로, 공공기관과 사기업을 법과 규제 측면에서 차별하지 말아야 한다. 공공기관이 자금시장에서 차입하거나 채권을 발행할 경우 시장의 기준과 동일한 기준이 적용되어야 한다. 정부는 공공기관의 소유권 기능과 규제 기능을 구분해야 하며, 공공기관이 공공정책사업을 집행할 경우 해당 비용은 정부가 지원해야 한다.

이에 대해, 한국 정부는 해당 사항에 대한 원칙을 공운법 등에서 규정하지 않고 있으며, 이에 대한 이행 여부는 확인되지 않고 있다. 즉, 세 번째 OECD 가이드라인은 한국에서 미흡한 수준으로 운영되고 있다고 평가된다.

④ 주주와 기타 투자자에 대한 공평한 대우의 경우, 정부는 주주로서의 자기 자신과 소액주주 등 여타 투자자간 대우에 차별을 두어선 안된다. 또한, 정부는 기타 투자자가 공공기관의 제반 정보에 동등하게 접근할 수 있도록 보장해야 한다.

이에 대해, 한국 정부는 공운법 등에서 공공기관의 정보공개에 대해서는 규정하고 있으며 실제 잘 이행하고 있다. 그러나 기타 투자자에 대한 공평한 대우와 관련된 규정은 마련하지 않았고 이에 대한 이행 여부는 확인되지 않고 있다. 즉, 네 번째 OECD 가이드라인은 한국에서 보통의 수준으로 운영되고 있다고 평가된다.

⑤ 이해관계자와의 관계 및 책임 경영의 경우, 정부와 공공기관은 상호 협의하여 근로자, 채권자, 공공기관 소재 지역사회 등의 제반 이해관계자의 권리를 존중해야 한다. 이를 위해 OECD 가이드라인은 공공기관의 윤리경영을 강화하고, 공공기관 활동을 이해관계자에게 보고할 것을 규정하며, 공공기관의 정치활동 자금 조성을 금지하고 있다.

이에 대해, 한국 정부는 「정치자금법」, 공공기관 경영평가 편람 등에서 관련 사항을 규정하고 있다. 특히, 문재인정부에서 공공기관의 사회적 가치를 강조하면서 공공기관은 제반 이해관계자의 요구사항을 만족시키기 위해 활발히 활동하고 있다. 즉, 다섯 번째 OECD 가이드라인은 한국에서 양호한 수준으로 운영되고 있다고 평가된다.

⑥ 공시 및 투명성의 경우, 공공기관은 주식시장에 상장된 사기업과 동일한 수준

의 대외 공시 기준을 적용해야 한다. 독립적 외부회계감사를 받은 재무제표를 보고하고, 연차 보고서 등 공공기관에 대한 일관성 있는 보고체계를 구축해야 한다.

이에 대해, 한국 정부는 공운법에서 공공기관의 제반 정보 공시를 규정하고 있다. 또한, 주식시장에 상장된 사기업이 다트(dart.fss.or.kr) 시스템을 통해 정기 공시, 수시 공시 등으로 제반 정보를 대중에게 공개하는 것과 마찬가지로, 공공기관은 알리오(alio.go.kr) 시스템을 통해 제반 정보를 정기적, 수시로 공개하고 있다. 즉, 여섯 번째 OECD 가이드라인은 한국에서 양호한 수준으로 운영되고 있다고 평가된다.

⑦ 공공기관 이사회의 책임의 경우, 공공기관 이사회의 구성원(특히 비상임이사)은 전문성과 독립성을 확보해야 하고, 자신의 판단과 행동에 대해 책임을 져야 한다. 이를 위해 이사회는 전문성을 가진 독립적인 인사로 선임되고, 이사회 절차에 정치적인 개입이 있어서는 안되며, 이사회의 권한이 명확해야 한다. 또한, 이사회 의장과 기관장이 분리되어야 하며 이사회 내에 특별위원회(감사, 위험관리 등)가 설립되고 이사회 의장의 감독 하에 이사회 성과에 대해 체계적으로 평가할 수 있어야 한다.

이에 대해, 한국 정부는 공운법 등에서 이사회의 성과 평가, 특별위원회 설치, 정치 불개입, 감사위원회의 독립성과 전문성 등을 규정하고 있다. 그러나 비상임이사의 독립성과 전문성에 대한 규정이 없거나 모호하고, 이사회 의장과 기관장의 분리가 공운법 상 시장형 공기업 등 대형 공기업에 한정되는 등 개선의 여지도 작지 않다. 또한, 이사회 운영에서 중요한 역할을 하는 비상임이사의 독립성과 전문성이 낮고(유승원 2021), 감사(위원장)의 독립성과 전문성이 낮다(유승원 2009). 즉, 일곱 번째 OECD 가이드라인은 한국에서 보통 또는 미흡한 수준으로 운영되고 있다고 평가된다. 이상의 사항을 [표 3-4]에 정리하였다.

표 3-4 OECD 공공기관 지배구조 가이드라인 내용 및 한국에서의 적용 평가

OECD 공공기관 지배구조 가이드라인[11]	한국에서의 적용 평가
① 정부의 공공기관 소유권 근거: 국민의 이익(공공성)을 위한 공공기관 소유 　－ 정부는 국민의 이익(사회가치)의 극대화를 위해 공공기관을 소유 　－ 정부는 공공기관이 달성해야 할 공공 목표를 분명히 명시하고 공개 등	양호
② 소유주로서의 정부의 역할: 주주로서 투명성과 책임성 실현 　－ 정부는 공공기관 운영상 자율성을 보장하고 경영간섭을 배제 　－ 공공기관 이사회의 독립성 보장 　－ 정부는 주주총회에 대표로 참석하여 실질적인 의결권을 행사 　－ 정부는 공기관의 의무사항(목표, 위험 등)을 거시적으로(세부적이지 않게) 설정하고 이행상황을 감독 등	보통
③ 시장에서의 공공기관: 공평하고 공정한 경쟁 보장 　－ 공공기관과 사기업을 법과 규제 측면에서 차별 금지 　－ 공공기관이 자금시장에서 차입하거나 채권을 발행할 경우 시장의 기준과 동일한 기준을 적용 　－ 정부는 공공기관의 소유권 기능과 규제기능을 구분 　－ 공공기관이 공공정책사업을 집행할 경우 해당 비용은 정부가 지원 등	미흡
④ 주주와 기타 투자자에 대한 공평한 대우 　－ 정부는 기타 투자자가 공공기관의 제반 정보에 동등하게 접근할 수 있도록 보장할 필요 등	보통
⑤ 이해관계자와의 관계 및 책임경영 　－ 공공기관의 윤리경영을 강화 　－ 공공기관 활동을 이해관계자에게 보고 　－ 공공기관의 정치활동 자금 조성을 금지 등	양호
⑥ 공시 및 투명성: 상장 사기업과 동일한 기준 적용 　－ 독립적 외부회계감사를 받은 재무제표를 보고 　－ 연차 보고서 등 공공기관에 대한 일관성있는 보고체계 구축	양호
⑦ 공공기관 이사회의 책임: 독립성 및 전문성 확보 　－ 이사는 전문성을 가진 독립적인 인사로 선임 　－ 이사회 절차에 정치적인 개입 금지 　－ 이사회의 권한 명확화 　－ 이사회 의장과 기관장의 분리 　－ 이사회 내에 특별위원회(감사, 위험관리 등) 설립 　－ 이사회 의장의 감독 하에 이사회 성과에 대한 체계적인 평가 등	보통/미흡

11) 본 사항은 OECD(2015)를 참고하였다.

정부의 공공기관 지정

한국전력공사, 한국수자원공사, 인천국제공항공사, 한국철도공사 등의 기관을 공공기관이라고 한다. 누가 이들 기관을 공공기관이라고 호칭하는가? 기관 스스로 정한 것인지, 아니면 제3자나 규정 등에 의해 약속을 한 것인지? 우리나라는 「공공기관의 운영에 관한 법률」(공운법)에서 정부가 관련 법 조항에 의해 공공기관을 지정하게 되어 있다. 즉, 기관들이 자발적으로 자기를 공공기관으로 불러달라고 한 것이 아니라, 정부가 관련 법률에 의해 지정하게끔 되어 있다. 여기서 정부가 공공기관을 '지정'한다는 데에 주목할 필요가 있다.

정부의 지정: 재량 vs. 기속

공운법의 규정과 국제기구의 기준

여기서 잠시 공운법에서 공공기관의 지정과 관련하여 어떻게 규정되어 있는지 핵심적인 사항을 살펴보도록 하자.

그림 4 - 1 공운법에 따른 공공기관 지정 및 배제 흐름도

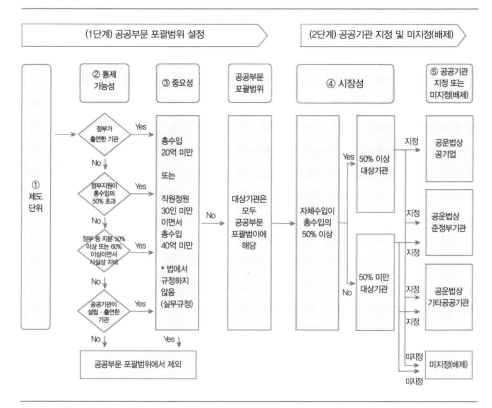

주: 배득종·유승원(2014)을 수정함.

[그림 4-1]과 같이 정부는 공공부문 포괄범위를 선정하는 1단계 작업과 공공기관을 지정하거나 배제하는 2단계 과정을 거쳐 공기업, 준정부기관, 기타공공기관을 지정한다.

1단계는 공공부문 포괄범위를 설정하는 단계이다. 먼저, ① 제도단위는 중앙부처와 지방자치단체가 아닌 법인, 단체 또는 기관을 의미한다. 통상의 기업과 협동조합 등 제반 기관은 모두 제도단위에 해당한다. ② 통제가능성은 정부수입이 해당 기관 총수입의 50%를 초과하는지, 정부가 최대지분을 보유하는지, 해당 기관이 법률에 따라 설립되고 정부가 출연한 기관인지, 정부가 해당 기관의 예산 또는 사업계획을 승인하는지 등을 기준으로 판단한다. 이중 하나라도 해당하면 통제가능성을 만족하는

4장 _ 정부의 공공기관 지정 **43**

것이다. 사기업은 이 조건을 만족하지 못하므로 공공부문 포괄범위에서 배제된다. 다음으로 ③ 중요성은 공공기관 포괄범위 검토의 실익이 있는지를 판단하는 기준이다. 총수입이 20억원 미만이거나 직원 정원이 30인 미만이면서 총수입이 40억원 미만인 기관은 중요성이 떨어져서 공공기관 포괄범위에서 제외된다. 중요성 기준은 법률이 아닌 기획재정부 실무상 기준이므로 수시로 변경될 수 있다. 이상의 제도단위와 통제가능성, 중요성을 모두 만족하면 공공부문 포괄범위에 해당하게 된다. 즉 해당 기관은 공공기관이 될 수 있다[1].

2단계는 공공기관을 유형별로 구분하거나, 공공기관 지정을 배제하는 단계이다. ④ 시장성 기준에 의해 공기업과 비(非)공기업을 구분할 수 있다. 공공기관은 「공공기관의 운영에 관한 법률」 제5조[2] 제2항에 의해 해당 기관의 직원 정원, 자체수입이

---

[1] 이에 대한 사항이 「공공기관의 운영에 관한 법률」 제4조 제1항(앞쪽 각주 참조)에 규정되어 있다.
  제4조【공공기관】 ① 기획재정부장관은 국가·지방자치단체가 아닌 법인·단체 또는 기관(이하 "기관"이라 한다)으로서 다음 각 호의 어느 하나에 해당하는 기관을 공공기관으로 지정할 수 있다.
  1. 다른 법률에 따라 직접 설립되고 정부가 출연한 기관
  2. 정부지원액(법령에 따라 직접 정부의 업무를 위탁받거나 독점적 사업권을 부여받은 기관의 경우에는 그 위탁업무나 독점적 사업으로 인한 수입액을 포함한다. 이하 같다)이 총수입액의 2분의 1을 초과하는 기관
  3. 정부가 100분의 50 이상의 지분을 가지고 있거나 100분의 30 이상의 지분을 가지고 임원 임명권한 행사 등을 통하여 당해 기관의 정책 결정에 사실상 지배력을 확보하고 있는 기관
  4. 정부와 제1호 내지 제3호의 어느 하나에 해당하는 기관이 합하여 100분의 50 이상의 지분을 가지고 있거나 100분의 30 이상의 지분을 가지고 임원 임명권한 행사 등을 통하여 당해 기관의 정책 결정에 사실상 지배력을 확보하고 있는 기관
  5. 제1호 내지 제4호의 어느 하나에 해당하는 기관이 단독으로 또는 두개 이상의 기관이 합하여 100분의 50 이상의 지분을 가지고 있거나 100분의 30 이상의 지분을 가지고 임원 임명권한 행사 등을 통하여 당해 기관의 정책 결정에 사실상 지배력을 확보하고 있는 기관
  6. 제1호 내지 제4호의 어느 하나에 해당하는 기관이 설립하고, 정부 또는 설립 기관이 출연한 기관
[2] 제5조【공공기관의 구분】 ① 기획재정부장관은 공공기관을 공기업·준정부기관과 기타공공기관으로 구분하여 지정하되, 공기업과 준정부기관은 직원 정원이 50인 이상인 공공기관 중에서 지정한다.
  ② 기획재정부장관은 제1항의 규정에 따라 공기업과 준정부기관을 지정하는 경우 공기업은 자체수입액이 총수입액의 2분의 1 이상인 기관 중에서 지정하고, 준정부기관은 공기업이 아닌 공공기관 중에서 지정한다.
  ③ 기획재정부장관은 제1항 및 제2항의 규정에 따른 공기업과 준정부기관을 다음 각 호의 구분에 따라 세분하여 지정한다.
  1. 공기업
    가. 시장형 공기업: 자산규모가 2조원 이상이고, 총수입액 중 자체수입액이 대통령령이 정하는 기준 이상인 공기업
    나. 준시장형 공기업: 시장형 공기업이 아닌 공기업

총수입 중 차지하는 비율, 자산 규모 등을 기준으로 공기업과 준정부기관으로 구분된다. 또한, 동법 제5조 제3항(각주 참조)에 의해 공기업은 시장형 공기업과 준시장형 공기업으로 구분되고, 준정부기관은 기금관리형 준정부기관과 위탁집행형 준정부기관으로 구분된다[3].

정부는 IMF, OECD, EU와 같은 국제기구의 지침을 준용하여 제도단위, 통제가능성, 중요성, 시장성의 기준에 따라 공공기관 여부를 판단한다. 국제기구는 각 기관이 공기업에 해당하는지 아닌지를 구분할 때 제도단위, 통제가능성, 시장성 등의 세부기준을 적용하도록 하고 있다. 그러나 해당 규정이 구체적이지 않아 개별 국가가 사정에 맞게 구체화하고 있는데 우리나라는 「공공기관의 운영에 관한 법률」에서 공공기관의 유형분류 기준을 정하고 있는 것이다.

여기까지는 공공부문 포괄범위 및 공기업을 구분하는 기준과 관련하여 「공공기관의 운영에 관한 법률」이 IMF, OECD, EU 등 국제기구가 권고하는 사항을 대체로 따르거나 구체화하였다. 그러나 우리나라의 「공공기관의 운영에 관한 법률」은 여기에 독특한 절차를 추가하였다. 그것이 [그림 4-1]의 ⑤ 공공기관 지정 또는 미지정(배제)이다. 아래에서 설명을 계속한다.

정부의 공공기관 지정 및 미지정(배제) 제도

먼저, 공공기관 지정과 관련해서 정부는 「공공기관의 운영에 관한 법률」 제4조 제1항에 근거하여 각 호를 만족하는 기관 중 어떠한 기관은 공공기관으로 지정할 수 있고, 다른 기관은 공공기관으로 지정하지 않고 배제할 수도 있다. 또한, 공공기관으로 지정되는 기관의 경우 동법 제5조에 의해 정부는 공공기관의 유형을 공기업, 준정

---

2. 준정부기관
　　가. 기금관리형 준정부기관: 「국가재정법」에 따라 기금을 관리하거나 기금의 관리를 위탁받은 준정부기관
　　나. 위탁집행형 준정부기관: 기금관리형 준정부기관이 아닌 준정부기관
　④ 기획재정부장관은 공공기관 중 제2항의 규정에 따른 공기업과 준정부기관을 제외한 기관을 기타공공기관으로 지정한다.
　⑤ 제2항 및 제3항의 규정에 따른 자체수입액 및 총수입액의 구체적인 산정 기준과 방법은 대통령령으로 정한다.
3) 본 단락과 다음 단락은 유승원·이종원(2016)을 참고하였다.

부기관, 기타공공기관 중 하나로 지정할 수 있다.

구체적으로, 정부는 기관의 직원 정원이 50명 이상인 기관 중 자체수입이 총수입 중 차지하는 비율이 50% 이상인 기관을 공기업으로 지정할 수 있다. 또한, 직원 정원이 50명 이상인 기관 중 공기업으로 지정되지 않은 기관을 대상으로 준정부기관을 지정할 수 있다. 정부가 공공기관으로 지정한 기관중 공기업과 준정부기관으로 지정되지 않으면 해당 기관은 자동으로 기타공공기관으로 지정되는 것이다.

정리하면, 공공기관으로 지정될지 배제될지, 또한 공공기관으로 지정되더라도, 공기업, 준정부기관, 기타공공기관중 어느 유형으로 지정될지는 정부의 재량에 달려 있는 것이다. 과거 한국산업은행의 경우 공공기관 및 공기업으로 지정될 수 있는 모든 요건을 갖추었지만 공공기관 지정에서 배제되었다. 중소기업은행의 경우 공기업으로 지정될 수 있는 요건을 갖추었지만 기타공공기관으로 지정되는데 그친 바 있다.

다음으로 공공기관 배제에 대해 살펴보면, 「공공기관의 운영에 관한 법률」 제4조 제2항[4]에서는 공공기관 지정에서 배제하는 기관의 세 가지 유형을 명시적으로 규정하고 있다. 첫째, 상호부조기관은 구성원 상호 간의 상호부조·복리증진·권익향상 또는 영업질서 유지 등을 목적으로 설립된 기관이기 때문에 배제하였다. 농업협동조합, 수산업협동조합, 군인공제회, 경찰공제회 등이 이에 해당한다. 둘째, 지방자치단체 관련 기관은 중앙정부가 아닌 지자체에 관련된 기관이기 때문에 배제하였다. 마지막으로, 한국방송공사(KBS)와 한국교육방송공사(EBS)를 명시적으로 공공기관에서 배제하였다. KBS와 EBS는 2006년 「공공기관의 운영에 관한 법률」 제정 당시 언론 및 정치권에서의 문제 제기로 법률에서 명시적으로 배제하게 되었다. 또한, 법률에서 규정하지 않지만 정부는 실무적으로 한국은행과 우리금융지주 등 공적자금 투입 기관은 공공기관 지정을 유보하고 있다[5].

....

4) 제4조【공공기관】 ① 생략
　　② 제1항의 규정에 불구하고 기획재정부장관은 다음 각 호의 어느 하나에 해당하는 기관을 공공기관으로 지정할 수 없다.
　　　　1. 구성원 상호 간의 상호부조·복리증진·권익향상 또는 영업질서 유지 등을 목적으로 설립된 기관
　　　　2. 지방자치단체가 설립하고, 그 운영에 관여하는 기관
　　　　3. 「방송법」에 따른 한국방송공사와 「한국교육방송공사법」에 따른 한국교육방송공사
5) 공공기관 지정 유보란 공공기관으로 지정하는 것도 아니고, 공공기관 지정을 정식으로 배제하는 것도

이러한 절차를 거쳐 정부는 2021년 12월 현재, 공기업 36개, 준정부기관 96개, 기타공공기관 218개 등 총 350개 기관을 공공기관으로 지정·고시하였다[6]. [표 4-1]을 참고하면 정부에 의해 공공기관으로 지정되는 기관이 해가 갈수록 증가하는 모습이다. [표 4-2]에 공운법 제5조에 의한 공공기관 유형 분류와 관련된 주요사항을 정리하였다.

표 4-1 연도별 공공기관 지정 현황

(단위: 개, 년)

구 분	2012	2013	2014	2015	2016	2017	2018	2019	2020	2021
■ 공기업	28	30	30	30	30	35	35	36	36	36
시장형	14	14	14	14	14	14	15	16	16	16
준시장형	14	16	16	16	16	21	20	20	20	20
■ 준정부기관	83	87	87	86	89	89	93	93	95	96
기금관리형	17	17	17	17	16	16	16	14	13	13
위탁집행형	66	70	70	69	73	73	77	79	82	83
■ 기타공공기관	177	178	185	200	202	208	210	210	209	218
공공기관 합계	288	295	302	316	321	332	338	339	340	350

자료: 공공기관 지정 관련 기획재정부 보도자료(각 년도)

아닌 모호한 상태이다. 그런데 공공기관 지정 유보는 공공기관으로 지정되지 않았다는 점에서는 사실상 공공기관 지정 배제와 차이가 없다.

6) 정부의 각 기관별 공공기관 지정 유형(2021년 12월 기준)은 제2장의 [표 2-1]을 참고하기 바란다.

표 4 - 2 「공공기관의 운영에 관한 법률」제5조에 의한 공공기관 유형 분류 관련 주요사항 정리

구 분		내 용	정부의 재량/ 근거규정	해당 기관 예시
공공 기관 지정	공기업	기획재정부장관이 공공기관으로 지정한 기관으로서 '자체수입비율 ≥ 50% & 직원정원 ≥ 50인'인 기관 중 기획재정부 장관이 지정한 기관	정부(기획재정부장관)가 재량을 행사할 수 있도록 법률에 규정	한국전력공사, 한국수자원공사, 한국철도공사, 인천국제공항공사 등
	-시장형 공기업	공기업 중 자체수입비율 ≥ 85% & 자산 2조원 이상인 공기업		
	-준시장형 공기업	시장형 공기업이 아닌 공기업		
	준정부기관	기획재정부장관이 공공기관으로 지정한 기관으로서 '직원정원 ≥ 50인'이지만 기획재정부장관이 공기업으로 지정하지 않은 기관 중 지정된 기관		공무원연금공단, 신용보증기금, 한국농어촌공사, 독립기념관 등
	-기금관리형 준정부기관	준정부기관 중 중앙정부 기금을 관리하는 기관		
	-위탁집행형 준정부기관	기금관리형 아닌 준정부기관		
	기타공공기관	기획재정부장관이 공공기관으로 지정한 기관 중 공기업 또는 준정부기관으로 지정하지 않은 기관		강원랜드, 대한법률구조공단, 국립대학병원, 정부출연연구기관 등 * 한국산업은행과 중소기업은행은 공기업 요건을 만족하지만 기타공공기관으로 지정됨
지정 배제주)	상호부조기관	구성원 상호 간의 상호부조·복리증진·권익향상 또는 영업질서 유지 등을 목적으로 설립된 기관	정부(기획재정부장관)가 재량을 행사하지 못하도록 법률에 규정	농협, 수협, 군인공제회, 경찰공제회 등
	지방자치단체 관련 기관	지자체가 설립하고, 그 운영에 관여하는 기관		서울주택토지공사, 서울연구원 등
	KBS, EBS	「방송법」에 따른 한국방송공사와 「한국교육방송공사법」에 따른 한국교육방송공사		KBS, EBS
	공공기관 지정 요건에 해당하나 지정되지 않은 기관		정부(기획재정부장관)가 재량을 행사할 수 있도록 법률에 규정	한국산업은행 * 과거에 공기업 요건을 만족하지만 지정 배제된 적이 있음(현재는 기타공공기관)
지정 유보주)	중앙은행		법 근거 없이 정부(기획재정부장관)가 실무적으로 처리함	한국은행
	공적자금 투입기관			우리은행지주 등

주: 공공기관 지정 배제 기관과 지정 유보 기관은 (법적 근거 여부를 떠나) 공공기관으로 지정되지 않았다는 점에서 실제 큰 차이는 없다고 볼 수 있음

공공기관 지정시와 비지정시의 차이

공공기관 지정과 관련하여 이슈가 제기될 수 있는 기관은 KBS, EBS 등의 방송사, 한국산업은행, 한국수출입은행, 금융감독원, 한국은행 등의 금융기관, 농협중앙회, 수협중앙회, 경찰공제회, 재향군인회 등의 상호부조기관을 들 수 있다[7].

국민과 정부의 입장에서는 다수 기관을 공공기관으로 지정하여 정부의 관리·감독을 강화하려 할 유인이 크다. 이를 통해 혹시라도 발생할 수 있는 방만경영을 억제하고 관리의 효율성과 성과 등을 제고시켜 국민이 바라는 서비스를 제공할 수 있도록 견인할 수 있기 때문이다.

반면, 대상 기관은 공공기관으로 지정되는 것을 반기지 않을 수 있다. 공공기관으로 지정되더라도 공기업 또는 준정부기관으로 지정되지 않고 기타공공기관으로 지정되고자 한다. 국민·정부의 관점과 공공기관의 관점이 상이한 이유는 무엇일까?

기타공공기관으로 지정되면 해당 기관의 설치 근거 법률, 정관 또는 주무부처의 관리를 기본으로 하면서, 「공공기관의 운영에 관한 법률」에서 관리·감독과 관련된 사항 중 제3장 공공기관의 경영공시 등(제11조~제15조) 및 비위행위자에 대한 수사 의뢰 등(제52조의3~제52조의5)의 규정이 적용된다. 공기업 또는 준정부기관으로 지정되면 동법에서 관리·감독과 관련된 사항 중 기타공공기관에게 적용되는 것을 포함하여 동법 제4장에서 공기업·준정부기관의 운영을 위한 대규모 조항(제16조~제52조의2)을 추가 적용하게 된다. 반면 공공기관으로 지정되지 않으면 「공공기관의 운영에 관한 법률」의 적용을 받지 않는다. [표 4-3]과 같이 공공기관 지정 여부 또는 어떠한 유형으로 지정되느냐에 따라 정부가 관리·감독을 촘촘하게 수행할 수도 있고 그렇지 않을 수도 있다.

---

7) 여타 공공기관 지정과 관련하여 이슈가 제기될 수 있는 기관이 많지만 본서는 이상의 주요기관을 중심으로 검토한다. 각 해당 기관이 「공공기관의 운영에 관한 법률」상의 공공기관에 해당하는지 여부는 뒤에서 자세히 기술한다.

표 4-3 공공기관 지정시와 비(非)지정시의 차이

구 분	공기업·준정부기관 지정시	기타공공기관 지정시	공공기관 비(非)지정시
개요	• 공운법 중 관리·감독 관련 기타공공기관에게 적용되는 것을 포함하여 제4장 공기업·준정부기관의 운영(제16조~제52조의2)을 추가 적용 • 기재부와 주무부처가 관리·감독함	• 공운법 중 관리·감독 관련 제3장 공공기관의 경영공시 등(제11조~제15조) 및 비위행위자에 대한 수사 의뢰 등(제52조의3~제52조의5) 적용 • 주무부처가 관리·감독함	• 공운법 적용되지 않음 • 관련 법률 또는 정관에 의해 관리·감독함
이사회 및 위원회	• 이사회 설치 및 비상임이사 선임 필요 • 비상임이사가 이사회의 과반수 구성 필요 (공기업 및 일정 규모 이상의 준정부기관) • 기관장이 이사회 의장을 맡을 수 없음(시장형 공기업, 일정 규모 이상의 기관) • 감사위원회 설치 필요(시장형 공기업, 일정 규모 이상의 기관)	• 해당 기관의 설치 법률, 정관 또는 주무부처의 관리에 의함	• 해당 기관의 설치 법률 또는 정관에 의함
임원 임면	[공기업] • 기관장: 임원추천위원회 복수 추천 → 공공기관 운영위원회의 심의·의결 → 주무부처 제청 → 대통령이 임명 • 감사: 임원추천위원회 복수 추천 → 기재부장관 제청 → 대통령이 임명 　*소규모 기관의 감사는 기재부장관이 임명 • 상임이사: 기관장이 임명 • 감사위원: 대통령 또는 기재부장관이 임명 • 비상임이사: 임원추천위원회 복수 추천→기재부장관 임명 [준정부기관] • 기관장: 임원추천위원회 복수 추천 → 주무부처 제청 → 대통령이 임명 　*소규모 기관의 기관장은 주무부처 장관이 임명 • 감사: 임원추천위원회 복수 추천 → 공공기관 운영위원회의 심의·의결 → 기재부장관이 제청 → 대통령이 임명 　*소규모 기관의 감사는 기재부장관이 임명 • 상임이사: 기관장이 임명 • 감사위원: 대통령 또는 기재부장관이 임명 • 비상임이사: 임원추천위원회 복수 추천→주무부처 장관이 임명 　*소규모 기관의 비상임이사는 주무부처 장관이 임명	• 해당 기관의 설치 법률, 정관 또는 주무부처의 관리에 의함	• 해당 기관의 설치 법률 또는 정관에 의함

구 분	공기업·준정부기관 지정시	기타공공기관 지정시	공공기관 비(非)지정시
임원과의 계약	• 이사회가 계약안 작성후 임원추천위원회에 통보 → 임원추천위원회는 기관장 후보와 계약안 협의 → 주무부처 장관은 기관장과 계약 체결 → 기관장은 재임기간 중 계약 이행 관련 1회 이상 평가 * 공기업은 계약 체결전 기재부장관과 협의	• 해당 기관의 설치 법률, 정관 또는 주무부처의 관리에 의함	• 해당 기관의 설치 법률 또는 정관에 의함
임원의 보수	• 기재부장관이 공공기관운영위원회의 심의·의결을 거친 보수 지침에 따름	• 해당 기관의 설치 법률, 정관 또는 주무부처의 관리에 의함	• 해당 기관의 설치 법률 또는 정관에 의함
경영목표	• 주무부처 장관과 기재부장관에게 제출 • 기재부장관은 공기업 기관장에게, 주무부처 장관은 준정부기관 기관장에게 경영목표의 변경을 요구할 수 있음	• 해당 기관의 설치 법률, 정관 또는 주무부처의 관리에 의함	• 해당 기관의 설치 법률 또는 정관에 의함
경영 평가	• 매년 기재부장관은 공기업, 준정부기관의 경영 실적을 평가함(전문가로 구성된 경영평가단 활용) • 평가 결과를 국회 및 대통령에게 보고 • 평가 결과가 부실할 경우 인사상 또는 예산상 조치를 취함	• 매년 주무부처가 평가함 • 평가 결과가 부실할 경우 인사상 또는 예산상 조치를 취함	• 해당 기관의 설치 법률 또는 정관에 의함
인사· 정원· 예산 관련 경영 지침	• 기재부장관은 공기업, 준정부기관의 일상적 인사·조직·예산 및 자금운영 등과 관련한 경영 지침을 정하여 공공기관운영위원회의 심의·의결후 기관에게 통보함 • 기재부장관은 공기업의 경영지침 이행을 감독함 • 주무부처 장관은 준정부기관의 경영지침 이행 및 공기업에 위탁하거나 소관 업무와 관련된 사항은 이행을 감독함	• 해당 기관의 설치 법률, 정관 또는 주무부처의 관리에 의함	• 해당 기관의 설치 법률 또는 정관에 의함
출연·출자 기관	• 공기업, 준정부기관이 출연·출자기관을 설립하거나 다른 법인에 출연·출자할 경우 주무부처 및 기재부와 사전에 협의함	• 해당 기관의 설치 법률, 정관 또는 주무부처의 관리에 의함	• 해당 기관의 설치 법률 또는 정관에 의함
경영 공시	• 각 기관은 경영목표, 예산, 결산, 임원, 인건비, 고객만족도, 평가, 소송, 징계, 감사, 자회사 출자회사 등과의 거래 및 인력교류, 이사회 회의록 등 경영관련 제반 사항을 공시함 • 기재부장관은 위 공시사항을 표준화하여 알리오(alio. go.kr) 시스템에 대외 공개함	• 공기업·준정부기관과 동일하게 적용함	• 해당 기관의 설치 법률 또는 정관에 의함
비위행위 관련	• 공공기관의 비위행위자에 대해 기재부장관 또는 주무부처 장관은 수사 의뢰할 수 있음 • 채용비리 행위자가 유죄판결이 확정된 경우 기재부장관 또는 주무부처 장관은 관련 사항을 공개할 수 있음 • 채용비위 관련자에 대해 기재부장관 또는 주무부처 장관은 합격취소 등 인사상의 조치를 공공기관에게 요청할 수 있음	• 공기업·준정부기관과 동일하게 적용함	• 해당 기관의 설치 법률 또는 정관에 의함

공공기관 지정 관련 이슈와 사례[8]

여기서는 공공기관 지정과 관련된 대표적인 이슈와 사례를 두 가지로 구분하여 다루었다. 첫째, 정부의 재량적 지정에 대한 이슈와 관련된 사례(한국산업은행, 한국수출입은행 등). 둘째, 「공공기관의 운영에 관한 법률」상 명시적으로 공공기관 지정을 배제한 경우로서, KBS·EBS와 상호부조기관(농협중앙회, 경찰공제회 등)에 대한 사례이다.

정부의 재량적 지정 관련 이슈와 사례

IMF, OECD, EU 등 국제기구는 공기업에 대한 정의와 범위를 규정하고는 있으나 구체적이지 못하다. 반면 우리나라는 「공공기관의 운영에 관한 법률」에서 공기업을 포함한 공공기관의 정의와 범위에 대한 조항을 구체적으로 규정하였다. 이는 우리나라가 외국보다 진일보한 것으로 볼 수 있다.

그러나 정부가 재량적으로 공공기관의 지정 및 배제, 공공기관의 유형을 정하도록 한 것은 논란의 소지가 있다. 만약 공공기관 '지정'이 '의무적으로' 이루어진다면 특별히 문제될 것이 없을 것이다. 이슈는 '지정' 자체에 있는 것이 아니라 '재량적으로' 지정을 하는 데에 있다. 공공기관 지정에 대한 정부의 재량적 판단이 합리적이고 예측가능하다면 재량적 규정 자체는 문제가 되지 않을 것이다. 또한 급박한 환경변화에 정부가 탄력적으로 대응하면서 공공기관을 관리하는 것이 유리할 수 있다. 하지만 공공기관 지정에 대해 정치권 등의 압력에 의해 지정을 결정할 경우 논란이 발생할 수 있다.

또한, 민간 사기업이나 공적자금이 일시적으로 투입된 기관을 공공기관 지정에서 배제(유보)하는 것은 이해가 될 수 있다. 그러나 그렇지 않은 기관까지 공공기관 지정에서 배제하기 위해 「공공기관의 운영에 관한 법률」에 명시적인 규정을 두는 것은 동법의 제정 취지에도 반하며 국제기준에도 부합하지 않다. 이러한 문제의식을 가지고, 아래에서는 정부가 「공공기관의 운영에 관한 법률」에 의해 공공기관 지정 및 유형 분류에서 재량을 행사하는 과정에서 발생할 수 있는 주요 이슈에 대해 살펴보고자 한다.

....

8) 본 사항은 유승원·이종원(2016)을 수정·보완하였다.

정부의 재량적 지정 제도의 장단점

현행 공기업, 준정부기관, 기타공공기관 유형의 공공기관 분류체계를 유지하는 것을 전제로 할 때, 정부가 공공기관 지정에 대해 재량을 계속 발휘하는 경우의 장단점은 다음과 같다. 장점으로는 첫째 환경 변화에 정부가 탄력적으로 대응할 수 있다. 공공기관 및 관련 산업 등 대외 환경에 변화가 생기는 경우 법률 개정 없이도 신속적으로 대응하는데 적합하다. 둘째, 정부의 공공기관에 대한 관리가 상대적으로 용이할 수 있다. 공공기관에 대한 관리의 필요성 및 그 정도에 따라 정부가 정책적 관점에서 공공기관을 지정할 수 있다.

단점으로는 첫째, 공공기관 지정과 관련하여 투명성, 신뢰성 및 예측가능성에 문제가 발생할 수 있다. 예를 들어, 한국산업은행의 경우 「공공기관의 운영에 관한 법률」 및 국제기준에도 불구하고 기타공공기관으로 지정되었다가 2021년 12월 현재 지정 해제되었다. 이들이 지정되고 해제된 것은 정부에 대한 정치권의 압력 때문일 수 있다. 또한 정부가 공공기관 지정과 관련하여 언제든지 과거의 결정과 상반되는 결정을 미래에 할 수도 있다는 점에서 공공기관 정책에 대한 투명성, 신뢰성 및 예측가능성 측면에서 비판을 받을 수 있다. 둘째, 정부의 재량적 지정이 지속될 경우 공공기관 지정과 관련하여 국회, 언론 등에서 제기하는 비판적 견해를 해소할 수 없게 된다. 이 경우 공공기관 정책과 관련된 대외 이해관계자와의 협력 관계가 손상될 수 있다. 셋째, 정부의 재량적 지정 제도는 당초 「공공기관의 운영에 관한 법률」 제정 과정에서 공공기관을 유형화할 때 IMF, OECD, EU 등에서 규정하고 있는 국제기준을 한국에 적용하겠다는 최초의 취지를 퇴색시키고 있다.

앞의 [그림 4-1]에서 볼 수 있듯이 공공기관 유형 분류시 국제기구에서 규정하고 있는 ① 제도단위, ② 통제가능성, ③ 중요성, ④ 시장성을 충실히 검토했다 하더라도, 마지막 ⑤ 단계에서 국제기구에서 규정하고 있지 않은 '지정/배제' 기준을 기획재정부가 활용하는 경우, 국제기구가 규정한 이전 ①~④단계까지의 분석이 무용지물이 될 수도 있기 때문이다.

예를 들어, 중소기업은행과 한국산업은행의 경우 국제기준(①~④)에 의하면 공기업으로 분류되어야 하지만 정부는 기타공공기관으로 지정하였다[9].

---

9) 한편, 중소기업은행과 한국산업은행 등의 기관이 국제기준과 상이한 유형으로 지정된 이유에 대해, 「공공기관의 운영에 관한 법률」의 부칙 제3조를 근거로 설명이 가능하다는 반론이 제기될 수 있다.

표 4-4 공공기관 지정시 정부가 재량을 발휘할 때의 장단점

장 점	단 점
• 공공기관을 둘러싼 환경변화에 대해 정부가 탄력적으로 대응할 수 있음 • 정부의 공공기관에 대한 관리가 상대적으로 용이할 수 있음	• 공공기관 지정과 관련하여 투명성, 신뢰성 및 예측 가능성 측면에서 비판 가능 • 국회, 언론 등 공공기관 정책에 대한 이해 관계자가 가지고 있는 비판을 해결하지 못하고 협력관계에 손상 발생 우려 • 「공공기관의 운영에 관한 법률」 제정 과정에서 공공기관을 유형화할 때 IMF, OECD, EU 등에서 규정하고 있는 국제기준을 적용하겠다는 최초의 취지가 퇴색됨

법률에 기속하여 공공기관 지정시 장단점

본 방안은 향후 「공공기관의 운영에 관한 법률」 개정 등으로 공공기관 지정 및 공공기관 유형 분류시 정부의 재량을 없애거나 극소화하는 방안이다. 본 방안의 장점으로 아래의 두 가지를 고려할 수 있다.

첫째, 법률에 기속될 경우 정부에 가하는 정치권의 압력 등이 억제되면서 공공기관 정책과 관련된 투명성, 신뢰성 및 예측가능성을 제고시킬 수 있다. 둘째, 공공기관의 범위 및 공공기관 유형 구분에 대한 국제기준이 현재 정부의 재량적 지정 조항 때문에 그 취지가 다소 저하되었다. 그런데 이것이 해소되면서 국제기구가 권고하는 사항으로서 각 기관별 특성에 부합하는 적절한 거버넌스를 갖출 수 있다. 또한 해당 거버넌스에 부합하는 정부의 적절한 관리방식을 유도할 수 있다.

한편, 본 방안의 단점으로 다음의 세 가지가 제기될 수 있다.

해당 조항은 과거 「정부투자기관 관리기본법」 및 「정부산하기관 관리기본법」 에 의해 공기업 또는 준정부기관으로 지정된 기관이 새로운 법률인 「공공기관의 운영에 관한 법률」에서도 그대로 이어지는 것을 전제로 하고 있기 때문이다. 그러나 부칙 제3조는 공기업 유형을 최초로 지정할 때에만 적용하는 규정이다. 따라서 공기업 유형을 최초로 적용할 때에는 중소기업은행과 한국산업은행을 공기업이 아닌 유형으로 지정했다 하더라도, 이후에 국제기준과 동일하게 공기업으로 지정을 변경할 수 있을 것이다.

*「공공기관의 운영에 관한 법률」 부칙 제3조(공기업 등의 최초 지정 및 구분) ② 기획예산처장관은 제1항의 규정에 따라 공기업·준정부기관을 최초로 지정하여 고시하는 경우에는 이 법 시행 당시 「정부투자기관 관리기본법」, 「정부산하기관 관리기본법」 및 「공기업의 경영구조개선 및 민영화에 관한 법률」의 적용 대상 기관 중 직원 정원이 50인 이상인 기관 중에서 지정하여 고시한다.

첫째, 현재 「공공기관의 운영에 관한 법률」은 법 조항에서 준정부기관과 기타공공기관을 명확하게 구분하도록 규정하지 않았다. 공기업으로 지정되지 않으면 준정부기관으로 지정될 수 있고, 공기업과 준정부기관으로 지정되지 않으면 기타공공기관으로 지정되게끔 되어 있기 때문이다. 「공공기관의 운영에 관한 법률」상 직원 정원(50인 미만) 규정 외에 기타공공기관 지정을 위한 규정[10]이 존재하지만, 이는 정부(기획재정부) 내부 규정에 불과하다. 따라서 현재는 준정부기관과 기타공공기관을 구분할 수 있는 법적 근거가 없는 상태이다. 이에 대한 보완이 없이는 의무 분류와 재량 분류간 큰 차이가 없다.

앞에서 살펴본 대로 준정부기관으로 지정되면 정부로부터 강한 수준의 관리를 받고, 기타공공기관으로 지정되면 다소 약한 수준의 관리를 받게 된다. 따라서 개별 기관은 준정부기관으로 지정되지 않고 기타공공기관으로 지정되고자 하는 유인이 강하다. 그런데 준정부기관과 기타공공기관 구분 기준이 법률에 근거하지 않기 때문에 준정부기관과 기타공공기관중 어떠한 유형으로 결정되는지는 여전히 정부가 결정하게 될 것이다. 이 경우, 이러한 사항이 대상 공공기관에게는 "복불복" 또는 "모 아니면 도" 방식으로 오해를 받을 소지가 없지 않다. 둘째, 정책당국 입장에서 공공기관 지

표 4 - 5 공공기관 지정시 법률에 기속(의무 분류)시킬 경우의 장단점

장 점	단 점
• 공공기관 정책과 관련된 투명성, 신뢰성 및 예측가능성이 제고됨 • 「공공기관의 운영에 관한 법률」의 취지와 규정이 국제기준에 더욱 부합하여 각 기관의 특징을 고려한 거버넌스 및 정부의 관리방식을 유도할 수 있음	• 준정부기관과 기타공공기관에 대한 구분 기준이 「공공기관의 운영에 관한 법률」에 없기 때문에 양자간 구분은 여전히 정부(기획재정부)에 의해 결정될 것이며, 이러한 사항이 대상 공공기관에게는 "복불복" 또는 "모 아니면 도" 방식으로 오해를 받을 수 있음 • 정책당국 입장에서 공공기관 지정과 관련된 재량권이 억제 또는 대폭 축소되어 공공기관 정책 추진시 활용 가능한 정책도구 확보가 어려워질 수 있음

....

10) 개별법에 의한 별도 관리체계가 존재하는 출연연구기관, 국립대학병원 등과 기관 특수성을 고려한 자율성이 필요한 교육·연구기관, 국방·안보관련 기관 등은 기타공공기관으로 분류하고 있다.

정과 관련된 재량권이 억제 또는 대폭 축소되어 공공기관 정책 추진시 활용가능한 정책 도구의 확보가 어려워질 수 있다.

한편, 정부의 재량적 지정 또는 법률에의 기속과 상관없이 공통적으로 고려할 사항이 존재한다.

첫째, 현재 공기업과 준정부기관을 구분하는 기준은 자체수입 비율이다. 기관의 자체수입액이 총수입의 50% 이상이면 정부가 공기업으로 지정할 수 있다. 그런데, 자체수입 비율만으로 법률에 의해 기속적으로 공기업과 준정부기관을 구분하기에는 기관의 활동을 종합적으로 분석할 수 없고, '일반적으로 인정된 회계원칙'(GAAP, Generally Accepted Accounting Principle)에 근거하지 않으며, 국제기준에도 부합하지 않는다는 비판이 제기될 수 있다. 현재의 자체수입 비율 산정 방식은 기관의 수입과 지출 중 수입 만을 고려한다. 반면, IMF, OECD, EU 등 국제기구는 공기업을 구분할 때 원가보상률(매출/총원가) 방식에 따른다. 원가보상율은 기관의 수입(매출)과 지출(원가) 측면 모두를 고려하여, 기관의 활동을 종합적으로 분석할 수 있다[11]. 따라서, 현재 자체수입 비율은 기관의 수입만을 분석하기에 절름발이 분석이라는 비판을 받을 수 있다. 또한, '자체수입' 지표는 '일반적으로 인정된 회계원칙'(GAAP)에 기반한 발생주의 회계 처리 방식과는 다소 거리가 존재한다. 따라서 정부지원 수입의 정의 및 범위를 규정할 때 해당 기관의 주관성이 개입될 소지가 존재한다.

둘째, 현재와 같이 계량 수치(특히 자체수입 비율) 중심으로 기관 유형을 결정하게 되므로, 각 기관은 계량 수치에 영향을 주지 않으면서 현재의 공공기관 유형에 변화를 주지 않기 위해 경직적으로 경영관리를 할 우려가 있다[12]. 역으로, 공공기관의 유형 변화를 원하는 공공기관의 경우 계량 수치에 변화를 주기 위해 경영활동에 변화를 일으킬 수 있으며 이 경우 안정적인 경영관리가 저해될 수 있다.

---

11) 「공공기관의 운영에 관한 법률」 제정 과정에서 당시 정책당국은 공기업 분류 기준으로 수입과 지출을 모두 고려하는 원가보상율을 사용하려 했으나, 해당 원가보상율 개념의 이해가능성 또는 수용성이 낮다는 판단 하에 수입만을 고려하는 자체수입 비율 개념을 사용하는 것으로 변경하여 입법 과정을 진행한 바 있다(유승원·이종원, 2016).
12) 이러한 경향은 1년 중 마지막 분기인 4/4분기에 집중되어 나타날 수 있다. 따라서 해당 기관의 경영관리 방식이 다른 이유가 아닌 분기에 따라 변화 또는 왜곡되는 결과가 나타날 수도 있다.

한국산업은행은 정부지원 비율이 100%이고, 정부지분율(및 정부·공공기관 공동지분율)이 100%로서 「공공기관의 운영에 관한 법률」 제4조 제1항에 따른 공공기관으로 지정될 수 있는 요건을 갖추었다. 또한, 직원 정원이 50명 이상이고, 자체수입비율이 85% 이상이며, 자산규모가 2조원 이상인 기관으로서 「공공기관의 운영에 관한 법률」 제5조에 따른 시장형 공기업에 해당한다. 그러나 실제로 정부는 과거 공공기관 지정에서 배제한 바 있으며, 2021년 현재 정부는 기타공공기관으로 지정하였다.

중소기업은행은 정부지원 비율이 100%이고, 정부지분율이 50.9%이며, 정부·공공기관 공동지분율이 61.9%로서 「공공기관의 운영에 관한 법률」 제4조 제1항에 따른 공공기관으로 지정될 수 있는 요건을 갖추었다. 또한, 직원 정원이 50명 이상이고, 자체수입비율이 85% 이상이며, 자산규모가 2조원 이상인 기관으로서 「공공기관의 운영에 관한 법률」 제5조에 따른 시장형 공기업에 해당한다. 그러나 실제로 정부는 과거 공공기관 지정에서 배제한 바 있으며, 2021년 현재 정부는 기타공공기관으로 지정하였다.

금융감독원은 정부지원 비율이 96%이므로 「공공기관의 운영에 관한 법률」 제4조 제1항에 따른 공공기관으로 지정될 수 있는 요건을 갖추었다. 또한, 직원 정원이 50명 이상이지만, 자체수입비율이 50% 미만이면서 정부 기금을 운용하지 않으므로 「공공기관의 운영에 관한 법률」 제5조에 따른 위탁집행형 준정부기관에 해당한다. 그러나 실제로 정부는 2021년 현재 금융감독 기구의 특성을 고려하여 공공기관 지정을 유보하였다(공공기관 지정 유보의 법적 근거는 없음).

한국은행은 정부지원 비율이 100%이므로 「공공기관의 운영에 관한 법률」 제4조 제1항에 따른 공공기관으로 지정될 수 있는 요건을 갖추었다. 직원 정원이 50명 이상이고, 자체수입비율이 85% 이상이며, 자산규모가 2조원 이상인 기관으로서 「공공기관의 운영에 관한 법률」 제5조에 따른 시장형 공기업에 해당한다. 그러나 실제로 정부는 통화신용정책의 중립적 수행 및 한은의 자주성 존중을 보장한 한은법 입법취지를 감안하여 공공기관 지정을 유보하였다(공공기관 지정 유보의 법적 근거는 없음).

표 4-6 정부의 재량적 지정 사례: 한국산업은행 등

	한국산업은행	중소기업은행	금융감독원	한국은행
공공기관 요건	요건을 갖춤	요건을 갖춤	요건을 갖춤	요건을 갖춤
정부출연기관 여부 (법 4조 1항 1호)	–	–	–	–
정부지원 비율(추정) (법 4조 1항 2호)	100%	100%	96%	100%
정부출자기관 여부 (법 4조 1항 3호)	정부지분율 100%	정부지분율 50.9%	–	–
정부·공공기관 공동출자 여부 (법 4조 1항 4호)	정부지분율 100%	정부·공공기관 지분율 61.9%	–	–
공공기관 공동 출자 여부 (법 4조 1항 5호)	–	–	–	–
재출연기관 여부 (법 4조 1항 6호)	–	–	–	–
유형 구분 기준				
자산규모	272조원	256조원	2,482억원	480조원
정원	3,325명	12,200명	1,900명	2,288명
자체수입 비율 (직전 3년평균 추정)	100%	100%	39%	100%
정부기금 관리	–	–	–	–
법 상 유형	시장형 공기업	시장형 공기업	위탁집행형 준정부기관	시장형 공기업
실제 지정 유형 (2021년 기준)	기타공공기관	기타공공기관	지정 유보 * 위탁집행형 준정 부기관 요건을 충 족하나 금융감독 기구의 중립성을 고려하여 공공기 관 지정을 유보	지정 유보 * 통화신용정책의 중립적 수행 및 한은의 자주성 존 중을 보장한 한 은법(제3조) 입 법취지를 감안
비 고	과거 공공기관으로 지정되지 않은 적 이 있음	과거 공공기관으로 지정되지 않은 적 이 있음	지정 유보의 논거인 중립성을 규정한 법 적 근거 및 공공기관 지정 유보에 대한 법 적 근거가 없음	지정유보의 근거(한 은법)는 설득력이 있 으나, 공공기관 지정 유보에 대한 법적 근거는 없음

주: 여기서 '법'은 「공공기관의 운영에 관한 법률」을 말함
자료: 유승원·이종원(2016), 기획재정부의 알리오 시스템(www.alio.go.kr), 각 기관의 홈페이지

공운법상 명시적으로 공공기관 지정을 배제한 사례

KBS, EBS, 지방자치단체 산하 공공기관 및 상호부조기관은 「공공기관의 운영에 관한 법률」 제4조 2항에 의해 공공기관 지정 대상에서 제외되어 있다.

> **공공기관 지정 배제 규정**
> 「공공기관의 운영에 관한 법률」 제4조 【공공기관】 ② 제1항의 규정에 불구하고 기획재정부
> 장관은 다음 각 호의 어느 하나에 해당하는 기관을 공공기관으로 지정할 수 없다.
> 1. 구성원 상호 간의 상호부조·복리증진·권익향상 또는 영업질서 유지 등을 목적으로 설
>   립된 기관 [상호부조기관]
> 2. 지방자치단체가 설립하고, 그 운영에 관여하는 기관
> 3. 「방송법」에 따른 한국방송공사와 「한국교육방송공사법」에 따른 한국교육방송공사

그러나 해당 기관 중 상당수 기관의 공공기관 지정 여부에 대해 다양한 의견이 제기되고 있다. KBS, EBS 및 일부 상호부조기관의 경우 재무상태 개선, 공적기능 수행, 공공기관 관리의 통일성 및 타 기관과의 형평성 등을 고려할 때 공공기관으로 지정해야 한다는 의견이 있다. 반면 KBS와 EBS에서는 현재 법의 규정을 준수하고 있고, 언론의 중립성 및 독립성을 견지하기 위해서 정부의 공공기관 관리 대상에서 제외하는 것이 바람직하다는 주장이 있다. 또한, 상호부조기관에서도 해당 기관이 조합원 상호 간의 부조를 위해 설립된 만큼 법에서 규정한대로 공공기관 지정 배제 대상에 계속 포함되는 것이 옳다는 주장이 있다.

따라서, 이하에서는 양 측에서 주장하는 바가 대립되는 교차점인 공공기관 지정 실익과 언론의 자율성·독립성 및 상호부조기능에 대해 살펴보겠다. 한편, 지방자치단체가 설립하고 운영하는 기관은 중앙정부(기획재정부)가 관리할 대상에서 원천적으로 제외되므로 여기서는 논의를 생략한다.

KBS, EBS

공운법 취지상 공공기관 지정 요건 충족 여부: KBS는 정부지원 비율이 100%이고[13] 정부지분율이 100%이므로 「공공기관의 운영에 관한 법률」 제4조 제1항에 따른 공공기관으로 지정될 수 있는 요건을 갖추었다. 또한, 직원 정원이 50명 이상이고, 자체수입비율이 85%이지만 자산규모가 2조원 미만인 기관이므로 「공공기관의 운영에 관한 법률」 제5조에 따른 준시장형 공기업에 해당한다. 그러나 실제로 정부는 「공공기관의 운영에 관한 법률」 제4조 제2항 제3호에 근거하여 공공기관 지정을 배제하였다.

EBS는 정부지원 비율이 100%이고 정부지분율이 100%이므로 「공공기관의 운영에 관한 법률」 제4조 제1항에 따른 공공기관으로 지정될 수 있는 요건을 갖추었다. 직원 정원이 50명 이상이고, 자체수입비율이 50% 이상이며 자산규모가 2조원 미만인 기관으로서 「공공기관의 운영에 관한 법률」 제5조에 따른 준시장형 공기업에 해당한다. 그러나 실제로 정부는 공공기관의 운영에 관한 법률」 제4조 제2항 제3호에 근거하여 공공기관 지정을 배제하였다.

KBS, EBS가 공공기관으로 지정되는 경우의 실익: 사기업이 아닌 기관은 일정한 필요요건을 갖춘다면, 「공공기관의 운영에 관한 법률」에 의해 관리대상 공공기관으로 지정될 수 있다. 그러나 기관의 설립취지 또는 특징 등을 고려했을 때 관리 대상에 포함될 경우의 실익이 비용보다 유의하게 클 때에만 실제 관리 대상으로 지정될 수 있을 것이다. 여기서는 공공기관 지정으로 전환할 때의 편익과 비용을 질적(質的)인 관점에서 살펴본다[14].

KBS와 EBS를 공공기관으로 지정할 경우 방만한 경영을 개선시키는 동력으로 활용할 수 있다. 이러한 견해는 KBS·EBS에 대한 현재의 관리시스템으로는 해당 기관의 방만경영을 해소하기에 부족하다는 인식이 바탕에 깔려 있다. KBS의 방만경영에 대해 최근 감사원(2017a, 2017b)이 지적한 사항을 살펴보자. KBS는 방송 협찬주로부

---

13) KBS의 2016년의 수입 6,458억원 중 정부보조금은 126억원이고 수신료수입은 6,332억원이다. 「공공기관의 운영에 관한 법률」 제4조 제1항 제2호에서 규정한 정부지원액은 법령에 따라 부여받은 독점적 사업으로 인한 수입액을 포함한다. 수신료 수입은 「방송법」 제56조 및 제64조에 의해 부여받은 독점적 사업이다. 따라서 수신료 수입 전액은 동법상 정부지원액에 해당한다. EBS도 유사하다.
14) 편익과 비용에 대한 양적인 관점에서의 분석은 여기서는 생략한다.

표 4-7 KBS와 EBS의 공공기관 지정 요건 충족 여부

	KBS	EBS
공공기관 요건	요건을 갖춤	요건을 갖춤
정부출연기관 여부 (법 4조 1항 1호)	–	–
정부지원 비율(추정) (법 4조 1항 2호)	100%	100%
정부출자기관 여부 (법 4조 1항 3호)	정부지분율 100%	정부지분율 100%
정부·공공기관 공동출자 여부 (법 4조 1항 4호)	정부지분율 100%	정부지분율 100%
공공기관 공동출자 여부 (법 4조 1항 5호)	–	–
재출연기관 여부 (법 4조 1항 6호)	–	–
유형 구분 기준		
자산규모	1조 2,592억원	2,464억원
정원	5,548명	634명
자체수입비율 (직전 3년평균 추정)	89%	74%
정부 기금 관리	–	–
법 상(5조) 유형	준시장형 공기업	준시장형 공기업
실제 지정 유형 (2021년 기준)	지정 배제 (법 4조 2항 3호 근거)	지정 배제 (법 4조 2항 3호 근거)

주: 여기서 '법'은 「공공기관의 운영에 관한 법률」을 말함
자료: 유승원·이종원(2016), 각 기관의 홈페이지

터 받은 협찬품을 승인 범위 내에서 방송제작에 사용해야 한다. 그러나 KBS는 방송제 작에 사용하지 않고 임의로 관련없는 경품, 출연료 등으로 사용하였다. 또한 KBS는 정 부의 추가 출자로 미래방송센터를 건립하려고 계획한 바 있다. 그러나 당시 KBS는 정 부 지원에 의해 300억 원 이상의 건설 사업을 추진했기 때문에 국가재정법에 의해 예 비타당성 조사를 받아야 하고 조사 결과가 부실할 경우 정부 출자를 받지 못할 가능 성도 있었다. 그런데 KBS는 해당 사항을 이사회에 보고조차 하지 않았다.

KBS 인력의 절반 정도가 보직 없이 2직급 이상 상위직급에 있으면서 1억원이 넘는 연봉을 받는 것으로 나타났다. 2017년 7월 기준 KBS 직원 4,602명 중 60.1%(2,765명)가 상위직에 해당하는 2직급 이상이었다. 팀장 이상을 맡을 수 있는 직급이지만 이 중 73.9%(2,042명)는 무보직 상태였다. 이들 중 일부는 체육관 관리, 복리후생 상담 등 평직원과 같은 업무를 수행하고 있다. 이는 KBS가 2~5직급 정원을 통합관리하면서 매년 3직급 중 일정 비율을 승진시켜 인사가 적체됐기 때문이다. 문제는 감사원이 2008년과 2014년에도 KBS에 상위직급 정원 감축을 요구했지만 시정되지 않았다. KBS의 지난해 인건비 비중은 35.8%로 지상파 3사 중 가장 높았다. 또한 KBS가 2010년 특별성과급을 폐지하고 기본급으로 전환하고도 올해 보수 규정을 개정해 전 직원에게 인센티브 78억여원을 이중지급했다고 감사원은 지적했다. 학자금 지원 관리도 부실했다. KBS의 한 직원은 지난 2월 배우자 회사에서 대학생 자녀 학자금 468만원을 지원받고 두 달 뒤 KBS에서 468만 9000원을 추가로 받았다. 이런 식으로 2012~2017년 225명이 이중지원 받은 학자금 규모가 14억 3000만원인 것으로 추산됐다. KBS 소속 아나운서 43명은 2014~2016년 회사 승인 없이 외부행사 사회를 맡아 사례비로 8억 6000만원을 받은 것으로 나타났다. 감사원의 감사로 KBS의 방만경영을 해소하는 것은 한계가 있을 수 있다. 제3자가 KBS의 방만경영을 지속적으로 관리·감독하는 방안에 대해 검토할 필요가 있다.

출처: 국민일보 2017년 11월2일 11면 기사(KBS 60%가 연봉 1억 이상)

국회도 유사한 사항을 과거부터 지적하였다. (구)새누리당은 KBS는 2013년 274억원의 영업적자를 기록했지만 연가보상비로 직원 1인당 522만원씩, 총 245억원을 지급하는 등 방만경영을 지속적으로 지적하였다. (구)새누리당 소속의 M의원은 KBS가 최근 5년간 총 952억원의 영업적자를 기록하는 동안 연가보상비로 쓴 돈은 총 1,138억원에 달했으며, 연차휴가 사용촉진 등 기존 제도만 활용했어도 적자 폭을 크게 줄일 수 있다고 주장하였다. EBS의 경우 일산 통합 사옥 신축으로 4년간 479억원(EBS 자체 추산)의 적자에 달하는 적자폭이 발생할 것으로 전망한 적이 있다[15].

....

15) 본 단락에서 설명하는 사항은 「KBS 공공기관 지정, 야당 '반대'가 능사 아니다 [the300] [KBS 공공기관 지정 논란①] 새누리당 「공공기관의 운영에 관한 법률」 개정안 발의, KBS·EBS 공공기관 지정 추진」에 기초하였다(2014.11.28. 입력). http://the300.mt.co.kr/newsView.html?no=2014112714507666254

반면, KBS와 EBS가 공공기관으로 지정될 경우 언론의 독립성 및 자율성에 훼손이 가해진다는 논란이 발생할 수 있으며, 과거 노무현정부 시절에 겪었던 유사한 경험을 고려했을 때 해당 기관 종사자들의 저항도 무시할 수 없는 수준일 것이다.

해당 기관이 공기업 또는 준정부기관으로 지정될 경우「공공기관의 운영에 관한 법률」에 의해 해당 기관의 기관장은 대통령 또는 주무 부처의 장에 의해 임명될 것이며, 기타공공기관으로 지정될 경우에도 주무 부처의 지휘 하에 임명 절차를 진행하게 된다. 이 경우, KBS와 EBS에 대한 언론의 중립성 또는 독립성이 훼손된다는 비판이 제기될 수 있고, 언론의 중립성 또는 독립성을 평가하는 대내외 관련 기관이 KBS와 EBS에 대한 해당 평가점수를 하락시킬 가능성을 배제할 수 없다[16].

또한, 과거 노무현정부 당시 해당 방송사를 공공기관으로 지정하려는 시도에 대해, 해당 기관 및 기관 종사자들이 다수의 관련 방송물을 제작하고 언론노조 등에서 실력 행사를 하는 등 강하게 반발한 바 있다. 이러한 과거 사례를 참고할 때 본 사안과 관련된 유무형의 비용은 작지 않은 수준이 될 것으로 예상할 수 있다[17].

---

16) 국제 언론감시단체 '프리덤하우스'가 발표한 언론자유지수에 의하면, 노무현정부에서는 언론자유국 지위를 가졌으나, 이명박정부때인 2011년부터 언론자유국 지위를 상실하고 '부분적 언론자유국'으로 분류되었으며, 언류자유지수 국가 순위가 계속 낮아지다가 2013년은 64위, 2014년은 68위로 하락하였다. 한편, '국경없는 기자회'의 발표에 의하면 한국의 언론자유순위는 노무현정부 시절에는 20위권과 30위권을 계속 유지했지만, 이명박정부 들어 47위(2008년)로 떨어졌고, 박근혜정부 들어서는 50위(2013년)와 57위(2014년)로 하락하였다.
출처: http://www.huffingtonpost.kr/2014/05/02/story_n_5250966.html

17) 본 사안에 대한 거래비용을 직접적으로 추정할 수는 없으나, 실력 행사와 관련된 사회적 비용으로서 집회 및 시위에 대한 사회적 비용을 참고할 수는 있을 것이다. (원칙적으로 실력 행사에 대한 사회적 편익도 함께 고려해야 하나 여기서는 사회적 비용에 대한 사항만 소개한다)
• 1,000명 이상 참가한 집회와 시위에 대한 손실비용을 조사한 조병구(2006)에 의하면, 불법 집회 및 시위는 1건당 340억원, 합법 집회 및 시위는 1건당 190억원의 손실비용이 발생한 것으로 추정된다.
• 장기화, 전국화된 시위인 촛불 시위에 대한 손실비용을 조사한 조경엽 등(2008)에 의하면, 참가자 및 피해자의 손실 등 직접 피해비용은 6,685억원, 사회불안정 등 국가적 손실은 1조 9,228억원 발생한 것으로 추정된다.
• 물론, 집회 및 시위에 따른 인권 신장, 민주화 제고 등 무형의 편익이 발생할 것이다.

표 4 - 8　KBS, EBS가 공공기관으로 지정되는 경우의 실익 검토

예상 편익	예상 비용
• 방만경영을 개선시킬 수 있음 　* 현재의 관리시스템으로 방만경영을 해소하기에는 부족하다는 인식을 바탕으로 함.	• 언론의 독립성 및 자율성에 훼손이 가해진다는 비판 가능 • 공공기관 지정을 무산시키려는 해당 기관의 시도가 있을 경우 상당수준의 비용 발생 가능

이상의 사항을 종합적으로 고려할 때, KBS와 EBS를 공공기관으로 지정할 시의 편익과 비용 중 어느 쪽이 클지 판단하기는 쉽지 않다. 언론의 중립성 또는 자율성을 지키면서 동시에 KBS, EBS가 국민을 위한 공공기관으로서 효율적으로 관리될 수 있는 대안을 마련하는 것이 바람직할 것이다.

상호부조기관

상호부조기관은 구성원간의 상호부조, 복리증진, 권익향상 또는 영업질서 유지 등 '집단적 자조'를 목적으로 결성된 단체로서 공제 조합, 협동 조합, 연합회, 협회, 동지회 등의 형태를 보이고 있다. 실제 이들 기관은 매우 다양한 형태로 활동하고 있다. 한국조세연구원(2011)에 의하면, 정부지원 비율이 50% 이상이기 때문에 정부로부터 상당한 영향력을 받을 수 있는 상호부조기관이 30개[18]에 달하고 있다. 이하에서는 이들 기관 중 대형 상호부조기관인 농협중앙회, 수협중앙회, 경찰공제회, 군인공제회 4개 기관을 중심으로 공공기관 지정 관련 이슈를 살펴본다.

공운법 취지상 공공기관 지정 요건 충족 여부: 농협중앙회의 정부지원 비율은 82%로 「공공기관의 운영에 관한 법률」 제4조 제1항에 따른 공공기관으로 지정될 수 있는 요건을 갖추었다. 직원 정원이 50명 이상이고, 자체수입비율이 85% 이상이면서

---

18) 한국여성발명협회, 한국소프트웨어 산업협회, 소프트웨어공제조합, 한국장애경제인협회, 한국여성경제인협회, 전국상인연합회, 대한소방공제회, 한국문화원연합회, 사단법인 한국문화재조사연구기관협회, 사단법인 한국종축개량협회, 사단법인 한국수산회, 농업협동조합중앙회, 대한측량협회, 재일학도의용군동지회, 대한민국특수임무수행자회, 대한민국전몰군경유족회, 대한민국전몰군경미망인회, 대한민국상이군경회, 대한민국무공수훈자회, 대한민국고엽제전우회, 대한민국 6·25참전유공자회, 대한민국재향군인회, 광복회, 4.19혁명희생자유족회, 4.19혁명공로자회, 4.19민주혁명회, 한국대학교육협의회, 한국과학기술단체 총연합회, 과학기술인공제회, 경찰공제회(한국조세연구원, 2011 기준)

자산규모가 2조원 이상이고, 동시에 쌀소득보전변동직불기금 및 축산발전기금을 위탁 관리하는 기관으로서「공공기관의 운영에 관한 법률」제5조에 따른 시장형 공기업 또는 기금관리형 준정부기관에 해당하는 것이 원칙이다.

수협중앙회는 정부지원 비율이 74%이므로「공공기관의 운영에 관한 법률」제4조 제1항에 따른 공공기관으로 지정될 수 있는 요건을 갖추었다. 직원 정원이 50명 이상이고, 자산규모가 2조원 이상이지만 자체수입비율이 50% 미만이고, 정부기금인 수산발전기금을 위탁 관리하기 때문에「공공기관의 운영에 관한 법률」제5조에 따른 기금관리형 준정부기관에 해당하는 것이 원칙이다.

경찰공제회의 정부지원 비율은 96%로「공공기관의 운영에 관한 법률」제4조 제1항에 따른 공공기관으로 지정될 수 있는 요건을 갖추었다. 직원 정원이 50명 이상이고, 자체수입비율이 85% 이상이면서 자산규모가 2조원 이상인 기관으로서「공공기관의 운영에 관한 법률」제5조에 따른 시장형 공기업에 해당하는 것이 원칙이다.

군인공제회의 정부지원 비율은 97%로「공공기관의 운영에 관한 법률」제4조 제1항에 따른 공공기관으로 지정될 수 있는 요건을 갖추었다. 직원 정원이 50명 이상이고 자산규모가 2조원 이상이지만 자체수입비율이 50% 미만인 기관으로서「공공기관의 운영에 관한 법률」제5조에 따른 위탁집행형 준정부기관에 해당하는 것이 원칙이다.

그러나 현재 위 4개 기관은「공공기관의 운영에 관한 법률」제4조 제2항 제1호에 근거하여 공공기관 지정이 배제되었다.

상호부조기관의 공공기관 지정 배제시 실익 : 지정 배제가 지속되는 경우의 장점으로는 현재의 정책에 변화없이 안정적으로 계속하여 집행할 수 있다는 점이다. 상호부조기관도 공공기관으로 지정하자는 의견이 있을 수 있지만 현재까지 다수는 아니며 그 주장의 강도가 강하지 않아 일정 기간 동안은 큰 문제가 없다고 판단할 수 있다.

지정 배제가 지속되는 경우의 단점으로는,「공공기관의 운영에 관한 법률」에서 상호부조기관이 공공기관 지정대상에서 제외된 것은 국제기준에 부합하지 않으며 「공공기관의 운영에 관한 법률」의 제정 취지와도 다소 어긋난다는 점이다. 국제기구에서는 상호부조기관이라는 이유만으로 공공부문 범위 대상에서 제외하는 규정이 없다. 상호부조기관이든 아니든 정부가 사실상의 지배력을 행사할 수 있는 모든 기관은 모두 공공부문에 속하게 되어 있으며, 시장성의 판단 하에 공기업 또는 비(非)공기업으로

표 4-9 상호부조기관의 공공기관 지정 요건 및 실제 지정 현황

	농협중앙회	수협중앙회	경찰공제회	재향군인회
공공기관 요건	요건을 갖춤	요건을 갖춤	요건을 갖춤	요건을 갖춤
정부출연기관 여부 (법 4조 1항 1호)	–	–	–	–
정부지원 비율 (법 4조 1항 2호)	82%	74%	96%	97%
정부출자기관 여부 (법 4조 1항 3호)	–	–	–	–
정부·공공기관 공동출자 여부 (법 4조 1항 4호)	–	–	–	–
공공기관 공동 출자 여부 (법 4조 1항 5호)	–	–	–	–
재출연기관 여부 (법 4조 1항 6호)	–	–	–	–
유형 구분 기준				
자산규모	121조원	11조원 (사업부문)	2.3조원	8,086억원
정원	약 2,500명	약 3,000명	약 250명	약 380명
자체수입 비율 (직전3년평균)	92%	21%	98%	16%
정부기금 관리	쌀소득보전변동 직불기금 및 축산발전기금 위탁 관리	수산발전기금 위탁 관리	–	–
법 상(5조) 유형	시장형 공기업 또는 기금관리형 준정부기관	기금관리형 준정부기관	시장형 공기업	위탁집행형 준정부기관
실제 지정 유형 (2021년 기준)	지정 배제 (법 4조 2항 3호 근거)	지정 배제 (법 4조 2항 3호 근거)	지정 배제 (법 4조 2항 3호 근거)	지정 배제 (법 4조 2항 3호 근거)

주: 여기서 '법'은 「공공기관의 운영에 관한 법률」을 말함
자료: 유승원·이종원(2016), 각 기관의 홈페이지 및 한국조세연구원(2011)

분류하게 되어 있다. 최근의 관련 국제기준인 IMF의 GFSM[19] 2014에서도 동일한 입장이 견지되고 있다.

상호부조기관의 공공기관 지정시의 실익: 상호부조기관이 공공기관으로 지정되는 경우의 장점으로는 정부로부터 통제를 받거나 국민경제 또는 국민생활에 상당한 영향을 끼치는 기관들에 대한 공적(公的) 통제가 가능해진다는 점이다. 한국조세연구원(2011)이 검토한 상호부조기관 중에서 총자산 규모가 1조원에 가깝거나 1조원을 상회하는 기관은 4개(농협중앙회, 수협중앙회, 경찰공제회, 군인공제회)에 달하며, 해당 기관은 방만경영 등으로 국회·언론의 지적을 계속 받아온 기관이다. 이들 기관이 만약 「공공기관의 운영에 관한 법률」에 따른 공공기관으로 지정된다면 해당 기관의 경영관리가 보다 효율화될 수 있을 것이다.

　해당 기관의 정관 또는 관련 법령에서 상호부조기관임이 명시되어 있다 하더라도 정부로부터 상당한 지원을 받는 등 정부의 지배력을 받고 있는 기관이 상당수에 이르고 있다. 한국조세연구원(2011)에 의하면 2010년 기준으로 검토한 상호부조기관 중 정부지원수입 비율이 50% 이상을 차지하는 기관은 30개에 달한다[20](한국여성경제인협회, 한국장애경제인협회 등).

상호부조기관의 지정 성공 여부는 최대 규모의 상호부조기관인 농협중앙회의 지정 가능성에 달려있다고 해도 과언이 아니다. 그러나 농협의 지정을 위해서는 해결해야 할 난제들이 존재한다. 「농업협동조합법」 제9조에[21] 따르면 국가가 농협의 자율성을 침해하지 않도록 규정하고 있다. 만약 농협이 공공기관으로 지정되어 「공공기관의

---

19) 정부 재정통계 매뉴얼(Government Finance Statistics Manual)
20) 상호부조기관이 되기 위해서는 해당 기관의 정관 또는 관련 법령에서 상호부조기관임이 명시되어 있어야 한다. 그러나 관련 법령 또는 정관에서 관련 규정이 없어 객관적 근거에 바탕을 두고서 상호부조기관이라고 부를 수 없는 기관도 상당수에 이른다. 관련 법률에서 상호부조기관임이 명시되지 않은 기관은 6개, 정관에서 상호부조기관임이 명시되지 않은 기관은 1개이다(한국조세연구원, 2011).
21) 제9조【국가 및 공공단체의 협력 등】① 국가와 공공단체는 조합등과 중앙회의 자율성을 침해하여서는 아니 된다.
　② 국가와 공공단체는 조합등과 중앙회의 사업에 대하여 적극적으로 협력하여야 한다. 이 경우 국가나 공공단체는 필요한 경비를 보조하거나 융자할 수 있다.
　③ 중앙회의 회장(이하 "회장"이라 한다)은 조합등과 중앙회의 발전을 위하여 필요한 사항에 관하여 국가와 공공단체에 의견을 제출할 수 있다. 이 경우 국가와 공공단체는 그 의견이 반영되도록 최대한 노력하여야 한다.

표 4 - 10 상호부조기관의 공공기관 지정 관련 실익 검토

공공기관 지정 배제시의 실익	공공기관 지정시의 실익
[장점] • 현재의 정책을 안정적으로 계속하여 집행할 수 있음 [단점] • 상호부조기관 여부와 상관없이, 정부로부터 실질적인 영향력을 받는 모든 기관은 정부 또는 공공부문으로 설정하는 IMF, EU, OECD 등 국제기준에 부합하지 않음 • 정부가 사실상의 지배력을 행사할 수 있는 기관은 「공공기관의 운영에 관한 법률」을 통해 대국민 서비스를 증진시키려는 「공공기관의 운영에 관한 법률」의 제정 취지에 부합하지 않음	[장점] • 정부로부터 통제를 받거나 국민경제 또는 국민생활에 상당한 영향을 끼치는 기관들에 대한 공적(公的) 통제가 가능해짐 • 국회, 언론 등으로부터 방만경영으로 지적을 받아온 대형 상호부조기관의 경영관리를 개선시키는 계기가 될 수 있음 [단점] • 상호부조기관을 공공기관으로 지정하기 위해서는 최대 규모의 상호부조기관인 농협중앙회의 지정 가능성에 달려있다고 볼 수 있음. 그러나 농협중앙회의 공공기관 지정을 위한 난제가 존재하며 농협의 자율성을 침해한다는 비판을 받을 우려

운영에 관한 법률」의 대상이 될 경우 국가가 동법에 의해 농협의 CEO 임명, 경영관리 등에 대한 정책을 집행하는 것을 자율성 침해로 보고 이에 대해 반발할 가능성이 없지 않다.

이의 해결을 위해서는 농협 활동을 상호부조 활동과 여타 공공활동으로 분리하여, 상호부조 활동은 농협법의 적용을 받고, 공공활동은 「공공기관의 운영에 관한 법률」 적용 대상으로 구분할 필요가 있다. 그러나 이를 위해서는 농협의 활동이 상호부조 활동과 공공활동으로 구분되고 각 활동을 위한 기관이 독립적으로 설립되어야 하나 이는 사실상 어려운 과제가 될 것이다. 농업경제지주회사의 경우, 상호부조 활동과 여타 공적 활동으로 구분할 기준이 마땅치 않으며 농협 현장의 관행으로 볼 때 구분이 사실상 쉽지 않다. 농업금융지주회사의 경우, 농업인이 고객인 활동과 비농업인이 고객인 활동의 구분은 가능하나, 고객이 비농업인인 활동에 대해서만 공공기관 지정을 할 수는 없다. 또한 농협의 기존 신용사업과 경제사업의 분리 활동을 추진한 지 오래되지 않은 상태에서[22] 정부가 공공기관 지정을 위해 또 다른 드라이브를 거는 경

---

22) 2012년에 정부 드라이브로 농협법을 개정하여 순차적으로 농협의 경제활동과 신용활동 분리를 추진하였다.

우 현장에서 얼마나 충실히 소화될 수 있을지 의문이다.

농협의 공공기관 지정이 쉽지 않은 현재의 사정을 고려할 때 한국수산회, 경찰공제회, 재향군인회 등 여타 상호부조기관을 공공기관으로 지정하기 위해서는 추가적인 검토가 필요할 것이다.

공공기관 임원의 정치적 연결

공공기관은 정치권력에 영향을 받지 않고 중립성을 유지하면서 임원이나 기관의 이해관계가 아닌 국민의 행복을 추구하는 것을 목표로 하고 있다. 그러나 현실은 녹록치 않다. 국민들은 과거 다수 정부에서 공공기관이 국민보다는 정치권력을 위해 대규모 자원을 활용하고 기관의 성과도 기대에 미치지 못하였음을 직접 목격하였다. 공공기관에 대한 정치권력의 영향력을 최소화하기 위해서는 우선 기관장 등 공공기관 임원이 정치적으로 연결되지 않아야 할 것이다. 인사가 만사이다.

이를 고려하여 제5장에서는 공공기관 임원의 정치적 연결성을 검토한다. 통상 공공기관 임원의 정치적 연결성은 낙하산 개념으로 통용되는 경향이 있다. 그런데 낙하산 개념은 해당 인사의 출신 배경을 중심으로 파악하기 때문에 그 인사의 실제 정치성은 고려하지 못하는 한계를 가지고 있다.

본 장은 우선 낙하산 인사가 공공기관 경영에 도움이 되는지 여부와, 낙하산 개념보다는 정치적 연결성 개념이 보다 우월한 개념임을 검토한다. 이후 정치적 연결 인사의 선임 사례를 살펴본다. 사례는 기관장, 감사, 사외이사 등 각 임원을 노무현정부, 이명박정부, 박근혜정부, 문재인정부 등 과거 정부간 비교한다.

낙하산 인사 개념의 무용성과 정치적 연결 개념의 우월성

정치권 입장에서는 낙하산 인사를 권장할 수 있다. 선거에서의 승리를 위해 고생한 인사에게 공공기관 임원이라는 보상을 줄 유인이 존재하기 때문이다. 공공기관 현장에서도 낙하산 인사를 선호할 수 있다. 낙하산 인사를 통해 정부나 정치권에 연결하여 인사, 조직, 평가 등 해당 공기업의 숙원 사업을 손쉽게 해결할 수 있다고 믿을 수 있다. 그렇다면 공공기관에 도움이 되는, 소위 착한 낙하산은 존재하는가? 현재까지의 학술 분석으로서는 대체로 존재할 확률은 높지 않아 보인다. 아래에서 관련된 사항을 살펴보도록 하자[1].

낙하산 인사가 공기업에 도움이 될 수 있다는 의견

첫째, 공공기관의 경영관리에 유리한 기회를 제공할 수 있다는 의견이다. 낙하산 인사를 통해 공공기관이 금융 시장에서 자금을 조달하고, 정부로부터 보조금을 지원받으며, 세무당국을 통해 법인세를 덜 납부할 수 있는 기회를 얻을 수 있다고 주장한다(예: 김다경·엄태호, 2013; 민희철, 2008; Chong & Gradstein, 2007; Gehlbach, 2006; Shleifer & Vishny, 1994).

둘째, 낙하산 인사는 법률의 제·개정 작업 등 정책형성 과정 중에 개입하여 공공기관에 유리하도록 영향력을 행사할 수 있다는 의견이다. 이 의견은 대체로 공공기관이 낙하산 인사의 인적 네트워크, 그들이 가지고 있는 정부·정치권의 고급 내부 정보 또는 그들에 대한 우호적인 평판과 같은 메커니즘(Qin, 2011)을 활용할 수 있다는 것에 근거를 두고 있다(예: Hellman 등, 2003; Slinko 등, 2005).

낙하산 인사가 도움이 되지 않는다는 의견

첫째, 공공기관이 낙하산 인사를 통해 얻는 득보다 실이 더 크다는 의견이다.

---

1) 이하의 국내외 연구들은 '낙하산 인사'라는 용어뿐만 아니라 '정치적 임용', '정치적 연결' 등을 사용하였다. 그러나 본 사항은 '낙하산 인사' 또는 '정치적 인사'가 공공기관에 도움이 되는지 그렇지 않은지를 대비하여 살펴보는 것이므로 편의상 '낙하산 인사'로 통일하여 표기하도록 한다.

Bertrand 등(2004)은 낙하산 인사가 기관장으로 있는 공공기관은 정부 또는 정치권과 연결이 잘 되어있어 보조금을 받거나 세금을 절감하는데 유리할 수 있다고 보았다. 그러나 저자는 낙하산 인사와 그들에게 연결된 정치적 네트워크 집단에게 유무형의 다양한 보상을 하다보면 공공기관에게 득보다 실이 더 크다는 것을 밝혔다. 이를테면 법인세 절감 및 보조금 획득 규모보다 선거에서 득표를 더 얻기 위해 생산성 향상에 도움이 되지 않는 근로자를 과다고용 하거나 불필요한 설비를 필요 이상으로 구축하여 비용이 상당히 발생하는 것이다. 또한, 낙하산 인사에 의해 공공기관이 혜택을 볼 수 있지만, 낙하산 인사나 그들 주변에 있는 정치인의 지대추구 행위로 발생하는 비용이 그 혜택을 상쇄하였다(Faccio, 2006).

둘째, 공공기관이 낙하산 인사를 통해 얻는 실익이 있더라도 그것은 후진국 등에 제한된 사항으로 일반화할 수 없고, 사실은 착시현상에 불과하다는 의견이다. Faccio (2006)는 47개국 2만개 이상의 공공기관을 살펴보았는데 그 결과, 낙하산 인사는 부패가 심하거나 내국인이 해외로 투자하기가 어려운 국가에서 다수 발견되었다. 반대로 부패가 드문 선진국이나 정치적 이해관계를 엄격히 제한하는 정책이 집행되고 있는 국가 또는 (동일한 국가라도) 그러한 정책이 입안된 이후에는 낙하산 인사가 상당히 줄어들었다. 즉 낙하산 인사는 상대적으로 후진국 또는 정부시스템이 후진화되어 있는 국가에서 비교적 선호될 수 있을 것이다. 또한, 기업 규모와 낙하산 인사간 관계에 대해 연구한 Agrawal & Knoeber(2001)에 의하면, 낙하산 인사는 소규모 공공기관보다는 대형 공공기관에 더 큰 관심을 보일 수 있다. 대형 공공기관은 유권자와의 접촉이 많아 정치권의 관심을 더 많이 받기 때문이다. 그런데 대형 공공기관은 소규모 공공기관과 달리 설립된 지 오래되거나 경영관리 시스템이 비교적 잘 세팅되어 있기 때문에 낙하산 인사가 기관장으로 선임되어 경영관리가 부실하더라도 성과가 눈에 띄게 떨어지는 현상은 많지 않다. 반면 소규모 공공기관은 기관장의 경영관리가 부실한 경우 성과가 단기간에 크게 변화할 수 있다. 따라서 대형 공공기관에서는 낙하산 인사로 인한 부정적 영향이 대형 공공기관의 안정적인 경영관리 시스템 덕분에 상쇄될 수 있다. 따라서 낙하산 인사는 대형 공공기관의 성과에 특별한 영향을 미치지 않는다는 착시현상이 생길 수 있다.

셋째, 낙하산 인사로 인해 공공기관이 본연의 경영관리보다는 정치권 등과의 관계를 중시하여 기관의 중장기적 가치가 저하된다는 의견이다. 기관이 지속적으로 유지·발전하기 위해서는 연구개발과 참신한 아이디어를 중시해야 한다. 이를 위해서는 불필요한 경비를 절감하여 연구개발 등을 위한 재원을 마련하고, 중장기 관점에서 일관되게 투자 및 경영관리를 수행해야 할 것이다. 그러나 낙하산 인사를 영입하면 인건비와 내부 운영경비가 과다하게 증가하여 연구개발 등의 재원 마련이 어려워진다 (Desai & Olofsgard, 2011). 또한 낙하산으로 영입된 인사는 기관의 중장기 가치를 고려하지 않고 정치권 등과의 대외 관계에 집중하는 경향이 높다.

결론적으로, 낙하산 인사를 둘러싼 여러 가지 사항을 종합하여 판단해보면 착한 낙하산이란 실제 존재하기 어렵다고 말할 수 있다. 제한된 공공기관에서 제한된 기간 동안 일시적으로 존재할 수는 있다. 그러나 낙하산 인사가 해당 기관에 오랜 시간동안 계속하여 도움이 되기는 어려울 것이다. 그럼에도 불구하고 누군가가 착한 낙하산을 주장한다면 그것은 일시적인 착시현상이라고 간주할 수 있을 것이다.

문제는 낙하산이 아니라 정치적 연결이다

공공기관에 낙하산 인사가 선임되는 것은 정권에 따라 큰 차이가 없다. 과거 노무현정부도 그랬고, 이명박정부도 그랬고, 박근혜정부와 문재인정부도 마찬가지였다[2]. 낙하산 인사란 "정치권 또는 정부가 사실상 추천하여 선임되는 인사"로 정의할 수 있다. 그런데 현재 「공공기관의 운영에 관한 법률」에 의하면 공기업, 준정부기관, 기타 공공기관의 기관장, 감사, 비상임이사를 선임할 때 기재부장관이 제청하여 대통령이 임명하거나, 기재부장관 또는 주무부처 장관이 임명하게 되어 있다. 따라서 동법 체계에서는 대부분의 공공기관 임원은 낙하산 인사가 될 수밖에 없다.

낙하산 개념을 보다 엄격히 해석할 경우 정치인, 공무원, 군인 출신이 공기업 임원으로 선임되면 낙하산으로 규정할 수 있다. 즉 공공기관 내부 인사가 승진하거나 외부 전문가가 영입되는 경우는 정상적인 인사이고, 그 외의 경우는 모두 낙하산 인사가 된다. 그렇다면 그동안 과거 정부에서 시행된 공공기관 임원의 인사는 대부분 낙하산 인사가 된다. 이처럼 상당수 인사 선임이 모두 낙하산이 될 수밖에 없는 현실에서 낙하산 인사를 없애야 한다고 주장한다면 다소 공허한 주장이 될 수도 있다.

---

2) 노무현정부 관련: 헤럴드 생생뉴스, 2007년 2월24일, 노무현정부 최후의 낙하산 부대
 이명박정부 관련: 시사저널, 2008년 8월26일, 낙하산 인사, 진보 정권 10년 이어 이명박정부도 되풀이
 박근혜정부 관련: SBS, 2015년 2월24일, 뉴스토리, 공공기관 낙하산, 공통 분모는 '박근혜 대통령'
 문재인정부 관련: 동아일보, 2018년 4월 1일, 문재인정부서도 '공기업 낙하산 인사' 조짐

또한 낙하산 개념에 얽매이면 훌륭한 인사와 그렇지 않은 인사, 즉 옥석을 구분하는 것이 쉽지 않다. 몇 가지 사례를 고려해 보자. 첫째, 정부나 정치권에서 자신의 정치적 네트워크에 속해있는 인사를 공공기관 임원으로 선임하는 것은 비판받을 수 있다. 그러나 정부나 정치권이 자신의 정치적 네트워크와 관련이 없는 중립적이고 능력 있는 인사 중 공공기관에 꼭 필요한 인사를 영입하여 선임하는 것은 권장 받을 만한 일이다. 통상의 낙하산 개념에 의하면 두 가지가 모두 낙하산에 해당한다. 그러나 이 둘은 구분해야 한다.

둘째, 민간 기업 또는 학자로서 전문성을 쌓은 인사가 공공기관 임원으로 영입되는 경우가 있다. 통상의 낙하산 개념에 의하면 이들은 낙하산 인사에서 자유로울 수도 있다. 그러나 한 꺼풀을 벗겨보면 사정이 달라질 수 있다. 해당 인사가 민간 기업에서 CEO와 같은 전문적인 경력이 있다 하더라도, 자신이 향후 봉사할 공공기관의 업종과 달라 자신이 민간에서 쌓은 노하우를 발휘하지 못하는 경우가 있다. 또한 학자로서 전문성을 가지고 있다고 하더라도, 해당 인사가 대선 등의 과정에서 당선자 캠프 또는 외곽 조직에서 당선자의 당선을 측면 지원하여 보은(報恩)성 인사로 선임되는 경우가 있다.

셋째, 공직 경험이 있는 인사가 공공기관 기관장으로 선임되는 경우 통상은 낙하산 인사라고 한다. 해당 인사가 대선 과정에서 당선자 캠프에 소속되어 당선을 지원했고 그 보상으로서 공공기관 임원으로 선임된다면 낙하산 인사에 해당할 것이다. 그러나 해당 인사가 대통령 또는 집권정당과 정치적으로 연결되지 않은 상태에서 개인의 능력이나 잠재력을 인정받아 공공기관 임원으로 선임된다면 통상의 낙하산 인사와 구분되어야 할 것이다.

넷째, 공공기관에서 내부 승진하여 기관장이 된 인사는 통상 낙하산 인사가 아니다. 그러나 해당 인사가 대통령이나 집권 여당의 후광에 의해 기관장으로 승진했다면 어떻게 해석해야 할까? 내부 승진 인사 중 정치권과 연결되어 승진한 인사와 정치성이 없으면서 능력을 인정받아 승진한 인사는 구분해야 할 것이다.

대안: 정치적 연결 또는 정치적 독립성 개념

위에서 언급한 낙하산 인사 개념이 가지고 있는 모호함 또는 모순을 해결할 수 있는 대안으로 정치적 연결(political connectedness)을 고려할 수 있다. 정치적 연결은 사전적으로는 정치권 또는 정치적 네트워크와의 연결성을 의미하는데, 통상 최고 권력자 또는 집권 여당과 정치적으로 연결된 것을 말한다. 정치적 연결 개념은 최고 권력자 또는 집권 여당이 속한 정치적 네트워크로부터 정치적으로 독립되지 못한 경우를 의미한다.

정치적 독립성에 대한 개념을 알아보기 위해 독립성 개념을 먼저 살펴보자. 독립성에 대한 개념은 다양하지만 대체로 '당사자의 판단(Mallin, 2010), 활동(The Institute of Internal Auditors, 2012), 보고(DeAngelo, 1981)에 영향을 미칠 수 있는 관계 또는 환경으로부터의 자유로움'을 의미한다. 즉, 독립성은 당사자가 주변 관계 또는 환경으로부터 부당한 영향을 받지 않고 객관적인 판단, 활동, 보고가 가능한 상태를 말한다. 독립성은 보통 외관상 독립성과 사실상 독립성으로 나눌 수 있는데(Schuetze, 1994; Sutton, 1997; Dopuch 등, 2003), 사실상 독립성은 당사자의 심리상태로서 일정한 연구조건이 충족되지 않으면 검증하기가 매우 어렵다(Schuetze, 1994). 따라서 보통 독립성을 논할 때는 일반 대중의 지각(perception)에 영향을 미칠 만한 외관상 독립성을 말한다(Sutton, 1997; Dopuch 등, 2003). 공공기관 임원은 경영활동에서의 판단, 활동, 보고에 영향을 미칠 수 있는 정치권과의 관계 또는 정치적 환경으로부터 자유로워야 한다. 이때 일반 대중의 지각에 영향을 미칠 만한 외관상 독립성이 요구된다. 이를 '정치적 독립성'으로 부를 수 있을 것이다. 즉 '정치적 독립성'은 '독립성'의 하위 개념으로 공공기관처럼 정치성을 가진 조직에 적용되는 개념으로 볼 수 있다[3].

상당수 공공기관의 경우 대통령과 정치적 네트워크를 함께하거나 지근거리에 있는 인사가 기관장으로 선임되고 있다. 이러한 인사로 인해 정치권과 관련된 임무 수행시 독립성이 훼손된다(Frederick, 2011; Kamal, 2010). 정치권은 주인(국민)의 이익보다 자신의 정치적 이익(Krueger, 1974) 또는 예산의 극대화(Niskanen, 1971; Williamson, 1974)를 위해 공공기관을 활용할 수 있으며, 이는 일반대중의 입장에서 공공기관 기관장을 능력과 자격을 갖춘 인사를 선택하기보다 정치적 목적으로 임원진을 임명(허경선·라영재, 2011)하는 것으로 보일 수 있다.

정치적 연결 개념을 활용할 경우 낙하산 인사 개념이 가지고 있는 위의 모순 또는 한계를 해결할 수 있다. 첫째, 정부나 정치권에서 자신의 정치적 네트워크에 속해있는 인사를 선임하는 것은 비판받아야 한다. 그러나 정부나 정치권이 영입하는 중립적이고 능력 있는 인사는 정치적 연결 인사가 아니며 환영받을 수 있다.

둘째, 민간 기업 또는 학자로서 전문성을 쌓은 인사가 대통령 선거에서 대통령의 당선을 도왔다면 그 인사는 정치적으로 연결된 인사로서 선임되어서는 안될 것이다.

---

3) 본 단락과 다음 단락은 유승원(2013)을 참고하였다.

반면 정치적 독립성을 가진 민간 전문가는 환영받을 수 있다.

표 5-1 낙하산 개념의 단점과 정치적 연결성 개념의 우월성

	낙하산 개념의 단점	정치적 연결성 개념의 우월성
정부·정치권 추천 인사	정부·정치권에서 추천한 인사는 모두 낙하산 인사로 배제하는 모순이 발생할 수 있음	정부·정치권에서 추천한 인사 중 정치적 네트워크에 속한 인사는 배제하고 정치적으로 중립적이면서 능력있는 인사는 선임 가능
민간 전문가 (기업·학자) 인사	민간 전문가는 모두 긍정적인 인사로 간주하는 모순이 발생할 수 있음	당선자 캠프 등에서 활동한 인사는 배제하고 민간에서 순수히 전문성을 갖춘 인사는 선임 가능
공직출신 인사	공직 인사는 모두 낙하산 인사로 배제하는 모순이 발생할 수 있음	공직출신 인사 중 정치권에 연결된 인사는 배제하고 정치적으로 중립적이면서 전문성을 갖춘 인사는 선임 가능
내부승진 인사	내부승진 인사는 모두 긍정적인 인사로 간주하는 모순이 발생할 수 있음	내부승진 인사 중 정치권에 연결된 인사는 배제하고 정치적으로 중립적이면서 전문성을 갖춘 인사는 선임 가능

셋째, 공직 경험이 있는 인사가 대선, 총선 등의 과정에서 정치적 네트워크에 속해 있었다면 해당 인사는 정치적으로 연결된 인사로서 공공기관 임원으로 선임되는 것은 지양해야 할 것이다. 그러나 공직 경험이 있는 인사 중 집권여당 등에 정치적으로 연결되지 않은 경우는 공공기관 임원으로 선임되어도 문제가 없을 것이다.

넷째, 공공기관 내부에서 승진한 인사 중 정치권에 연결되지 않은 인사는 전문성을 잘 활용할 수 있을 것이다. 그러나 정치권에 연결된 이유로 선임된 내부 인사라면 전문성 보다는 정치적 관점에서 공공기관을 경영할 유인이 크다.

과거의 낙하산 개념을 계속 사용한다면 공공기관에 필요한 인사와 그렇지 않은 인사를 구분하기가 쉽지 않다. 반면 정치적 연결 또는 정치적 독립성 개념을 활용한다면 [그림 5-1]에서 보는 것처럼 사실상 훌륭한 인사이지만 낙하산 인사로 잘못 판단하는 오류(일종의 1종 오류, B그룹)와 사실은 피해야 하는 인사이지만 낙하산에서 자유로운 인사로 잘못 판단하는 오류(일종의 2종 오류, C그룹)를 줄일 수 있다.

그림 5-1 낙하산 인사와 정치적 연결성, 그리고 1종·2종 오류

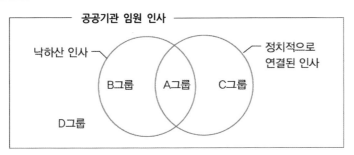

A 그룹: 낙하산 인사이면서 동시에 정치적으로 연결된 인사로서 공공기관 임원 선정시 배제해야 하는 그룹 → 임원 선정시 체계적인 오류가 없는 그룹
 • 정치권의 네트워크에 연결된 인사
 • 공직경험 인사 중 정치적 네트워크에 연결된 인사
B 그룹: 사실은 정치적 독립성을 가진 인사로서 바람직한 인사이지만 낙하산 인사로 잘못 판단하여 선임시 배제될 수 있는 그룹 → 임원 선정시 일종의 1종 오류가 발생할 수 있는 그룹
 • 정치권이 능력 기준으로 영입한 인사 중 정치적 네트워크에 연결되지 않은 인사
 • 공직경험 인사 중 정치적 네트워크에 연결되지 않은 중립적인 인사
C 그룹: 사실은 정치적으로 연결된 인사이지만 낙하산에서 자유로운 인사로 잘못 판단하여 선임할 수 있는 그룹 → 임원 선정시 일종의 2종 오류가 발생할 수 있는 그룹
 • 내부승진 인사 중 정치적 네트워크에 연결된 인사
 • 민간기업 전문가 또는 학자 중 정치적 네트워크에 연결된 인사
D 그룹: 낙하산 인사가 아니면서 정치적으로 독립된 인사로 구성된 그룹→ 임원 선정시 체계적인 오류가 없는 그룹
 • 내부승진 인사 중 정치적 네트워크에 연결되지 않은 중립적인 인사
 • 민간기업 전문가 또는 학자 중 정치적 네트워크에 연결되지 않은 인사

기관장, 감사, 사외이사의 정치적 연결성: 4개 정부 비교

공공기관 임원의 정치적 연결성은 유승원 (2013), Faccio(2006; 2010), Menozzi 등 (2012)를 활용하여 [표 5-2]의 5가지 중 한 가지에 해당하면 외관상 정치적 연결 인사에 해당하는 것으로 고려하였다. 즉 [표 5-2]의 5가지 중 어느 것에도 해당하지 않으면 외관상[4)]

....

4) 실질적인 정치적 독립성이 아닌 외관상 정치적 독립성을 논하는 이유는 '대안: 정치적 연결 또는 정

표 5-2 공공기관 임원의 정치적 연결에 해당하는 5가지 사례[5]

- 여당의 당직자 경력이 있는 경우
  - (예시) 전 한나라당 수석전문위원 역임후 (구)대한광업진흥공사 감사로 선임된 ○○○, 전 민주당 부총재 등을 역임하고 한국석유공사 사외이사로 선임된 △△△ 및 새누리당 ○○지역 선거대책위원회 부위원장을 역임후 한국공항공사 감사로 선임된 □□□ 등이 이에 해당함
- 국회의원 또는 지방의원 선거에서 여당 후보로 출마하였거나 여당 후보 출마를 위해 공천을 신청한 경력이 있는 경우
  - (예시) 전 한나라당 광역의회의원을 역임하고 제주국제자유도시개발센터 사외이사로 선임된 ○○○와 전 열린우리당 국회의원 선거에 출마후 인천항만공사 감사로 선임된 △△△ 및 새누리당 기초지자체 의원을 마친 후 한국도로공사 사외이사로 선임된 □□□ 등이 이에 해당함
- 대통령 선거에서 후보자의 캠프 또는 제반 지원조직에서 후보자의 당선을 도운 경우
  - (예시) 이명박 대통령후보 지원조직인 ○○포럼에서 활동하였고 한국마사회 감사로 선임된 □□□, 노무현 대통령후보 대선캠프에서 활동후 (구)한국방송광고진흥공사 기관장으로 선임된 △△△, 박근혜 대통령후보 캠프에서 활동후 한국가스공사 사외이사로 선임된 ○○대 교수 ○○○ 및 문재인 대통령 후보 캠프에서 활동 후 한국전력공사 사외이사로 선임된 ◇◇◇ 등이 이에 해당함
- 대통령 선거 당선후 정권인수위원회 또는 여당 인사의 총선 당선후 인수위원회에서 활동한 경력을 가진 경우 (다만, 현직 공무원이 정권인수위원회에 참여한 경우는 제외함)
  - (예시) 노무현 대통령 당선자 정권인수위에서 활동을 하고 한국조폐공사 감사로 선임된 △△△, 이명박 대통령 당선자 정권인수위에서 활동을 하고 대한석탄공사 기관장으로 선임된 ○○○, 박근혜 대통령 당선자 정권인수위에서 활동을 하고 한국남동발전 사외이사로 선임된 □□□ 및 문재인 대통령 당선자 정권인수위에서 활동 후 한국방송광고공사 사외이사로 선임된 ◇◇◇ 등이 이에 해당함
- 위의 네 가지에 해당하지 않더라도 대통령 등 권력자, 여당·청와대 등 권력 기관 인사와 지근거리에 있는 것으로 언론에 알려진 경우
  - (예시) 현대건설 출신으로 한국전력공사 기관장으로 선임된 ○○○, 현대백화점 등 현대그룹 출신으로 (구)한국산재의료원 기관장(직무대행)으로 선임된 △△△, '박정희 대통령과 육영수 여사를 좋아하는 사람들의 모임' 회장을 거친후 한국지역난방공사의 감사로 선임된 □□□ 및 문재인 후보 지지선언을 하고 대한석탄공사의 사외이사로 선임된 ◇◇◇ 등이 이에 해당함

정치적으로 독립된 인사로 판단할 수 있다[6].

....

치적 독립성 개념'을 참고하기 바란다.

5) 본 예시 중 노무현정부와 이명박정부에 대한 예시는 유승원(2013)을 활용하였다.

6) 본서는 정치적 연결 인사의 경우 해당 인사의 출신 직업과 상관없이 그 인사의 정치적 연결성을 중심

기관장, 감사(위원장), 사외이사에 대한 정치적 연결성을 검토시 다음의 공통 기준을 적용한다. 먼저 정치적으로 연결된 인사가 차지하는 비중을 분석한다. 해당 수치가 높을수록 부정적 성격이 높아질 수 있다. 또한 낙하산 인사가 차지하는 비중을 분석한다. 해당 수치가 높으면 대외적으로 비판받을 소지가 높아진다.

한편, 낙하산 인사중 정치적으로 연결되지 않은 인사가 있을 수 있고, 낙하산 인사가 아니지만 정치적으로 연결된 인사가 있을 수 있다. 낙하산 인사중 정치적으로 연결되지 않은 인사의 비중이 높다면 대외적으로 비판받을 여지는 있지만 정상 참작의 여지 또한 존재할 것이다. 예를 들어 퇴직 관료를 선임하되 해당 인사의 정치성은 배제하고 전문성을 고려하여 선임한 것이 이에 해당한다. 반면 낙하산 인사가 아니지만 정치적으로 연결된 인사의 비중이 높다면 부정적으로 평가할 수 있다. 겉으로는 비판받을 소지가 없는 것처럼 보이지만 실제로는 정치적으로 연결된 인사를 선임하기 때문이다.

기관장의 정치적 연결성[7]

[그림 5-2]는 기관장의 정치적 연결성을 보여준다. 2003년부터 2020년까지 18년 동안 기관장 중 정치적으로 연결된 인사는 절반 수준인 49.2%에 해당한다. 노무현정부는 기관장 중 36.5%의 인사가 정치적으로 연결된 인사였다. 이명박정부는 정치적으로 연결된 기관장이 65%로 노무현정부의 약 2배에 달하였다. 박근혜정부는 60.9%로 이명박정부보다는 낮아졌지만 노무현정부에 비해서는 높은 수준이다. 문재인정부는 34.2%로 최근 4개 정부 중 가장 낮은 수준이다.

으로 판단하였다. 반면, 낙하산 인사는 해당 인사의 출신 직업을 중심으로 판단하였다. 본서는 다음 세 가지 중 하나에 해당하는 인사가 공공기관 임원으로 선임되면 낙하산 인사로 판단하였다. (ⅰ) 정치권 인사, (ⅱ) 군인, 경찰, 여타 공무원 출신 인사(국립대 교수는 제외)로서 공직에서 퇴임한지 3년이 경과되지 않은 인사, 여기서 3년으로 규정한 것은 「공직자 윤리법」 제17조(퇴직공직자의 취업제한)에서 퇴직 공무원의 재취업 제한 기간을 3년으로 규정한 것을 준용한 것이다. (ⅲ) ⅱ의 인사 중 공직에서 퇴임한지 3년이 경과되었다 하더라도 전문성 측면에서 외관상 당해 공기업 임원으로 선임될만한 특별한 사유가 없음에도 선임되어 낙하산 인사로 대외적으로 알려진 경우.

7) 기관장, 감사(위원장), 사외이사 등 공공기관 임원의 정치적 연결성에 대한 분석 방법론(대상 연도, 대상 공기업, 대상 임원, 자료 출처 등)은 본 장 마지막의 참고에 정리하였다.

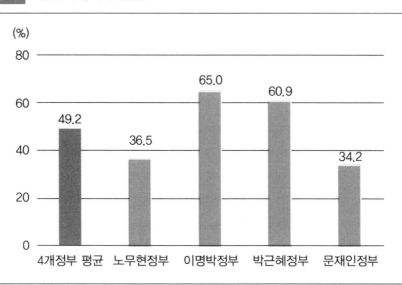

그림 5-2　기관장의 정치적 연결성

감사(위원장)의 정치적 연결성[8]

[그림 5-3]은 감사(위원장)의 정치적 연결성에 대한 것이다. 2003년부터 2020년까지 감사(위원장) 중 정치적으로 연결된 인사는 3/4 수준인 72.6%에 해당한다. 노무현정부, 이명박정부, 박근혜정부 모두 75% 이상으로 비슷한 수준이다. 문재인정부는 61.6%로 이전 정부보다는 하회한 수준이나 여전히 절반 이상의 감사(위원장)는 정치적 연결 인사로 선임되었다.

------

8) 이하에서는 감사위원회가 있는 기관은 감사위원장을, 없는 기관은 상임감사를 대상으로 살펴보았다.

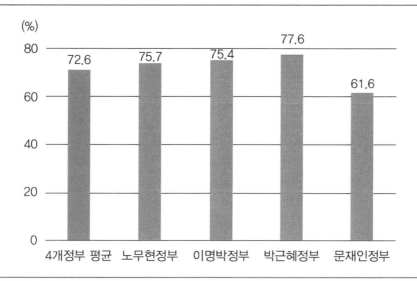

그림 5 - 3 감사(위원장)의 정치적 연결성

사외이사(비상임이사)의 정치적 연결성

[그림 5-4]는 사외이사의 정치적 연결성을 보여준다. 2003년부터 2020년까지 사외이사 중 정치적으로 연결된 인사는 절반에 가까운 44.8%에 해당한다. 노무현정부 (28.7%), 이명박정부(48.1%), 박근혜정부(64.8%)로 갈수록 사외이사의 정치적 연결성이 눈에 띄게 증가하였다. 특히, 박근혜정부 집권 시기 공기업 사외이사의 정치적 연결성은 노무현정부 집권 시기 공기업 사외이사의 정치적 연결성의 2.3배에 달한다. 한편, 문재인정부에서 사외이사의 정치적 연결성(37.6%)은 이명박정부 및 박근혜정부보다는 낮지만 노무현정부보다는 높은 수준으로, 이전 3개 정부에서 사외이사의 정치적 연결성이 추세적으로 높아지는 현상은 억제되었다[9].

....

9) 이상은 2003년부터 2020년까지 기간 중 공기업으로 지정된 39개 기관을 대상으로 분석한 수치이다. 2020년말 현재 공기업인 36개 기관을 대상으로 사외이사의 정치적 연결성을 분석할 경우 노무현정부는 24.4%, 이명박정부는 39.3%, 박근혜정부는 48.7%, 문재인정부는 37.6%이며 4개 정부의 평균은 38.4%이다.

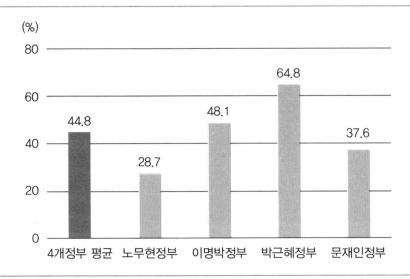

그림 5 - 4 사외이사의 정치적 연결성

이상을 요약하면, 지난 4개 정부에서의 공공기관 임원의 정치적 연결성은 감사(위원장) > 기관장 > 사외이사 순으로 높다. 특히 감사(위원장)의 경우 전체 중 약 3/4의 감사(위원장)가 정치적으로 연결된 인사로 선임되어 감사(위원장)에게 요청되는 기관장 등에 대한 견제 및 통제 기능이 제 역할을 발휘하지 못할 가능성이 높다. 또한, 사외이사의 경우 약 절반의 인사가 정치적 연결 인사로서 기관장 등에 대한 통제 역할이 억제될 소지가 상당하다. 한편, 이러한 부정적인 영향은 노무현정부, 이명박정부, 박근혜정부로 이어지면서 추세적으로 높아졌으나 최근 문재인정부에서 다소 억제되었다.

- 분석대상 연도: 2003년~2020년(18년)
  - 노무현정부 03~07(5년), 이명박정부 08~12(5년), 박근혜정부 13~16(4년), 문재인정부, 17~20(4년)
- 분석대상 공기업: 「공공기관의 운영에 관한 법률」에 의해 분석대상 연도중 공기업으로 지정된 기관 39개(연도·공기업 n=502)
- 분석대상 임원: 대상 공기업의 기관장, 감사(위원장), 사외이사(비상임이사)
  * 상임이사는 제외
  * 해당 임원에 대해 각 연도말 기준으로 분석함. 따라서 연도말 현재 공석인 인사는 분석 대상에서 제외
- 분석제외 샘플: 공기업 이외의 유형으로 지정된 연도, 여타 기관과 통폐합된 경우, 설립이전 연도, 분석대상 임원의 정보가 제공되지 않은 경우
- 자료 출처: 알리오(alio.go.kr), 각 기관의 외부감사 보고서 및 홈페이지, 중앙일보 JOINS 인물검색, KINDS 언론검색
  - 샘플 대상이 된 자료는 몇 년에 걸쳐서 수작업으로 수집함
    * 기획재정부의 알리오 시스템은 기관장, 감사(위원장), 사외이사 등 임원에 대한 정보를 제공하고 있음. 그러나 알리오 시스템은 최근 몇 개 연도에 대한 자료만 제공되는 한계가 존재함. 따라서 알리오 시스템에서 제공하지 않는 이전년도의 정보는 별도로 수집해야 함. 수집된 임원의 이력정보는 KINDS 언론검색, 중앙일보 JOINS 인물검색을 통해 확인하고, 본 서가 해당 임원의 정치적 연결성과 낙하산 여부 등을 정해진 기준에 따라 확인하였음. 또한, KINDS 언론검색, 중앙일보 JOINS 인물검색 및 시민단체와 언론에서의 비판 보도 등을 대사하는 등 공기업 임원의 이력과 판단에 대해 2차, 3차로 점검하는 등 오류 방지를 위해 노력하였음.
- 분석대상 공기업별 분석대상 연도
  - 한국가스공사(2003~20), 한국전력공사(2003~20), 인천국제공항공사(2003~20), 한국공항공사(2003~20), 부산항만공사(2004~20), 인천항만공사(2005~20), 한국조폐공사(2003~20), 한국관광공사(2003~16), 한국방송광고진흥공사(2003~20), 한국마사회(2003~20), 한국광물자원공사(2003~20), 대한석탄공사(2003~20), 한국석유공사(2003~20), 한국지역난방공사(2003-20), 한국산재의료원(2003-09), 대한주택공사(2003-08), 주택도시보증공사(2003~16), 한국부동산원(2003~20), 한국도로공사(2003~16), 한국수자원공사(2003~20), 한국철도공사(2005~20), 한국토지공사(2003~08), 여수광양항만공사(2003~09, 2012~20), 제주국제자유도시개발센터(2003~20), 한국남동발전(2011~20), 한국남부발전(2011~20), 한국동서발전(2011~20), 한국서부발전(2011~20), 한국수력원자력(2011~20), 한국중부발전(2011~20), 울산항만공사(2012~20), 한국토지주택공사(2009~20), 해양환경관리공단(2012~20), 강원랜드(2017~20), 그랜드코리아레저(2017~20), 주식회사에스알(2019~20), 한국전력기술(2017~20), 한전KDN(2017~20), 한전KPS(2017~20).

6장

선거와 공공기관

선거는 정치의 정점이다. 정치는 선거를 통해 검증받고 진화하기 때문이다(유승원, 2016). 따라서 공공기관이 정치권에 영향을 받을 수 있다면 선거는 공공기관 경영에 상당한 변화를 줄 수 있다.

공공기관은 본래 공해와 같은 외부효과나 공공재와 같은 시장실패 등의 문제를 해결하기 위해 설립되었다. 그러나 실제로는 공공기관이 시장실패를 해결하지 못하고, 공공기관 자신이 공해가 되거나 실패, 골치 덩어리로 전락하는 신세가 되기도 한다 (Grossman & Krueger, 1992). 그런데 이러한 문제가 발생하는 원인중 상당수가 정치적 요인 때문일 수 있으며, 이러한 현상은 특히 선거 기간 전후에 발생할 수 있다.

선거와 정부정책의 관계는 행정학 및 정치학 등의 다수 연구에서 분석된 바 있다. 그러나 선거와 공공기관간 관계에 대한 연구는 매우 제한적이다. 공공기관과 정치가 한국 사회에서 차지하는 비중을 고려할 때, 선거와 공공기관에 대한 연구는 의미가 있을 것이다.

선거와 공공기관간 관계는 선거가 공공기관에 영향을 미칠 수도 있고, 역으로 공공기관이 선거에 영향을 미칠 수도 있다. 그러나 공공기관이 선거에 영향을 미치는 것은 특별한 사건 또는 인물에 의해 우연하거나 비정기적으로 발생할 확률이 높기 때문에 여기서는 생략한다. 선거가 공공기관에 미치는 영향은 여러 가지가 있겠지만 요약하면, 선거가 공공기관의 제반 경영관리에 미치는 영향, 선거가 공공기관의 성과에 미치는 영향이 될 수 있을 것이다. 본 장에서는 이 두 가지 사항을 분석하고 마지막에 관련된 한국의 사례를 소개한다.

선거가 공공기관의 경영관리에 미치는 영향

선거가 공공기관의 일자리에 미치는 영향

선거 과정에서 집권당은 표를 획득하기 위해 공공기관의 일자리를 늘릴 유인이 존재한다. 경제위기 등 경제적으로 어려운 시점이라면 사기업은 해고 등으로 일자리를 감소시킬 수 있다. 하지만 공공기관은 경제 위기 극복을 위해 일자리를 보존하거나 일거리(일감)를 늘릴 유인이 존재한다. 이를 통해 공공기관 인근 지역 협력업체 또는 산업 전후방 업체의 일거리를 늘릴 수 있으며 결과적으로 민간경제 전체적으로 위기를 극복하거나 일자리를 늘리는데 기여할 수 있다. 아래에서는 선거 기간 또는 선거 기간이 아니더라도 정치권의 압력에 의해 공기업의 일자리에 영향을 미친 사례를 소개한다.

프랑스의 미테랑 대통령은 사회당 출신으로서 프랑스 최초의 대통령이 되었다. 1981년부터 1995년까지 정권을 잡았는데, 그는 1981년 선거 과정에서 공약으로서 110 Propositions for France를 주장하였다. 이 공약을 통해 프랑스 정부는 경제위기 극복 등을 위해 은행을 국유화하고, 공기업의 일자리와 임금을 늘리기로 하였다. 경제위기 극복을 위해 공기업이 일자리를 유지 또는 창출하는 것은 권장 받을 수 있다. 그러나 위기 상황이 아닌데도 아래의 사례처럼 공기업이 불합리하게 일자리를 늘리는 것은 문제가 될 수 있다.

에어 프랑스(Air France)는 한때 공기업이었다[1]. 에어 프랑스는 일자리 창출을 위해 필요 이상으로 직원을 선발한 적이 많다. 그 결과 임금을 포함한 운영비가 상승하였

---

1) 에어프랑스가 1948년 설립될 때 프랑스 정부가 지분을 70% 소유하여 에어프랑스는 공기업으로 출발하였다. 2003년 에어프랑스와 네덜란드 항공사인 KLM이 합병할 때 프랑스 정부의 지분이 44%로 줄어드는 등 에어프랑스의 민영화에 영향을 주었다. 이후 프랑스 정부는 지분 매각을 계속하여 현재는 20% 이하로 떨어졌다.

다. 에어 프랑스를 포함한 유럽 항공사의 운영비는 경쟁사인 미국의 항공사(사기업)가 부담하는 운영비보다 48% 높은 경우가 있었다(Shleifer & Vishny, 1994).

이처럼 일자리 창출을 위해 적정 수준 이상의 인력이 고용되는 것을 지지하는 자들은 해당 정책을 입안한 정치권과 그들을 지지하는 유권자이다. 그리스의 경우 공공기관의 고위 임원뿐만 아니라 하위 직원들까지도 대부분 집권 정당 또는 정치권과 연결된 자들로서, 해당 집권당이 선거에서 정권을 잃으면 임직원 모두가 사표를 쓰고 나간다. 선거 이후, 새로운 집권당을 지지하는 새로운 임원과 하위 직원이 그 공공기관에 취업을 하는 것이다(Shleifer & Vishny, 1994).

선거가 공공기관의 기타 경영관리에 미치는 영향

공공기관에게는 두 종류의 고객이 있다. 최종 고객인 국민과 중간 고객인 정치권·정부이다. 주인－대리인 구조가 '국민(최종 고객)－정치권·정부(중간 고객 및 중간 대리인)－공기업(최종 대리인)'으로 복수의 대리인 겸 고객이 존재하기 때문이다.

국민 고객은 공공기관이 생산하는 상품 또는 서비스를 소비하고 그들의 만족과 불만족을 공기업에게 다시 환류 시키는 존재이다. 반면, 정치권은 공공기관 임원의 인사권을 가지고 있고, 공공기관이 생존할 수 있는 근거 법령의 제·개정권을 가지고 있으며, 공공기관 자원(예산)의 통제권을 가지고 있다. 사기업의 경우 그들의 존재 이유와 생존의 근거는 국민 고객이지만, 공공기관에게 생존의 근거는 정치권 고객이 될 수 있다. 이러한 이유로 공공기관은 국민 고객이 원하는 상품·서비스를 생산하는 것이 아니라 정치권이 생산하는 상품·서비스를 생산하는 경우가 발생할 수 있다.

프랑스의 경우 공기업인 에어 프랑스는 1970년대에 구식 비행기가 고객들에게 어필하지 못하자 미국산 새로운 비행기를 구매하려 하였다. 그러나 에어 프랑스의 요청에도 불구하고 프랑스 정부는 정치권의 압력 때문에 미국산보다 품질이 떨어지는 프랑스산 콩코드 여객기를 구매하였다. 당시 프랑스 항공 산업의 중심지인 툴르즈(Toulouse) 지역의 실업 문제가 심각하였고, 집권여당인 우파연합이 정치적 지지를 잘 받지 못하면서 야당에게 밀리고 있는 상황에서 득표 관리를 해야 했기 때문이다. 이후 에어 프랑스는 구식 프랑스산 콩코드[2]를 도입하는 대신 프랑스 정부로부터 보조

----

2) 그리고 2000년에 파리에서 뉴욕으로 향하던 에어프랑스 콩코드 여객기는 이륙 직후 화재로 추락하

금을 더 받을 수 있었다(Anastassopoulos, 1981).

공공기관이 입지를 선택할 때 경제적인 측면에서 최적의 입지를 선택하는 것이 아니라 정치적인 관점에서 요청되는 입지를 선택하곤 한다. 이탈리아의 경우 1980년 대에 공기업들의 본사 또는 생산지를 당시 집권당인 기독민주당이 그들의 본거지인 이탈리아 남부에 두도록 하였다. 이는 선거에서 표를 얻기 위한 정치적 결정이었다(Grassini, 1981).

공공기관은 전기, 교통수단 등 제공하는 서비스에 대한 대가로 적절한 수준의 요금을 받아야 지속적인 경영관리가 가능하다. 그러나 공기업이 한계비용보다 훨씬 낮은 수준의 요금을 받는 경우도 상당수다. 정치권이 선거에서 국민들의 지지를 받기 위해 압력을 가하기 때문이다. 그런데 문제는 공공기관의 낮은 요금체계 또는 그에 대한 보상으로 인해 이득을 보는 집단은 다수 유권자인 저소득층 국민이 아니라 대규모 법인이나 법인의 대주주인 고소득층이라는 점이다(Bates, 1981).

정부가 소유한 은행도 금융 공기업으로서 선거에 의해 경영관리가 왜곡되는 경우가 있다. 국가가 소유한 은행은 선거 연도가 선거가 아닌 연도에 비해 대출이 평균 11% 증가하였다. 이러한 현상은 선진국이나 개발도상국이나 마찬가지였다. 그런데 그 대출은 일반 국민 또는 유권자에게도 제공되지만 상당 규모는 정치권과 연결된 기업 또는 정치권에 제공되었다(Dinç, 2005).

선거가 공공기관의 성과에 미치는 영향[3]

선거는 다양한 경로를 통해 공공기관의 성과에 영향을 미칠 수 있다. 관련 주요경로는 다음의 네 가지를 고려할 수 있다. 첫째, 선거가 경기 또는 실물경제를 통해 공공기관의 성과에 영향을 미칠 수 있다. 둘째, 선거 기간 중 발생하는 불확실성에 공공

였고 승객 등 113명이 사망하였다. 이 사고로 인해 콩코드 여객기는 2003년에 운항이 중단된 바 있다.

3) 본 사항은 유승원(2016)을 수정·보완하였다.

기관이 대응하면서 경영관리의 변화를 통해 성과에 영향을 미칠 수 있다. 셋째, 선거 전후에 정치권이 제시하는 관련 정책이 영향을 미칠 수 있다. 넷째, 선거 전후 공공기관의 기관장이 교체되면서 공공기관의 성과에 영향을 미칠 수 있다.

그림 6-1 선거가 공공기관의 성과에 영향을 미치는 경로

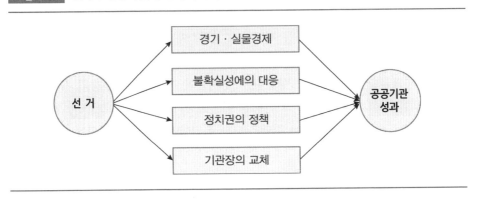

선거가 경기 및 실물경제를 통해 공공기관의 성과에 미치는 영향

선거 전에 경기가 상대적으로 좋았다가(나빴다가), 선거 후에 경기가 상대적으로 나빠질(좋아질) 수 있다. 이때 공공기관의 성과도 경기변동과 유사한 방향으로 움직여, 경기가 좋아지면 공공기관의 성과가 제고되고 경기가 나빠지면 공공기관의 성과가 저하되는 모습이 발생할 수 있다. 또한, 선거 때 좌파 또는 우파중 어떠한 정치집단이 집권하는가에 따라 경기변동이 어떻게 변하고, 어떠한 산업이 구체적으로 수혜를 보는지 등에 대한 정치적 경기순환론[4] 등의 연구가 존재한다.

이를 공공기관 성과에 적용할 수 있을 것이다. 예를 들어, 사회복지 분야를 강조하는 정치권이 집권하는 경우 해당 분야에 종사하는 공공기관의 활동이나 성과가 제고될 수 있다. 반면, 경제 분야를 강조하는 정치권이 집권하는 경우 해당 분야의 공공기관이 수혜를 받을 수 있다.

한편, 선거가 실물경제에 영향을 미치기 위해서는 정부 자원이 추가로 필요하다. 그런데 해당 정부 자원은 향후 국민으로부터 세금을 걷거나 국채를 발행하여 조달될 것이고

---

4) 이에 대한 자세한 사항은 Nordhaus(1975) 등을 참고하기 바란다.

이것이 결국에는 모두 국민의 부담이 될 것이다. 이것을 인지하고 있는 합리적 경제주체는 공약 또는 정책으로 인해 자신이 이득을 볼 수 있지만, 추가 세금 또는 국채 발행에 대한 자신의 부담도 늘어나기 때문에 순이득을 보지 못한다는 것을 알게 된다. 따라서 경제주체와 유권자가 합리적 기대를 가지고 있다면 선거 또는 선거 과정에서 생산되는 공약은 실물경제에 영향을 미치지 못하게 된다(Alesina, 1987; Rogoff, 1990). 이러한 메커니즘 하에서 선거는 경기 및 실물경제를 통해 공기업의 성과에 영향을 미치지 못할 확률이 높다.

선거의 불확실성이 공공기관의 경영관리를 통해 성과에 미치는 영향

대통령 선거 및 국회의원 총선 등 공직 선거는 기업 입장에서는 극복해야 할 불확실한 이벤트이다. 선거를 통해 대통령, 국회의원 등 공직자가 교체되는 경우 그들의 정치철학과 집권철학이 전임자와 상이할 수 있으며, 철학의 차이는 규제정책, 조세정책, 금융정책, 산업정책, 복지정책 등 제반 경제 및 사회정책의 변화를 가져올 수 있다. 선거를 둘러싼 이러한 변화는 기업의 제반 의사결정에 결정적인 영향을 미칠 수 있다(Julio & Yook, 2012).

이때 공공기관은 선거 과정에서 좋은 소식이 발생하는지 나쁜 소식이 발생하는지에 따라 행동을 달리 할 수 있고 이것이 성과에 영향을 미칠 수 있다. 불확실성이 기관의 경영관리에 미치는 영향은 해당 불확실성이 기관에 어떠한 뉴스에 해당하는지에 따라 달라질 수 있다(Bernanke, 1983).

해당 불확실성이 기관에 긍정적인 뉴스가 될 것으로 예상하는 경우 기관은 투자계획을 정상적으로 이행하는 등 기관의 활동에 큰 변화를 주지 않을 것이다. 이러한 경우 긍정적인 뉴스는 기관의 성과에 최소한 부정적인 영향은 미치지 않을 것이다.

반면 해당 불확실성이 기관에 부정적인 뉴스가 될 것으로 예상하는 경우에는 기관은 투자계획을 연기하고 기존의 경영전략을 연기하거나 이행하지 않는 등 경영활동이 위축될 수 있다. 이러한 경우 부정적인 뉴스는 기관의 성과에 부정적인 영향을 미칠 수 있다.

따라서 선거 자체는 경우에 따라 공공기관의 경영관리 행동에 긍정적인 영향과 부정적인 영향을 모두 미칠 수 있기 때문에 공공기관의 성과는 제고될 수도 있고 저하될 수도 있다. 즉 선거 기간 중 발생하는 제반 불확실성은 확률상 공공기관의 성과가 어느 한쪽으로 치우치게 만들지는 않을 것이다.

선거가 정치권의 정책을 통해 공공기관의 성과에 미치는 영향

공직선거 과정에서 정치권은 정권의 유지 또는 재창출을 위해 공공기관을 최대한 활용하려 할 것이다. 정치권은 득표의 극대화를 위해 공공기관의 제반 자원을 산업현장, 관련단체 또는 유권자 개개인이 요청하는 대로 활용할 확률이 높고 이때 공공기관의 비용이 추가되어 재무성과가 저하될 수 있다.

그러나 동시에 정치권은 현 정권의 성과를 과시하여 정권의 유지 또는 재창출에 기여할 필요가 있다[5]. 이때 공공기관의 성과가 좋아야 한다. 따라서 정치권은 선거 기간 중에 공공기관의 재무성과가 저하되지 않도록 관리할 유인이 있다.

이러한 사항을 종합하면 선거가 정치권의 정책변화를 통해 공공기관의 성과, 특히 객관적 기준에 의한 평가치인 재무성과가 변화될 확률은 높지 않을 것이다.

선거가 기관장의 교체를 통해 공공기관의 성과에 미치는 영향

공직선거는 기관의 CEO 교체에 영향을 미칠 수 있다. 사기업의 경우 수익 증대, 원가 절감 및 투자 효율성 증대 등을 위해 기업을 둘러싼 제반 환경에서의 불확실성을 줄이거나 회피하기 위해 노력한다(Julio & Yook, 2012). CEO를 교체하는 행위도 최고경영자의 리더십과 최고경영자의 인적 네트워크 및 능력을 수단으로 하여 불확실한 경영환경을 극복하는 경영관리 활동 중 하나이다(Agle 등 2006; Waldman 등, 2001).

그러나 공공기관은 사기업과 질적으로 상이한 점이 존재한다. 공공기관은 대부분 정부가 제1주주이고 정부의 주도하에 기관장이 임명되므로 공공기관 내부에서 기관장을 교체하려는 유인이 사기업에 비해 작을 것이다. 공공기관도 사기업과 마찬가지로 이사회가 주도하여 기관장 후보를 추천하지만 「공공기관의 운영에 관한 법률」[6]에 의해 대통령 또는 주무부처에 의해 기관장이 최종 임명되므로 정부가 기관장 임명의

---

5) 여기서는 정권을 잡은 여당의 입장에서 기술한다. 정권을 잡지 못한 야당의 경우 공공기관 정책을 직접 만들거나 집행하는데 참여할 확률이 낮기 때문이다.

6) 제25조【공기업 임원의 임면】① 공기업의 장은 제29조의 규정에 따른 임원추천위원회(이하 "임원추천위원회"라 한다)가 복수로 추천하여 운영위원회의 심의·의결을 거친 사람 중에서 주무기관의 장의 제청으로 대통령이 임명한다. 다만, 기관 규모가 대통령령이 정하는 기준 이하인 공기업의 장은 임원추천위원회가 복수로 추천하여 운영위원회의 심의·의결을 거친 사람 중에서 주무기관의 장이 임명한다.

최종권한을 가지고 있기 때문이다.

정치권은 공공선택이론에서 강조하듯이 국민의 후생 극대화가 아닌 예산의 극대화(Niskanen, 1971) 또는 정치적 네트워크 집단의 이익추구 등 일종의 지대추구 행위(Krueger, 1974)를 한다. 공공기관의 대리인구조는 사기업과 달리 다중적 대리인구조(Vickers & Yarrow, 1991; Yarrow, 1989)를 가지는데 중간대리인인 정치권은 주인(국민)의 목표와 상이한 자기 네트워크의 경제적 또는 정치적 이익을 위해 행동하기 때문이다. 따라서 정치권은 자신의 네트워크 인사 중 선거 과정에서 정권 유지 또는 재창출을 위해 기여한 인사와 선거에서 패배한 후보에 대한 보상으로서 공공기관 기관장 등 임원을 교체할 유인이 존재한다. 또는 추후 고위직 인사 임무를 수행하기에 앞서 공공기관 임원으로서 행정 및 정책경험을 할 수 있는 학습의 기회를 제공하기 위해 공기업 기관장을 교체할 수 있다.

공공기관의 입장에서도 선거 이후 정치권에 의해 선임되는 기관장을 배척할 이유가 없을 것이다. 해당 기관장을 통해 선거로 인해 변화된 제반 환경 속에서 정관계 실력 인사와의 네트워크 형성, 투자 및 경영관리에 기여하는 고급 정보를 획득하기에 유리하고(Qin, 2011), 기관장 선임에서의 정치적 고려가 개별 기관의 단기적 성과에는 적어도 유리할 수 있기 때문이다(Luechinger & Moser, 2014).

CEO 또는 기관장의 교체가 기관의 성과에 미치는 영향은 사기업과 공공기관에서 상이한 양태를 보인다. 사기업의 경우 CEO의 교체는 기업의 성과에 긍정적, 부정적, 중립적 영향을 모두 미칠 수 있다[7]. 그러나 공공기관의 경우 기관장을 비롯한 공공기관 임원의 교체는 공공기관의 성과에 대체로 부정적 영향을 미치는 것으로 여겨진다.

유승원·김수희(2012)에 의하면 공공기관의 기관장이 교체되는 경우 재무성과에는 부정적 영향을 미쳤지만 유의하지 않았다. 그러나 기관장이 법정 임기(3년)를 마치지 못하고 중도퇴임 하는 경우에는 재무성과에 유의하게 부정적 영향을 미쳤다. 기관장의 중도 퇴임은 해당 공공기관의 경영 연속성 유지에 부정적 영향을 미치는 등 기관

---

7) CEO의 교체가 경영성과에 긍정적인 영향을 미친다는 분석(신현한·장진호, 2003; Denis & Denis, 1995; Pfeffer & Salancik, 2003)은 해당 기업의 지배구조 메커니즘이 정상적으로 작동하거나 기업이 변화된 경영환경에 적합한 CEO로 교체하였기 때문이라고 주장한다. CEO의 교체가 부정적인 영향을 미친다는 분석(오회장, 2002; Allen 등, 1979; Grusky, 1963)은 주로 CEO의 교체가 조직 프로세스에 분열을 가져오거나, 시장이 CEO 교체와 관련된 부정적 정보를 발산하기 때문이라고 하였다. 중립적이라는 분석(Khanna & Poulsen, 1995; Smith 등, 1984)은 이익집단의 강력함 또는 집단소송 회피를 위한 비경제적 고려 등 외부적 요인에 주목하고 있다(유승원·김수희, 2012).

경로	내용
표 6-1	**선거가 공공기관의 성과에 미치는 영향을 미치는 경로**

경 로	내 용
선거가 경기 및 실물경제를 통해 공공기관의 성과에 미치는 영향	• 선거로 집권하는 정치권의 정책 성향 등에 부합하는(하지 않는) 공공기관은 성과 또는 활동이 제고(저하)될 수 있음 • 그러나 선거때 제기된 공약을 실천하기 위해서는 정부 자원이 추가로 필요하고, 이를 조달하기 위해서는 향후 국민으로부터 세금을 걷거나 국채를 발행해야 함 • 이는 결국 국민의 추가 부담이 될 것임. 이것을 인지하고 있는 합리적 경제주체는 공약 등으로 자신이 이득을 볼 수 있지만, 추가 세금 또는 국채 발행에 대한 자신의 부담도 늘어나기 때문에 순이득을 보지 못한다는 것을 알게 됨 • 이러한 메커니즘 하에서 선거는 공공기관의 성과에 영향을 미치지 못할 확률이 높음
선거의 불확실성이 공공기관의 경영관리를 통해 성과에 미치는 영향	• 공공기관은 선거 과정에서 좋은 소식이 발생하는지 나쁜 소식이 발생하는지에 따라 행동을 달리 할 수 있고 이것이 성과에 영향을 미칠 수 있음 • 해당 불확실성이 공공기관에 긍정적인 뉴스가 될 경우 선거는 공공기관의 투자 및 경영관리에 큰 변화를 주지 않고 성과에 부정적인 영향을 미치지 않을 것임. 그러나 해당 불확실성이 공공기관에 부정적인 뉴스라면 투자계획을 연기하고 기존의 경영전략 위축 등으로 선거는 공공기관의 성과를 저하시킬 수 있음 • 즉 선거 기간 중 발생하는 제반 불확실성은 확률상 공공기관의 성과가 어느 한쪽으로 치우치지 않을 것임
선거가 정치권의 정책을 통해 공공기관의 성과에 미치는 영향	• 정치권은 선거 과정에서 득표의 극대화를 위해 공공기관의 자원을 활용하려 하고 이때 공공기관의 비용이 추가되어 성과가 저하될 수 있음 • 그러나 정치권은 현 정권의 성과를 과시하여 정권의 유지 또는 재창출에 기여할 필요가 있음. 이때 공공기관의 성과가 좋아야 함. 따라서 정치권은 선거 기간 중에 공공기관의 성과가 저하되지 않도록 관리할 유인이 있음 • 종합하면, 선거가 정치권의 행동을 변화시켜 공공기관의 성과, 특히 객관적 기준에 의한 평가치인 재무성과가 변화될 확률은 높지 않을 것임
선거가 기관장의 교체를 통해 공공기관의 성과에 미치는 영향	• 선거시 불확실성 극복 등을 위해 사기업은 민간 주주가 주도하여 CEO를 교체할 수 있음. 사기업의 경우 CEO의 교체는 기업의 성과에 긍정적, 부정적, 중립적 영향을 모두 미칠 수 있음. 그러나 공공기관은 공운법에 의해 정부가 기관장 임명의 최종권한을 가지고 있어 선거시 기관이 자체적으로 기관장을 교체할 유인은 매우 작음 • 또한, 정치권은 자신의 네트워크 인사 중 선거 과정에서 정권 유지 또는 재창출을 위해 기여한 인사와 선거에서 패배한 후보에 대한 보상으로서 공공기관 기관장 등 임원을 교체할 유인이 존재함 • 한편, [통상 정치적 요인에 의한] 공공기관 기관장의 중도 퇴임은 해당 공공기관의 경영 연속이 유지에 부정적 영향을 미치는 등 기관의 입장에서는 예상하지 못한 외부 충격(bad shock)에 해당함 • 즉, 선거는 정치적 요인 때문에 공공기관 기관장의 교체를 유발할 수 있고 이것은 공공기관 성과에 부정적 영향을 미칠 수 있음

의 입장에서는 예상하지 못한 외부 충격(bad shock)에 해당하기 때문으로 볼 수 있다. 또한 저자는 전년도 경영성과 부진을 이유로 공공기관 임원이 교체되거나 중도 퇴임하는 통계적 증거는 발견되지 않는다고 설명한다.

이상의 사항을 고려하면 선거는 정치적 요인 때문에 공공기관 기관장의 교체를 유발할 수 있고 이것은 공공기관 성과에 부정적 영향을 미칠 여지가 존재한다.

한국의 사례[8]

공공기관의 성과: 재무성과와 정부평가(경영평가) 결과

공공기관은 사기업과 유사한 특징(기업성 추구)과 상이한 특징(공공성 추구)을 함께 가지고 있다. 따라서 공공기관의 성과를 측정할 때에도 사기업과 상이한 별도의 지표가 추가로 요청된다. 공공기관의 기업성을 측정할 때에는 사기업과 마찬가지로 재무성과를 활용할 수 있다. 재무성과란 당기순이익, 영업이익처럼 기업회계에서 다루는 성과로서 수치로 직접 표시될 수 있는 성과를 말한다. 반면 공공기관은 사기업과 달리 시장성과 공공성을 함께 추구하는데 정부가 실시하고 있는 공공기관 경영평가[9] 결과가 적절한 지표가 될 수 있다[10].

....

8) 여기서는 선거가 공기업의 성과에 미치는 것을 중심으로 검토한다. 선거가 공기업의 경영관리에 미치는 사례는 대외적으로 공개되기 어렵고 설사 일부가 알려진다 하더라도 사실(fact) 확인이 쉽지 않기 때문이다. 사례 분석 기간은 2002년부터 2012년까지 11년이다. 사례 검토 기간 이후 치러진 선거는 2016년 총선과 2017년 대선이 있다. 하지만, 2016년 총선 이후 현직에서 공기업 기관장으로 활동하는 인사가 있고 2017년 대선 이후 임원 인사가 진행중인 관계로(본서 저술 시점 기준), 여기서는 두 개 선거 연도(2016년 총선, 2017년 대선)에 대한 검토는 제외하였다. 사례 검토 기간중 대통령 선거는 2002, 2007, 2012년에 치렀고, 국회의원 총선은 2004, 2008, 2012년에 치렀다. 2012년은 대선과 총선을 모두 치른 해이다. 검토 대상 기관은 해당 기간 중 정부에 의해 공기업으로 지정된 31개 기관이다. 기관 통폐합 등으로 기관이 존재하지 않거나 정부에 의해 공기업으로 지정되지 않던 표본(연도·기관) 등은 검토 대상에서 제외하여 총 검토 대상 표본의 개수는 219개이다. 본 사항은 유승원(2016)을 수정·보완하였다.
9) 공공기관 경영평가에 대한 자세한 사항은 제8장을 참고하기 바란다.
10) 정부가 1983년부터 실시해 온 공공기관에 대한 경영평가제도는 공기업을 비롯한 공공기관의 공공성

재무성과는 기업회계기준에 의해 측정되고 공인회계사의 회계감사를 거친 객관적 지표에 해당한다. 그런데 정부성과평가 결과(공공기관 경영평가)는 평가위원의 주관적 평가인 질적 평가를 수반하기 때문에 재무성과와는 상이한 양태를 보일 수 있다. 정부의 공공기관 경영평가에서 평가하는 실적치는 교수·회계사 등 전문가로 구성된 경영평가단에 의해 평가된다. 경영평가단은 정부의 지휘를 받아 평가업무를 수행하는 관계로 활동의 독립성이 완전히 보장되지는 않고 있다. 또한 정부의 공공기관 경영평가 지표에는 평가자의 주관적 요소가 개입될 소지가 작지 않다. 경영평가를 위한 비계량(질적) 평가 지표가 전체 지표 중 절반 수준을 차지하고 있기 때문이다.

선거년도에 대한 경영평가 실적치는 선거 다음연도에 평가되어 대외적으로 공표된다. 따라서 선거년도 실적에 대한 경영평가 결과는 선거 결과에 영향을 미치지 않고 선거 이후 년도에 활용될 수 있다. 「공공기관의 운영에 관한 법률」에 의해 경영평가 실적이 저조할 경우 기관장이 해임[11]될 수 있고 실적에 따라 연임[12]이 될 수도 있다.

선거 연도의 재무성과와 정부평가(공공기관 경영평가) 결과 비교

공공기관의 재무성과는 총자산이익률(ROA, Return on Asset)을 의미한다. 총자산이익률은 총자산 대비 당기순이익이 차지하는 비중이다. 총자산이익률이 높을수록 기관이 자산을 효율적으로 사용하고, 그만큼 재무성과가 높음을 의미한다. 정부평가 결과는 정부가 매년 평가하는 공공기관 경영평가 실적치(점수)를 의미하며, 백점 만점으로 처리하였다.

[그림 6-2]는 선거가 없는 연도와 있는 연도에 재무성과와 정부평가 결과의 각 평균에 차이가 있는지를 비교하고 있다. 총자산이익률로 대표되는 재무성과는 선거

과 기업성, 기관통제 등이 적절히 고려된 공기업에 대한 성과평가 제도(박석희, 2009; 유승원, 2014)이다. 물론 공공기관 경영평가 제도가 공공기관의 공공성과 기업성을 평가하는데 있어서 개선의 여지가 존재한다. 그러나 현재 수준에서 공공기관 경영평가 제도 이상으로 공공기관의 공공성과 기업성을 함께 잘 평가하는 제도가 존재하지 않다고 판단되어 본 장(아래)에서는 공공기관 경영평가에 의한 성과평가 결과를 활용하기로 한다.

11) 제48조【경영실적 평가】(이전 생략) ⑧ 기획재정부장관은 제7항에 따른 경영실적 평가 결과 경영실적이 부진한 공기업·준정부기관에 대하여 운영위원회의 심의·의결을 거쳐 제25조 및 제26조의 규정에 따른 기관장·상임이사의 임명권자에게 그 해임을 건의하거나 요구할 수 있다.

12) 제28조【임기】② 공기업·준정부기관의 임원은 1년을 단위로 연임될 수 있다. 이 경우 임원의 임명권자는 다음 각 호의 구분에 따른 사항을 고려하여 임원의 연임 여부를 결정한다.
    1. 기관장: 제48조의 규정에 따른 경영실적 평가 결과(이후 생략)

가 없는 연도(평균 1.65%)와 선거가 있는 연도(평균 1.67%)에 차이가 없었다. 반면, 공공기관 경영평가 결과(점수)는 선거가 없는 연도(평균 79.15점)가 선거가 있는 연도(평균 76.47점)보다 높았다.

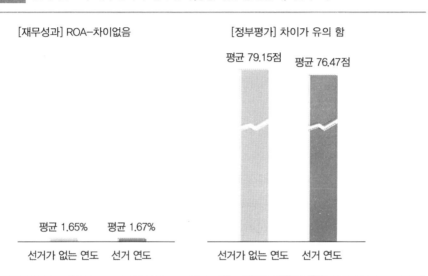

그림 6 - 2 선거 연도의 재무성과와 정부평가(공공기관 경영평가) 결과 비교

[재무성과] ROA-차이없음

[정부평가] 차이가 유의 함

평균 79.15점   평균 76.47점

평균 1.65%   평균 1.67%

선거가 없는 연도   선거 연도

선거가 없는 연도   선거 연도

주: 유승원(2016)을 수정함

선거가 공공기관의 성과에 미치는 영향에 대한 실증분석

유승원(2016)은 공직선거가 공공기관의 성과에 미치는 영향을 알아보기 위하여 실증분석을 하였다[13]. [그림 6-3]과 같이 선거는 재무성과(총자산이익률)에 영향을 미치지 못하였다. 그러나 선거는 여러 통제변수들을 통제한 이후에도 정부평가(공공기관 경영평가) 실적치에 확실한 음(−)의 영향을 미쳤다. 구체적으로 대선 또는 총선 직후에 실적이 발표되는 경영평가의 점수는 선거가 없는 연도에 비해 평균 4.2점(100점 만점)이 하락하였다.

---

13) 유승원(2016)은 고정효과모형을 이용하여 선거가 재무성과(총자산수익률)와 정부평가(공공기관 경영평가) 실적치에 영향을 미치는지 확인하였다. 설명변수는 공직선거 여부(대선 또는 총선이면 1, 아니면 0)이고, 종속변수는 총자산수익률(ROA) 및 공공기관 경영평가 실적치(점수)이다. 통제변수는 자산규모, 부채비율, 기업연령, 매출액 성장률, 공기업이 속한 산업의 경쟁도 등이다.

그림 6-3 실증분석-선거가 재무성과 및 정부평가에 미치는 영향

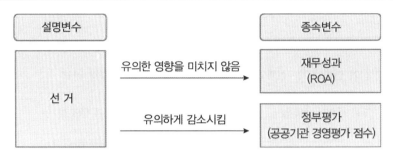

※ 통제변수: 자산규모, 부채비율, 기업연령, 매출액 성장률, 산업경쟁도 등

주: 유승원(2016)을 수정함

또한 유승원(2016)은 재무성과(총자산이익률), 정부평가(공공기관 경영평가) 실적치(점수) 및 선거가 공공기관 기관장의 교체에 영향을 미치는지 추가로 분석하였다. [그림 6-4]와 같이 재무성과(총자산이익률)는 공공기관 기관장의 교체에 영향을 미치지 않았다. 그러나 정부평가(공공기관 경영평가) 실적치(점수)는 기관장의 교체에 확실하게 음(-)의 영향을 미쳤다. 정부평가(공공기관 경영평가) 실적치(점수)가 낮을수록 기관장이 교체될 확률이 높

그림 6-4 실증분석-선거와 공공기관의 성과가 기관장의 교체에 미치는 영향

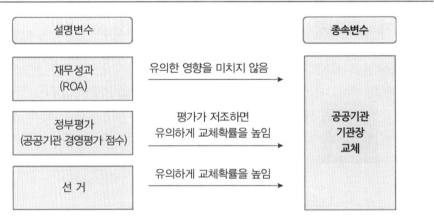

※ 통제변수: 자산규모, 부채비율, 기업연령, 매출액 성장률, 산업경쟁도 등

주: 유승원(2016)을 수정함

아짐을 의미한다. 또한, 선거는 다음연도 공공기관 기관장의 교체에 확실하게 양(+)의 영향을 미쳤다. 즉 선거 다음 연도에는 기관장이 교체될 확률이 높아짐을 의미한다.

제2절의 네 번째 경로에서 살펴본 바와 같이 정치권은 선거 이후에 공공기관 기관장의 교체 수요를 가지고, 경영평가 점수가 낮은 공공기관의 기관장은 교체될 확률이 높다. 즉, 선거 기간에 경영평가 점수가 낮은 공공기관의 기관장은 선거 이후에 교체될 확률이 높게 된다. 실제로 선거 기간에 공공기관의 객관적인 재무성과는 변화가 없지만, 정부의 경영평가 실적치는 하락하였고, 이를 통해 기관장이 교체될 수 있음을 의미한다. 선거 이후 기관장의 교체와 맞물려 정치권의 개입 또는 경영평가단의 평가시 평가자의 주관성이 개입되면서 선거연도의 경영평가 실적치가 하락한 것으로 판단할 여지가 있다.

개별 기관 사례: 선거와 공공기관의 성과

[표 6−2]에서 선거가 공공기관의 성과에 영향을 미치고 그것이 기관장의 교체에 영향을 미칠 수 있음을 유추할 수 있는 개별 기관 사례를 볼 수 있다.

표 6-2 선거와 공공기관의 성과에 대한 사례[14]

A 기관은 2006년 실적에 대한 경영평가가 100점 만점 중 83.5점이었지만, 2007년 실적에 대한 경영평가는 72.6점으로 2006년 대비 13.1%가 떨어졌다. 2007년 경영평가 실적치(72.6점)는 2008년 상반기에 서면 심사와 현장 실사 등을 거쳐 2008년 6월에 공개되었다. 당시 공개된 A 기관의 경영평가 실적치(72.6점)는 2002년−2012년 동안 받은 경영평가 실적치 점수 중 최하 점수이다. A 기관의 기관장으로 갑씨가 2008년 6월에 취임하였다. 2007년 12월 대선을 치르고 2008년 총선을 4월에 치른 이후 2달 만에 기관장이 바뀌었다. 전임 을 기관장은 2007년 7월에 취임하였으나, 임기 3년 중 1년도 채우지 못하고 후임 갑씨에게 넘겨준 것이다. 후임 갑씨는 공공기관 또는 또는 공직 경력이 없지만, 00건설 부사장을 역임한 바 있고 00건설 퇴임후 중소기업을 운영하면서 △△△ 대선캠프에 참여한 바 있는 인사이다.
B 기관은 2006년 실적에 대한 경영평가가 100점 만점 중 83.4점이었지만, 2007년 실적에 대한 경영평가는 71.4점으로 2006년 대비 14.4%가 떨어졌다. 2007년 경영평가 실적치(71.4점)는 2008년

---

14) 본 사례는 본서가 말하는 이론적 논의와 어울리는 사례이다. 그러나 현실이 이론과 같은지는 확인할 수 없다.

상반기에 서면 심사와 현장 실사 등을 거쳐 2008년 6월에 공개되었다. 당시 공개된 B 기관의 경영평가 실적치(71.4점)는 2002년－2012년 동안 받은 경영평가 실적치 점수 중 최하 점수이다. B 기관의 기관장으로 병씨가 2008년 8월에 취임하였다. 2007년 12월 대선을 치르고 2008년 총선을 4월에 치른 이후 4개월 만에 기관장이 바뀌었다. 신임 병씨는 언론계 출신으로서 공공기관 또는 공직 경력이 없지만, 전직 국회의원이며 정당을 옮기고 대통령 선거 기간 중 □□□ 후보 측 지역 총괄본부장을 역임한 바 있다.

제 3 편

공공기관 운영의
관리 정책

7장 공공기관의 사회적 가치와 ESG

8장 공공기관 경영평가

9장 공공기관의 인사·조직·재무 관리
    및 노사관계

공공기관의 사회적 가치와 ESG

최근 사회적 가치와 ESG에 대한 논의가 활발하다. 과거부터 사회적 책임에 대한 논의는 계속 진행되어 왔으나, 문재인정부에서는 공공기관의 사회적 가치라는 용어로 강조되었다. 또한, 2021년부터 공공기관의 ESG가 부각되고 있다.

현재 학계에서는 사회적 책임, 사회적 가치, ESG가 개념적 측면에서 유사한지 어떻게 차별화되는지에 대해 합의가 이루어지지 않은 상태이다. 공공기관 현장에서는 이들이 어떻게 개별 기관의 특성에 부합하도록 운용할지에 대해 숙고하고 있다.

본 장에서는 이러한 현재 진행형 상황을 반영하여 최근까지 논의되었던 사회적 가치에 대해 검토한다. 이후, 공공기관의 사회적 가치에 영향을 미치는 요인을 분석한다. 마지막으로 최근의 ESG에 대해 알아본다.

공공기관의 사회적 책임에 대한 이해[1]

공공기관의 사회적 책임

사회적 책임 활동은 쉽게 표현해 조직의 '착한 활동'으로 볼 수 있다. 남이 시키지

---

1) 본 파트는 관련이론을 소개하므로 전통적 용어인 '사회적 책임'을 사용한다.

않고 보지 않더라도, 주변에 도움과 제반 지원이 필요한 사람, 조직, 지역 등에게 동등한 사회 구성원(조직)으로서 공정하고 책임있는 활동을 하는 것을 말한다[2].

사기업에게는 사회적 책임 활동이 선택일 수 있다. 사회적 책임 활동을 강조하기 위해서는 현재 비용이 추가되는 것을 감수해야 하는 경우가 있기 때문이다. 사기업에게는 사회적 책임 활동이 단기 이윤과 장기 이윤 사이에서의 전략적 선택으로 작용할 수 있다는 의미이다[3].

그러나 공기업을 비롯한 공공기관은 그렇지 않다. 공공기관에게 사회적 책임 활동은 꼭 이행해야 하는 필수적 활동이다. 장단기를 구분하지 않고 지속적으로 추진해야 할 기본 활동이다. 공공성과 기업성을 동시에 추구하는 기관으로서 당연한 사항이다.

그동안 한국의 공공기관은 사회적 책임 활동을 다소 등한시한 측면이 존재한다. 정부는 그동안 공공기관의 비효율성을 제거하기 위해 공공기관의 기업성과 생산성을 강조하였고, 그 과정에서 발생한 어쩔 수 없는 현상으로 볼 여지도 없지 않다[4]. 따라서 그동안 지속적으로 이슈가 되어 온 공공기관에 대한 사회적 책임 활동은 공공기관이 본래 추진해야 하는 활동을 정상화하는 것으로 볼 수 있다. 즉 과거에 공공기관의 효율성이 강조된 것처럼, 앞으로는 공공기관의 사회적 책임 활동과 효율성 제고를 함께 강조하는 것으로 이해되어야 할 것이다.

그렇다면 그동안 공공기관의 사회적 책임 활동은 어느 정도 수준일까? 과연 공공기관의 사회적 책임 활동은 사기업의 사회적 책임 활동 수준보다 높을까? 통상적으로 공공기관은 공공성과 기업성을 동시에 추구하기에 기업성만을 추구하는 사기업

---

2) 국제표준화기구인 ISO는 ISO26000에서 사회적 책임이란 지속가능한 발전(사회후생과 건강을 포함)에 기여하고 이해관계자의 기대를 고려하며, 국제적 규범에 부합하는 투명하고 윤리적인 조직(공사 조직을 불문)의 활동을 통해 조직의 의사결정과 활동이 조직을 둘러싼 사회와 환경에 미치는 영향에 대한 해당 조직의 책임을 의미한다고 규정하였다(ISO, 2010).

3) 사기업의 경우 순수하게 사회에 대한 책임 활동을 하는 것인지 아니면 기업의 생존전략으로 이용되고 있는지 그 본질에 대한 논란이 있다(유승원·이남령, 2014). 다수 선행연구에 의하면, 기업이 단기적인 관점에서는 이윤 창출에 도움이 되지 않는 사회적 책임 활동을 등한시할 수 있다. 하지만 장기적인 관점에서는 사회적 책임 활동으로 인해 기업을 둘러싼 제반 이해관계자(종업원, 고객, 지역주민, 정부 등)로부터 신뢰를 형성하여 이윤 창출에 기여할 수 있다. 따라서 순수한 사회적 책임 활동을 하는 것인지, 생존 전략상 그러한 모습을 보이는지는 정확히 알 수 없다(Lin, 2010).

4) 공공기관의 효율성이 과거에 비해 개선되었다는 평가가 존재하지만, 국민 눈높이에 이를 정도로 높은 수준까지 개선되었다고는 말하기 어려울 것이다.

보다 사회적 책임 활동의 수준이 높을 것이라고 생각하는 경향이 있다. 사기업은 자본을 신뢰하고 이윤을 추구하는 집단이고, 사회적 가치에 대한 관심이 크지 않고 관련 활동을 진행할 능력이 충분하지 않기 때문으로 해석할 수 있다(Zheng & Zhang, 2016).

그러나 최근의 연구는 통상적인 인식과 상이한 분석 결과를 보여주고 있다. Zheng & Zhang(2016)은 중국의 공기업과 사기업의 사회적 책임 활동 수준을 비교하였다. 분석 결과 공기업의 사회적 책임과 대기업의 사회적 책임간 유의한 차이는 없었다. 저자들은 최근 중국에서 사기업(특히 대기업)의 사회적 책임 활동은 대폭 증가한 반면, 공기업은 비효율성 제거 과정에서 사회적 책임 활동이 축소되었다고 분석하고 있다. 또한 저자들은 공기업, 사기업의 차이보다는 기관의 규모가 사회적 책임 활동에 주요한 영향을 미친다고 주장한다. 대규모 기관은 다양한 이해관계자가 존재하고 사회로부터 주목을 많이 받기에 사회적 책임 활동을 일상적 경영활동의 일부로 포함시킬 수밖에 없는 구조이다. 또한 대규모 기관은 소규모 기관에 비해 상대적으로 가용할 수 있는 자원이 풍부하다. 자원이 풍부하면 사회적 책임 활동의 규모는 커지게 될 것이다. 반면 대규모 기관은 소규모 기관에 비해 경영활동에서 위험이 클 수밖에 없다. 이때 대규모 기관은 사회적 책임 활동을 통해 제반 이해관계자에게 신뢰를 쌓고, 이것이 위험을 최소화하는데 기여할 수 있다. 마지막으로 정부가 소규모 기관보다 대규모 기관에 더 강하거나 많은 규제를 적용하는 경향이 있다. 이때 대규모 기관은 정부 규제에 대응하는 과정에서 사회적 책임 활동을 강조하여 추진할 수 있다 (Zheng & Zhang, 2016).

이러한 논리를 한국에 적용할 수 있다면, 한국의 공공기관이 사기업에 비해 사회적 책임 활동에 충실했다고 말하기 어려울 것이다. 최근 한국은 중국과 마찬가지로 사기업(특히 대기업)의 사회적 책임은 상대적으로 강조된 반면, 공공기관은 부채 절감, 방만경영 해소 등 비효율성을 제거하는 과정에서 상대적으로 그렇지 않다. 공공기관의 사회적 책임 활동이 앞으로 강조되어야 하는 이유이다.

공공기관의 사회적 책임 활동에 대한 정부 평가[5]

공공기관의 사회적 책임 활동은 누가 평가하는 것이 적절한가? 주식시장에 상장된 공공기관의 경우 주주가 평가할 수 있고, 전문 평가기관이 평가한 결과를 (현재 또는 잠재적) 주주 등에게 제공할 유인이 존재한다. 하지만 그렇지 않은 대부분의 공공기관은 마땅한 평가 주체가 없고 전문 평가기관이 평가할 유인이 희박하다. 즉 공공기관의 사회적 책임에 대한 평가는 공공재(public goods)와 같다. 그래서 정부가 직접 평가하거나 정부가 평가를 의뢰하는 것이 바람직하다.

이러한 이유로 정부는 현재 공공기관의 사회적 책임 활동을 공공기관 경영평가[6]를 통해 평가하고 있다. [표 7 - 1]은 공공기관 경영평가에서 사회적 책임 활동과 관련된 지표와 배점이 최근 어떻게 변화되었는지 보여주고 있다. 정부는 2008년부터 경영평가에서 정부권장정책[7] 지표와 전략기획 및 사회적 책임 지표를 중심으로 공공기관의 사회적 책임을 평가하였다[8]. 그러나 해당 항목은 사회적 책임 활동의 제반 사항을 포괄하지 못하였다.

이러한 한계를 극복하기 위해 2018년 발표된 공기업·준정부기관 경영평가 개편방안에서 사회적 책임 활동에 대한 다수 평가지표가 추가되었다. 공공기관의 경영관리와 주요사업 모두에 대해 사회적 책임 관점에서 평가하고, 평가 지표도 일자리, 균등한 기회, 사회통합, 안전, 환경, 상생·협력, 지역발전, 윤리경영 등 사회적 책임의 전반적인 사항을 포괄하는 것으로 개편되었다.

또한 개편방안이 제시되기 이전에는 사회적 책임에 대한 배점이 100점 만점 중 8점 (2017년 평가 기준)에 불과하였다. 그러나 2018년 평가에서는 사회적 책임 활동에 대한 배점을 최대 18점(일자리 창출 가점 10점 포함), 2019년 평가부터는 (2021년 평가의 경우) 공기업은 24점, 준정부기관은 22점까지 확대하였다. 공공기관의 경영평가에서 사회적 책임 활동을 매우 중시하여 평가하겠다는 정부의 의지를 확인할 수 있다.

---

5) 사회적 책임은 박근혜정부까지 사용된 용어이고, 사회적 가치는 문재인 정부에서 사용하고 있다. 여기서는 혼란의 방지를 위해 편의상 사회적 책임으로 통일하여 사용하고 있다.

6) 공공기관 경영평가에 대한 자세한 사항은 제8장을 참고하기 바란다.

7) 2017년 평가의 경우 청년미취업자 고용 실적, 시간선택제 일자리 실적, 장애인 의무 고용, 국가유공자 우선 채용, 중소기업제품 등 우선구매, 전통시장 온누리 상품권 구매, 온실가스 감축 및 에너지 절약 실적, 재정조기집행 이행실적, 용역근로자 보호지침 준수 등 사회적 책임 관련 9개 사항이 포함되었다(기획재정부, 2017a).

8) 2008년 이전의 경우 노사상생 지표(100점 만점 중 기관에 따라 통상 2~4점 만점)를 통해 노사화합과 관련된 사항을 평가하기는 했으나 사회적 책임 활동 중 제한된 사항만을 평가하였다.

정부의 공공기관 경영평가에서 사회적 책임 점수가 높(낮)다고 기관의 사회적 책임 활동이 우수(부진)하게 진행된 것은 아니라는 비판을 공기업 현장에서 청취할 수 있다. 2018년 평가 이전에는 사회적 책임 활동에 대한 배점이 높지 않고 경영평가가 사회적 책임 활동에 대한 포괄범위가 넓지 않아 그러한 비판이 제기된 것으로 여겨진다. 그러나 2019년 평가부터는 해당 한계가 어느 정도 극복된 만큼 유사한 비판이 지속되지는않을 것으로 보인다. 공기업의 사회적 책임 활동이 우수(부진)하면 관련 경영평가 점수도 높을(낮을) 확률이 높다.

표 7 - 1 공공기관 경영평가중 사회적 책임 활동 관련 평가 지표와 배점

	2017년 평가 (16년 실적 대상)		2018년 평가 (17년 실적 대상)		2019년 이후 평가 (20년 실적 21년 평가)	배점	
					평가지표	공기업	준정부기관
	평가 지표	배점	평가 지표	배점			
경영 관리	• 전략기획 /사회적 책임 • 정부권 장정책	2점* 6점**	• 전략기획 /사회적 책임 • 정부권장 정책	2점* 6점**	• 일자리 창출 • 균등한 기회와 사회통합 • 안전 및 환경 • 상생·협력 및 지역발전 • 윤리경영	7점 4점 5점 5점 3점	6점 3점 5점 5점 3점
가점	–	–	• 일자리 창출	가점 최대 10점	–	–	–
합계	8점		최대 18점			24점	22점

* 전략기획·사회적 책임 지표는 5점 만점 지표이며, 5개 항목으로 구성되어 있으며 이 중 2개 항목이 사회적 책임에 대한 사항임. 이를 반영하여 2점으로 계산함 (5점*2개/5개)

** 정부권장정책에는 청년미취업자 고용 실적, 시간선택제 일자리 실적, 장애인 의무 고용, 국가유공자 우선 채용, 중소기업 제품 등 우선구매, 전통시장 온누리 상품권 구매, 온실가스 감축 및 에너지 절약 실적, 재정조기집행 이행실적, 용역근로자 보호지침 준수 등 사회적 책임 관련 9개 사항이 포함됨

주: 기획재정부의 각년도 공공기관 경영평가 편람을 바탕으로 수정·보완함

표 7 - 2 사회적 책임에 대한 국제표준화기구(ISO)의 규정

국제표준화기구인 ISO(International Organization for Standardization)는 ISO26000을 발표하면서 사회적 책임은 사기업에서만 적용되는 것이 아니라 정부, 공공기관, 시민단체 등 모든 공·사 조직에서 적용되어야 한다고 강조하였다. 이를 반영하여 ISO는 CSR(Corporate Social Responsibility)에서 'C'(Corporate)를 삭제하고 SR(Social Responsibility)로 칭하고 있다.

국제표준화기구인 ISO는 사회적 책임이란 지속가능한 발전(사회후생과 건강을 포함)에 기여하고, 이해관계자의 기대를 고려하며, 국제적 규범에 부합하는 투명하고 윤리적인 조직(공사 조직을 불문)의 활동을 통해, 조직의 의사결정과 활동이 조직을 둘러싼 사회와 환경에 미치는 영향에 대한 해당 조직의 책임을 의미한다고 규정하였다.

ISO26000은 조직의 사회적 책임 활동으로 조직의 지배구조, 인권, 노동, 환경, 공정성, 소비자 이슈, 지역참여·발전에 대한 활동 등 7개 주제를 제시하고 있다. 즉 ISO는 조직이 주변 사회와 환경에 영향을 미치는 제반 사항을 사회적 책임 활동으로 규정하고 있다.

주제		주제별 주요내용(45개)
사회적 책임 활동의 프로세스		사회적 책임 인식, 이해관계자 식별과 참여, 핵심주제 및 쟁점 분석, 우선 순위와 실행전략 수립, 실행, 의사소통, 검증, 개선 (8개)
사회적 책임 활동의 성과	조직의 지배구조	의사결정 과정과 구조 (1개)
	인권	정당한 배려, 인원위험상황, 결탁의 회피, 고충의 처리, 차별과 취약 집단, 시민의 권리와 정치적 권리, 경제, 사회 및 문화적 권리, 직장에서의 기본 원칙과 권리 (8개)
	노동	고용과 고용관계, 근로조건과 사회적 보호, 사회적 대화, 직장에서의 보건과 안전, 인적자원 개발과 훈련 (5개)
	환경	오염 방지, 지속가능한 자원 이용, 기후변화 완화 및 적응, 환경보호, 생물다양성 및 자연서식지 복원 (4개)
	공정성	부패 방지, 정치참여의 책임성 제고, 공정 경쟁, 가치 사슬 내에서의 사회적 책임 제고, 재산권 존중 (5개)
	고객 이슈	공정한 마케팅·사실에 근거한 공정한 정보 및 공정한 계약 관행, 소비자 보건 및 안전 보호, 지속 가능한 소비, 고객 서비스·지원 및 고객의 불만과 분쟁 해결, 고객 정보 및 프라이버시 보호, 필수 서비스에 대한 접근, 교육과 인식 (7개)
	지역참여· 발전	지역사회 참여, 교육과 문화, 고용창출 및 기능 개발, 기술 개발 및 접근성, 부와 소득창출, 보건, 사회적 투자 (7개)

주: ISO (2010)

공공기관의 정치·경제적 요인과 사회적 가치 평가

정부가 공공기관 경영평가에서 사회적 가치 활동을 본격적으로 평가한 2018년 실적(2019년) 평가부터 2020년 실적(2021년) 평가까지(3년간)를 대상으로 분석한다. 사회적 가치 평가 현황, 평가 결과에 영향을 미친 사항을 정치적 요인과 경제적 요인으로 구분하여 검토한다.

사회적 가치 평가 현황

[그림 7-1]의 (a)에서와 같이, 최근 들어 사회적 가치 평가 점수가 저하되고 있다. 사회적 가치의 평가 기준 또는 국민들의 눈높이가 올라가는데 반해 공기업 현장에서의 사회적 가치 활동은 그에 미치지 못하는 것으로도 볼 수 있다. (b)에서 시장형 공기업에 대한 사회적 가치 평가(평균 74점)가 준시장형 공기업에 대한 평가(평균 72.1점)보다 다소 높다. 시장형 공기업은 준시장형 공기업에 비해 자산 규모가 큰 공기업

그림 7-1 사회적 가치 평가 현황

(a) 지난 3년간의 사회적 가치 평가 점수   (b) 공기업 유형별 사회적 가치 평가 점수

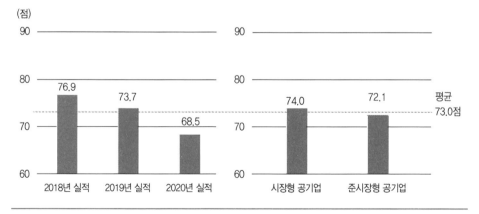

주) (b)에서 양자 간의 점수 차이는 통계적으로 유의함

이다. 기관의 적극적인 활동과 상대적으로 풍부한 자원이 사회적 가치 활동에 긍정적인 영향을 미친 것으로 보인다.

정치적 요인

기관장의 정치적 연결

네트워크 집단에서의 협력관계를 연구한 Nowak(2006)[9]의 이론을 적용할 경우, 정치적으로 연결된 기관장은 공공기관 경영시 자신을 선임한 정치적 네트워크의 이해관계를 우선시할 것이다[10]. 또한 정치적으로 연결된 기관장은 전문성보다는 정치적 충성심에 의해 선임될 가능성이 높다. 이럴 경우 해당 직책에 어울리지 않는 부적합한 인사가 선임되는 역선택의 위험이 존재한다(Zajac, 1990). 사회적 가치 활동이 우선시되지 않은 환경 하에서는 정치적으로 연결된 기관장은 사회적 가치 활동을 기업전략 우선순위에서 후순위로 미룰 가능성이 있다. 사회적 가치 활동이 정치적 네트워크의 이해관계에 부합할 가능성이 낮기 때문이다.

[그림 7-2]의 (a)와 같이, 실제 정치적으로 독립된 기관장이 경영하는 공기업의 사회적 가치 점수(평균 73.8점)가 정치적으로 연결된 기관장이 경영하는 공기업의 점수(평균 71.5점)보다 높은 것으로 나타났다.

이사회의 독립성

공공기관은 정부, 주주, 국민 고객, 근로자, 지역 등 공공기관을 둘러싼 다양한 이해관계자의 요구사항을 조화시키는 것이 공공기관 운영의 목표가 될 수 있다[11]. 공공기관의 사회적 가치 활동은 이해관계자 사이에서 발생할 수 있는 갈등 예컨대 집단 간 형평성 갈등, 지역 갈등 등을 예방하는데 기여할 수 있다. 따라서 이사회가 독립적인 공공기관은 다양한 수혜자 또는 활동을 대상으로 중립적으로 이사회 활동을 추진

---

9) 저자는 네트워크 구성원이 네트워크에 협력하면 이익이 비용보다 크지만, 협력하지 않고 배신하면 이익과 비용이 각각 0이어서 결국 네트워크에 협력하게 된다고 주장하였다.
10) 본 단락은 유승원·이남령(2014)을 인용하였다.
11) 본 단락은 유승원·이남령(2014)을 인용하였다.

할 수 있어 기관의 사회적 가치 활동을 제고시킬 확률이 높다.

이사회 구성원 중 사외이사가 과반수이면 이사회가 독립성을 갖추었다고 통상 간주한다. 그러나 한국은 「공공기관의 운영에 관한 법률」을 제정하면서 공기업과 준정부기관의 사외이사가 이사회의 1/2을 초과하도록 규정하고 있다[12]. 다른 한편으로, 이사회의 독립성은 기관장과 이사회 의장의 분리 여부에 따라 구분할 수 있다. 즉, 사외이사가 이사회 의장으로서 이사회 의장과 기관장이 분리된 공공기관을 이사회의 독립성을 갖춘 기관으로 볼 수 있다. 반면, 기관장이 당연직 이사회 의장이 되는 기관은 이사회가 독립성을 갖추지 못한 기관으로 볼 수 있다[13].

[그림 7-2]의 (b)와 같이, 이사회의 독립성과 공기업의 사회적 가치 평가의 관계를 살펴보면, 이사회 의장과 기관장이 분리되어 이사회가 독립적인 공기업의 사회적 가치 평가(평균 73.6점)가 그렇지 않은 공기업의 평가(평균 72.0점)보다 높음을 알 수 있다.

기관장의 재임기간

재임기간이 긴 기관장은 사회적 가치에 대한 이해도가 높고, 이는 사회적 가치 활동에 대한 적극성을 제고시킬 수 있다(Valentine & Fleischman, 2008; Waldman 등, 2006). 반면 선임된 지 오래되지 않은 기관장은 선임된 지 오래된 기관장보다 사회적 가치 활동을 보다 적극적으로 추진할 수 있다.

「공공기관의 운영에 관한 법률」 제28조에 의해 공공기관 기관장의 법정 임기는 3년이나 실제 임기는 이보다 짧다. 법정 임기를 마치지 못하고 중도퇴임하는 기관장이 다수 존재하기 때문이다. 따라서 본서는 1년을 기준으로 재임기간이 짧은 기관장과 그렇지 않은 기관장으로 구분하였다. [그림 7-2]의 (c)와 같이, 재임기간이 1년 미만인 공기업의 사회적 가치 평가(평균 75.0점)가 재임기간이 1년 이상인 공기업의 평가(평균 72.0점)보다 높았다.

---

12) 「공공기관의 운영에 관한 법률」 제24조 제3항에 의해 공기업과 준정부기관의 경우 기관장을 포함한 상임이사는 이사회의 1/2 미만으로 구성하게 되어 있다. 즉 비상임이사가 이사회의 과반수를 구성해야 한다. 이 규정이 검토 대상 공기업 모두에게 적용되기에 비상임이사 1/2 초과 여부는 검토의 실익이 없다.

13) 「공공기관의 운영에 관한 법률」 제18조의 제2항에 의해 시장형 공기업과 자산규모가 2조원 이상인 준시장형 공기업의 이사회 의장은 선임 비상임이사가 맡게 되어 있다.

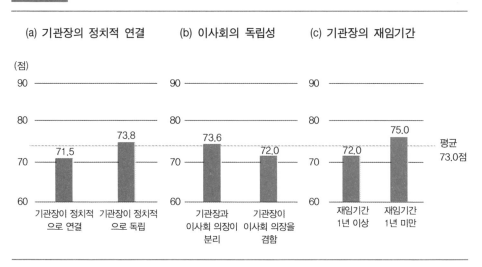

그림 7 - 2 공공기관의 정치적 요인과 사회적 가치 평가

주) (a), (b), (c)에서 양자 간의 점수 차이는 통계적으로 유의함

경제적 요인

자산, 매출, 부채 및 이익 규모

기관이 사회적 가치 활동을 하기 위해서는 어느 정도의 희생이 필요하기에 해당 기관이 일정 규모를 갖추어야 한다는 주장이 있다(최승빈, 2017; Elhauge, 2005). 기관의 규모가 크면 시장 또는 산업 현장에서 노출이 많이 되고 해당 기관에 대한 요구도 상대적으로 커지기 때문에 사회적 가치 활동이 상대적으로 적극적일 수 있다(최승빈, 2017; Barnea & Rubin, 2010). 반면, 타인 자본인 부채로 운영되는 기관은 자금 또는 운영 측면에서 상대적으로 여유가 많지 않기 때문에 자기 기관의 활동을 우선하고 타인 또는 외부기관의 활동과 관련된 사회적 가치 활동은 다소 후순위로 간주할 수 있다(유승원·이남령, 2014; McGuire 등, 1988). 이러한 관점에서 본서는 기관의 자산 규모, 부채비율, 매출 규모, 당기순이익 규모를 분석한다.

[그림 7-3]의 (a)에서 보는 바와 같이, 자산규모 순서에 따라 공기업을 나열했을 때, 중위값(4.5조원)보다 자산규모가 큰 기관들의 사회적 가치 평가(평균 73.9점)는 자산규모가 중위값 보다 작은 기관의 사회적 가치 평가(평균 72.0점)보다 낮았다[14]. 부채규모

의 경우 중위값(1.9조원)보다 큰 기관의 사회적 가치 평가(평균 72.9점)가 그보다 작은 기
관의 사회적 가치 평가(평균 73.1점)보다 다소 낮았지만 유의한 차이는 없었다. 매출 규
모와 당기순이익 규모의 경우 중위값보다 클 때의 사회적 가치 평가가 중위값보다 작
을 때의 사회적 가치 평가보다 모두 높았다. 자산, 매출, 당기순이익은 사회적 가치에
영향을 미치고 있음을 알 수 있다.

그림 7 - 3 공공기관의 경제적 요인과 사회적 가치 평가

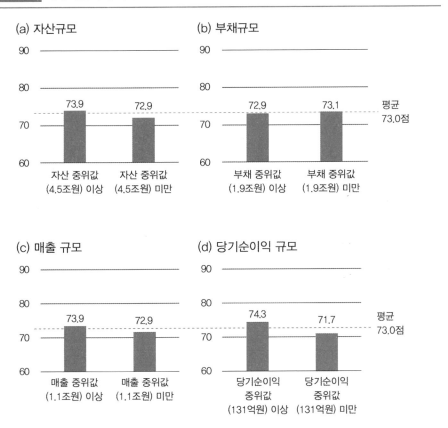

주) (a), (c), (d)에서 양자 간의 점수 차이는 통계적으로 유의하나, (b)는 유의하지 않음

14) 평균을 기준으로 할 경우, 일부 기관에서 변수값이 매우 큰 이상점이 존재하기 때문에(예: 한국전력
공사, 한국토지주택공사의 자산규모) 집단 전체의 평균이 불합리하게 상승하는 효과가 발생할 수 있
다. 이를 고려하여 중위값을 기준으로 검토하였다.

공공기관에서의 ESG

정부(기획재정부)는 ESG 추진을 위해 우선 공공기관이 알리오(Alio)에 공시하는 항목을 [표 7-3]과 같이 안전 및 환경, 상생협력, 일가정 양립, 사회공헌 활동 등으로 확대하였다(2021년 3월). 정부의 공시 확대는 ESG 중 E(환경)와 S(사회)를 중심으로 이루어졌다.

표 7-3 공공기관의 ESG 관련 공시 확대 사항

항목	내역
① 안전 및 환경	안전경영책임보고서
	녹색제품 구매실적
	온실가스 감축실적
② 상생협력	혁신조달 실적
	중증장애인생산품 구매실적
③ 일가정양립	가족돌봄휴가
④ 사회공헌활동	봉사·기부 실적(보완)

자료: 박춘섭 (2021).

또한, 정부는 공공기관의 ESG 추진을 가속화시키기 위해 공공기관 경영평가를 적극적으로 활용할 계획이다(기획재정부 2021년 9월). 첫째, 정부는 ESG 확산을 선도하는 공공기관은 공공기관 경영평가에서 가점을 부여할 계획이다. 둘째, ESG 관련 우수 공시기관에 대해 공공기관 경영평가에서 가점을 부여하는 방안을 검토중이다[15]. 셋째, 정부는 공공기관 경영평가에서 기존 지표를 통폐합하면서 ESG 지표를 확대할 계획이다. 참고로, 공공기관 경영평가에서 ESG와 관련하여 활용할 수 있는 지표는 [표 7-4]와 같다.

....

15) 현재 정부는 부실하게 공시하는 공공기관에 대해 감점을 부여하지만, 우수 공시 공공기관에 대해 가점을 부여하지는 않고 있다.

표 7-4 ESG 관련 공공기관 경영평가에서 활용할 수 있는 지표 예시

E(환경)	S(사회)	G(지배구조)
환경경영목표 수립	사회책임경영목표 수립	지속가능위원회 운영
탄소 배출량	정규직 비율 및 증감	경영권 보호장치
폐기물 배출량	급여·복리후생비	CEO와 이사회 의장 분리
대기오염물질 배출량	산업재해율	이사회구성 다양성
수질오염물질 배출량	인권정책 및 인권교육	주주총회 개최
용수사용량	장애인고용 비중	소액주주 권리보호
에너지 사용량	교육훈련비	배당정책
신재생에너지사용비중	동반성장지수	비위 발생사실 공개
온실가스관리시스템	사회공헌활동지출액	내부 감사부서 설치
친환경제품 개발	노동조합가입율	감사위원회사외이사비율
	정보보호시스템	회계·재무 전문가 보유
	임직원 봉사활동·기부금	

자료: 박춘섭(2021).

8장

공공기관 경영평가

공공기관 경영평가 개요

공공기관 경영평가의 의의

정부는 국민을 대신하여 공기업의 성과를 통제하거나 관리를 한다(Ahoroni, 1981). 제2차 세계대전 후 유럽의 각 국가는 경제적 부흥을 위하여 공기업을 통한 국가재건과 경제 발전을 추구하였다. 그러나 공기업을 운영하는 과정에서 정실과 엽관제적 폐해로 인하여 공기업의 기관장이 정치인 출신 등으로 선임되고, 시장에 대한 감각 결여, 기술 발전의 역량 부족, 짧은 임기, 정부 감독자의 순환 보직 등으로 인해여 공기업은 장기적으로 성과를 내기 어려웠다. 그래서 각 국가들은 미시적 차원에서 공기업들을 관리·감독할 수밖에 없었다(Shirley & Nellis, 1991). 즉 정부가 산하에 있는 공기업의 경영비효율성을 통제하기 위하여 정기적인 성과측정을 실시함으로써 공기업의 경영성과를 제고하려고 했다(Bruns, 1993)[1].

공공기관 경영평가는 「공공기관의 운영에 관한 법률」 제48조에 근거한 법정 평가이다. 경영평가는 공공기관의 자율·책임경영체계 확립을 위해 매년도 경영 노력과

---

1) 본 단락은 신완선·라영재(2014: 138)를 참고하였다.

성과를 평가하는 제도이다. 본 제도는 공공기관의 공공성 및 경영효율성을 높이고 경영개선이 필요한 사항에 대해 전문적인 컨설팅을 제공함으로써 궁극적으로 대국민서비스 개선을 목적으로 한다. 또한 주무부처는 공정하고 객관적인 평가를 위해 관련 법령에 따라 매 회계연도 개시 전까지 평가기준과 방법을 정한 평가편람을 작성하여 제공하고 있다[2].

평가 유형과 평가지표 체계

공기업과 준정부기관에 대한 평가는 기획재정부가 주관하고 기타공공기관에 대한 평가는 주무부처가 주관하고 있다. 기획재정부가 주관하는 경영평가의 경우, 평가유형은 공기업(1그룹과 2그룹으로 구분), 준정부기관(기금관리형, 위탁집행형, 강소형)으로 구분한다.

표 8-1 공공기관 경영평가의 평가 유형 구분

유 형		유형구분 기준
공기업	공기업 I	법률 제4조 내지 제6조에 따라 지정된 공기업 중 사회기반시설(SOC)에 대한 계획과 건설, 관리 등을 주요업무로 하는 대규모기관
	공기업 II	법률 제4조 내지 제6조에 따라 지정된 공기업 중 특정 분야의 산업에 대한 진흥을 주요업무로 하는 기관, 중소형 SOC기관, 자회사 등
준정부기관	기금관리형	법률 제4조 내지 제6조에 따라 직원정원이 50인 이상이고, 「국가재정법」에 따라 기금을 관리하거나 기금의 관리를 위탁받은 기관 중에서 기금관리형 준정부기관으로 지정된 기관(강소형기관은 제외)
	위탁집행형	법률 제4조 내지 제6조에 따라 직원정원이 50인 이상이고, 기금관리형 준정부기관이 아닌 기관 중에서 위탁집행형 준정부기관으로 지정된 기관(강소형기관은 제외)
	강소형	법률 제4조 내지 제6조에 따라 위탁집행형 준정부기관으로 지정된 기관 중에서 정원이 300인 미만인 기관과 기금관리형 준정부기관으로 지정된 기관 중에서 자산규모(위탁관리하는 기금자산 포함)가 1조원 미만이고 정원이 300인 미만인 기관(2020년말 기준)

자료: 기획재정부 2021년 공공기관 경영평가편람

....

2) 본 단락은 기획재정부의 2021년 공공기관 경영평가편람을 참고하였다.

표 8 - 2 공공기관 경영평가 지표 및 가중치 예시(공기업)

범 주	평가지표	계	비계량	계 량
경영 관리 (55)	1. 경영전략 및 사회공헌	6	6	
	• 전략기획		2	
	• 경영개선		2	
	• 리더십		2	
	2. 사회적 가치 구현	25	19	6
	• 일자리 창출	6	4	2
	• 균등한 기회와 사회통합	4	3	1
	• 안전 및 환경	5	5	
	• 상생·협력 및 지역발전	5	2	3
	• 윤리경영	5	5	
	3. 업무효율	5		5
	4. 조직·인사·재무관리	7	4	3
	• 조직·인사 일반 (삶의 질 제고)	2	2	
	• 재무예산 운영·성과 (중장기 재무관리계획)	5	2	3 (1)
	5. 보수 및 복리후생관리	8.5	5.5	3
	• 보수 및 복리후생	3.5	3.5	
	• 총인건비관리	3		3
	• 노사관계	2	2	
	6. 혁신과 소통	3.5	2	1.5
	• 혁신노력 및 성과	2	2	
	• 국민소통	1.5		1.5
	소계	55	36.5	18.5
주요 사업 (45)	주요사업 계획·활동·성과를 종합평가	45	21	24
	소계	45	21	24
합 계		100	57.5	42.5

자료: 기획재정부 2021년 공공기관 경영평가편람

이때 공기업 1그룹은 시장형 공기업, 2그룹은 준시장형 공기업을 말하는 것이 아니다. 공기업 1그룹은「공공기관의 운영에 관한 법률」에 의해 공기업으로 지정된 기관 중 SOC 위주의 대규모 기관, 2그룹은 여타 기관으로 구성되어 있다. 또한 동법에서 준정부기관으로 지정된 기관중 정원이 300인 미만인 위탁집행형 준정부기관과 자산 규모가 1조원 미만이고 정원이 300인 미만인 기금관리형 준정부기관은 강소형 기관으로 분류된다.

평가지표는 평가 대상 공공기관의 경영실적을 체계적으로 평가하기 위해 경영관리, 주요사업 2개 범주로 구성된다. 이때 각 평가 범주는 단위 평가지표로 구분하여 평가한다. 단위 평가지표는 복수의 세부 평가지표로 구성될 수 있다. 다만 주요사업 범주는 주요사업별로 비계량 또는 계량 세부평가지표를 활용하여 해당 주요사업의 계획·활동·성과를 종합적으로 평가한다.

① **경영관리**: 경영전략 및 사회공헌, 업무효율, 조직 및 인적자원관리, 재무예산관리, 보수 및 복리후생 관리

② **주요사업**: 공공기관의 주요사업별 계획·활동·성과를 종합적으로 평가[3]

경영평가단

경영평가단은 교수, 회계사 등 민간전문가 100~120명 수준으로 구성된다. 경영평가단은「공공기관의 운영에 관한 법률」에 의해 기획재정부가 경영평가를 (일종의) 위탁하는 형태로 진행된다. 이때 경영평가단이 평가를 기획재정부로부터 얼마나 독립하여 진행할 수 있는지가 이슈가 될 수 있다. 2016년 실적 평가까지는 경영평가단이 공기업과 준정부기관을 일원화하여 평가하였지만 2017년 실적 평가부터는 공기업 경

---

3) 예를 들어 인천국제공항공사의 2017년도 주요사업은 다음과 같다.
- 편리한 공항: 공항서비스 글로벌 경쟁지수(계량), 스마트 공항 구현(계량), 편리한 공항의 성과관리의 적정성(비계량)
- 안전한 공항: 공항보안관리(계량), 공항안전관리(계량), 안전한 공항사업의 성과관리의 적정성(비계량)
- 성장하는 공항: 국제항공운송실적(계량), 허브화경쟁력(계량), 성장하는 공항사업의 성과관리의 적정성(비계량)
- 미래지향 공항: 글로벌 미래성장 경쟁력(계량), 미래지향 공항사업의 성과관리의 적정성(비계량)
- 주요사업 계량지표 구성의 적정성 및 목표의 도전성

영평가단과 준정부기관 경영평가단으로 이원화하였다.

경영평가단은 공기업1, 공기업2, 위탁집행, 기금관리, 강소형 등으로 유형을 구분하고, 경영관리 비계량, 경영관리 계량, 주요사업으로 범주를 구분하여 각 팀별로 임무를 부여한다. 2016년 실적 평가까지는 경영평가단이 직접 경영관리 계량 범주를 평가하였으나, 2017년 실적 평가부터는 외부 전문기관에 의뢰하는 것으로 변경되었다.

지표별 평가방법

비계량지표는 A＋부터 E0까지 9등급(A+, A0, B+, B0, C, D+, D0, E+, E0)으로 구분하며, 통상의 기준 등급은 C이다. 보통 비계량지표에서 A0 이상의 우수한 성적이 나오는 사례는 많지 않다.

계량지표의 경우 전반적인 운영실적과 전년대비 개선도를 고려하여 미리 정해진 산정방식에 따라 부여한다. 다만 지표별 세부항목 중 일부항목에 대해 외부기관 등에서 도덕적 해이 사례로 지속적으로 지적되었음에도 불구하고 기관의 개선노력이 극히 미흡하거나 중대한 도덕적 해이 사례인 경우에는 해당지표에 최하위 점수를 부여할 수 있다. 계량지표는 목표부여(편차) 방법을 원칙으로 하되, 글로벌 실적비교, 추세치 등 다양한 방법을 쓸 수 있다[4].

평가결과의 종합 및 후속조치

각 지표별 평가점수는 지표별 평점에 지표별 가중치를 곱하여 산출하고 비계량 지표와 계량지표 평가점수를 합산하여 기관의 종합평가결과와 범주별 평가결과를 산출한다. [표 8-3]은 한국철도공사의 경영평가 결과를 예시적으로 보여주고 있다. 기관의 평가결과는 종합 평가결과와 범주별 평가결과로 나누고 기관 유형별로 각각 6등

---

4) • 목표부여(편차) 방식: 당해연도 실적과 최저목표와의 차이를 최고목표와 최저목표의 차이로 나누어 측정하되, 최고·최저목표는 5년간 표준편차를 활용하여 설정한다.
  • 글로벌 실적비교 방식: 글로벌 우수기업의 실적치, 세계적 수준 등과의 격차, 비중 등을 활용하여 최고목표와 최저목표를 설정하되, 목표부여(편차) 방법 등을 적용한다.
  • 추세치 방식: 회귀분석을 활용하여 표준치와 표준편차를 구하고 실적치가 표준치로부터 어떤 확률 범위 내에 있는지를 평가한다.
  * 자료: 기획재정부 2021년 공공기관 경영평가편람

급(S, A, B, C, D, E)으로 구분한다5). 등급은 통상 비교대상 공공기관의 평가점수 평균과 표준편차 등을 활용하여 결정하고 공공기관운영위원회의 심의·의결로 확정한다.

이때 유의할 사항은 공기업의 등급은 공기업1 기관과 공기업2 기관을 모두 포괄하여 산정한다. 즉, 공기업1 기관 및 공기업2 기관만을 대상으로 각각 그들의 등급을 산정하는 것이 아니다. 이는 2021년말 현재 공기업은 36개로 등급 산정에 필요한 최소한의 표본수(약 30개)를 만족하고 있으며, 공기업1 및 공기업2로 구분시에는 해당 최소한의 표본수를 만족시키지 못하는 통계상의 이유 때문이다. 한편, 준정부기관의 등급은 기금관리형 기관 및 위탁집행형 기관을 포괄하여 산정하고, 강소형 기관은 그들만을 대상으로 별도로 산정한다. 즉, 준정부기관의 등급을 기금관리형 기관, 위탁집행형 기관, 강소형 기관을 모두 포괄하여 산정하는 것이 아니다. 이는 강소형 기관이 여타 기금관리형 기관 및 위탁집행형 기관에 비해 기관의 규모 및 평가 역량 등의 측면에서 차이가 존재함을 고려한 것이다.

경영평가 결과에 따라 기관의 임직원은 성과급을 예산범위 내에서 지급받는다. 성과급은 경영성과를 제고시키기 위한 인센티브로 활용되고 있다. S,A,B,C 등급을 받은 기관의 임직원은 성과급을 지급받을 수 있고, D,E 등급을 받은 기관의 임직원은 성과급을 지급받을 수 없다. 성과급은 기본(기준)연봉 또는 월기본급에 일정 지급률을 곱하여 산정되고, 지급률은 공공기관운영위원회에서 결정되는데 매년 조금씩 변화한다. 성과급을 최고 수준으로 지급받는 기관의 임직원과 지급받지 못하는 기관의 임직원 간 성과급의 차이는 과거 6배까지 보인 적이 있으나, 최근은 최대 3배 수준을 보이고 있다.

....

5) • S(탁월): 모든 경영영역에서 체계적인 경영시스템을 갖추고 효과적인 경영활동이 이루어지고 있으며, 매우 높은 성과를 달성하고 있는 수준
 • A(우수): 대부분의 경영영역에서 체계적인 경영시스템을 갖추고 효과적인 경영활동이 이루어지고 있으며, 높은 성과를 달성하고 있는 수준
 • B(양호): 대부분의 경영영역에서 양호한 경영시스템을 갖추고 있고 양호한 성과를 달성하고 있는 수준
 • C(보통): 대부분의 경영영역에서 일반적인 경영시스템을 갖추고 있고 일반적인 경영활동이 이루어지고 있는 수준
 • D(미흡): 일부 경영영역에서 일반적인 경영시스템을 갖추고 있지만 성과는 다소 부족한 수준
 • E(아주미흡): 대부분의 경영영역에서 경영시스템이 체계적이지 못하고 경영활동이 효과적으로 이루어지지 않으며 개선 지향적 체계로의 변화 시도가 필요한 수준
 * 자료: 기획재정부 2017년 공공기관 경영평가편람

표 8-3 **한국철도공사의 경영평가 결과 예시**

평가범주	지표명	비계량		계량	
		배점	등급	배점	득점
경영관리	1. 경영전략 및 리더십	6			
	(1) 전략기획	2	C		
	(2) 경영개선	2	B		
	(3) 리더십	2	D+		
	2. 사회적 가치 구현	17.0		7	
	(1) 일자리 창출	3.5	B	3	2.648
	(2) 균등한 기회와 사회통합	2.0	C	1	0.686
	(3) 안전 및 환경	7.0			
	㉮ 환경보전	1.0	C		
	㉯ 재난 및 안전관리	6.0	D		
	(4) 상생·협력 및 지역발전	1.5	C	3	2.854
	(5) 윤리경영	3.0	E+		
	3. 업무효율			5	
	(1) 노동생산성			2.5	1.792
	(2) 자본생산성			2.5	1.731
	4. 조직·인사·재무관리	4		3	
	(1) 조직·인사 일반(삶의 질 제고)	2	D+		
	(2) 재무예산 운영·성과	2	D+		
	㉮ 이자보상비율			2	1.483
	㉯ 중장기재무관리계획 이행실적			1	1.000
	5. 보수 및 복리후생관리	5.5		3	
	(1) 보수 및 복리후생	3.5			
	㉮ 직무 중심의 보수체계	2.0	C		
	㉯ 보수 및 복리후생 제도	1.5	C		
	(2) 총인건비관리			3	0.000
	(3) 노사관계	2.0	B		
	6. 혁신과 소통	3		1.5	
	(1) 혁신노력 및 성과	3	C		
	(2) 국민 소통			1.5	1.362
	경영관리 합계	35.5		19.5	
주요사업	1. 여객사업	7		10	
	(1) 간선철도 수송 서비스 증대			5	4.167
	(2) 광역철도 수송 서비스 증대			2	1.883
	(3) 글로벌 정시율 관리			3	2.715
	(4) 여객사업 성과관리의 적정성	7	B		
	2. 물류사업	2		2	
	(1) 물류사업 경쟁력 제고			2	1.720
	(2) 물류사업 성과관리의 적정성	2	D+		
	3. 안전관리사업	7		10	
	(1) 안전관리율			10	10.000
	(2) 안전관리사업 성과관리의 적정성	7	B		
	4. 신성장사업	1		2	
	(1) 신성장사업 성장률			2	1.079
	(2) 신성장사업 성과관리의 적정성	1	B		
	5. 주요사업 계량지표 구성의 적정성 및 목표의 도전성	4	D+		
	주요사업 합계	21		24	
	전체 합계	56.5		43.5	

자료: 기획재정부 2020년도 공공기관 경영실적 평가보고서

공공기관 경영평가 결과 분석[6]

유형별 경영평가 결과 분석

총점 및 등급

[표 8-4]에서는 2005년 실적 평가(2006년 경영평가)부터 2020년 실적 평가(2021년 경영평가)까지의 총점과 등급 현황을 보여준다. 총점 평균은 100점 만점[7] 중 77.3점으로 높지 않고, 등급 평균은 5점 만점[8]으로 환산하였을 때 2.6점으로 B와 C 중간 수준이다.

표 8-4 공공기관 유형별 경영평가 총점 및 등급 현황

	전체	공기업			준정부기관		
		계	공기업1	공기업2	계	기금관리	위탁집행
총점	77.3	77.8	75.4	76.2	78.6	78.9	78.5
등급 환산	2.6	2.4	2.7	2.3	2.7	2.8	2.7
경영관리 합계	74.9	73.1	74.7	72.4	79.8	78.8	80.5
비계량	67.0	66.6	68.1	65.9	68.2	68.1	68.3
계량	82.8	80.6	82.6	79.8	88.7	86.9	90.0
주요사업 합계	80.4	79.4	80.4	78.8	81.8	82.1	81.6
비계량	68.1	68.2	73.5	65.3	67.9	67.7	68.1
계량	87.9	83.5	80.0	85.5	93.5	93.7	93.4
비계량 합계	68.5	68.7	72.7	66.4	68.3	68.4	68.3
계량 합계	86.1	83.3	82.8	83.6	89.7	90.5	89.2

주: 총점, 경영관리, 주요사업, 비계량, 계량 점수는 100점 만점으로 환산한 점수임
    등급은 S=5점, A=4점, B=3점, C=2점, D=1점, E=0점으로 환산한 점수임(5점 만점)
    등급 환산 이외의 모든 변수는 2005년 실적-2020년 실적 평가까지의 점수를 평균한 것임
    다만 등급 환산은 2010년 실적-2020년 실적 평가까지의 등급을 평균한 것임

....

6) 분석대상 기관 및 연도, 변수, 자료출처 등 분석 방법론은 부록을 참고하기 바란다.
7) 만점이 100점을 초과하거나 미달하는 경우 100점 만점으로 환산하였다.
8) 등급은 S=5점, A=4점, B=3점, C=2점, D=1점, E=0점으로 환산하였다.

경영관리 합계(평균 74.9점)보다 주요사업 합계(평균 80.4점)가 높은 수준이다. 또한 비계량 합계(평균 68.5점)보다 계량 합계(평균 86.1점)가 월등히 높은 수준이다. 공공기관의 경영관리 실적과 비계량 실적이 주요사업 실적 및 계량 실적보다 각각 낮아 개선의 여지가 존재한다. 이는 피평가기관의 경영관리 및 비계량 관리 요소가 주요사업 및 계량 관리 요소보다 실제로 부진하거나, 피평가기관이 평가 과정에서 주요사업 및 계량 평가를 경영관리 및 비계량 평가보다 우선하여 준비하는 것으로 해석할 수 있다. 또는, 경영평가단이 경영관리 및 비계량 평가를 주요사업 및 계량 평가보다 엄정하게 실시하거나, 주요사업 및 계량 평가 지표의 도전성이 높지 않기 때문으로 볼 수도 있다.

[그림 8-1]에서 보는 바와 같이, 기관이 가장 많이 받는 등급은 S(매우우수), A(우수), B(양호), C(보통), D(미흡), E(매우미흡) 중 B(양호)이다. 즉, B는 보통 양호한 등급으로 인식되지만, 공공기관 경영평가에서는 가장 많은 기관이 받는 등급으로 사실상 보통 수준으로 볼 수 있다. [그림 8-2]는 유형별 등급에 대한 것이다. 공기업 유형의 등급(환산 2.4)은 준정부기관 유형의 등급(환산 2.7)보다 낮다. 즉, 공기업은 대체로 C(환산 2.0)등급에 가깝지만 준정부기관은 B(환산 3.0)등급에 가까운 모습이다. 공기업 유형중에서도 공기업2유형의 등급(환산 2.3)이 특히 낮아서, 기금관리형 준정부기관의 등급(환산 2.8) 및 위탁집행형준정부기관의 등급(환산 2.7)과 큰 차이를 보이고 있다. 또한, 전체 평균은 77.3점으로 높지 않은 수준이지만 등급은 과반수(58.8%)가 B이상의 높은 등급(S 0.1%,

그림 8-1 공공기관 경영평가 등급 현황(2010년~20년 실적평가)

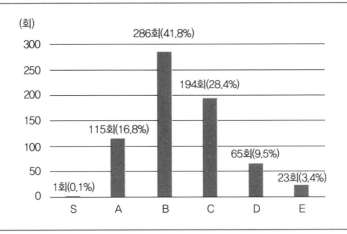

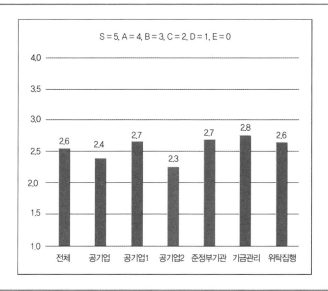

그림 8-2 공공기관 유형별 경영평가 등급 현황(2010년~20년 실적평가 평균)

주: 2010년 실적 평가부터 2020년 실적 평가까지의 등급을 5점 만점으로 환산하여 평균함
　(S=5점, A=4점, B=3점, C=2점, D=1점, E=0점)

A 16.8%, B 41.8%)을 받는 것을 고려할 때, 공기업에 대한 등급 판정시 다소 과대평가된 것으로 볼 여지가 있다.

정권별 비교

[그림 8-3]은 노무현정부, 이명박정부, 박근혜정부, 문재인정부에서의 공공기관 경영평가 점수(각 정부별 평균)를 보여준다. 노무현정부(평균 73.6점)와 문재인정부(평균 73.8점)는 4개 정부 평균(76.7점)보다 낮고, 박근혜정부(평균 76.7점)는 4개 정부 평균과 동일하며, 이명박정부(평균 80.8점)는 4개 정부 평균보다 높다. 해당 정부에서 평균 점수가 높은(낮은) 것은 해당 정부 기간동안 경영실적이 여타 정부에 비해 개선(악화)되었기 때문이거나, 정부간 공공기관 경영평가의 엄격성에 차이가 존재하기 때문으로 해석할 수 있다.

그림 8 - 3 공공기관 경영평가 총점의 4개 정부간 비교

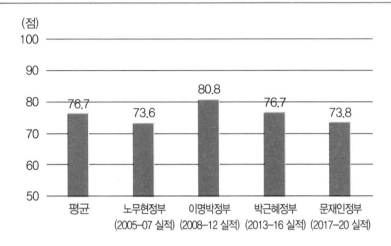

주) 노무현정부: 2005년 실적에 대한 2006년 평가 ~ 2007년 실적에 대한 2008년 평가
　이명박정부: 2008년 실적에 대한 2009년 평가 ~ 2012년 실적에 대한 2013년 평가
　박근혜정부: 2013년 실적에 대한 2014년 평가 ~ 2016년 실적에 대한 2016년 평가
　문재인정부: 2017년 실적에 대한 2018년 평가 ~ 2020년 실적에 대한 2021년 평가

공공기관 경영평가에 대한 평가와 문제점

성과 속에 한계가 존재

공공부문의 성과평가는 국민 및 이해관계자에게 정보공개를 강화함으로써 공적인 책임성과 성과를 동시에 개선하는 효과가 있다(David et al., 2013). 한국의 공공기관 경영평가는 ① 행정기관의 무분별한 개입 해소 및 정부와 공공기관 관계의 탈정치화, ② 자율적 책임경영체계 구축, ③ 공공기관 구성원에 대한 목표달성의 책임의식과 동기부여, ④ 목표를 부여하고 사후 평가한 다음 인센티브 차등 지급으로 인한 대리인 문제의 극복, ⑤ 공공기관에 대한 경쟁원리 촉발, ⑥ 경영개선을 유도하는 관리순환, ⑦ 공공기관 경영의 공개성, 투명성의 제고 등에서 긍정적인 효과가 있다는 평가가 존재한다(유훈 외, 2010: 420~421; 장지인 외, 2013). 경영평가와 공공기관 경영성과간의 관

계를 실증적으로 분석한 다수 연구(곽채기, 2003; 김지영, 2010; 박석희, 2006; 조택·송선하, 2010; 최성락·박민정, 2009)에서도 유사한 결과가 나타나고 있다[9].

반면 경영평가가 공공기관의 자율경영, 공공성 추구, 피평가기관의 수검 부담 등에서 한계를 보이고 있다. 공공기관 종사자와 전문가 입장에서 볼 때 경영평가는 공공기관의 자율경영에는 도움이 되지 않았다는 비판이 존재한다(박정수, 2014). 또한 피평가기관 입장에서 볼 때, 경영평가의 수검 부담이 증가하고 수익성 중심의 경영평가로 공익성이 침해받고 있다는 주장도 경청할 필요가 있다(신완선·라영재, 2014). 더불어 정부 정책사업을 경영평가에 반영하는 일관된 기준이 존재하지 않고 경영평가를 앞둔 연말에 경영평가의 기준이 되는 편람을 수정해 정부정책의 이행노력을 평가하고 그 결과를 성과급에 연계하는 행태는 피평가 기관들의 평가 수용성을 떨어뜨릴 수 있다(박정수, 2014).

경영평가의 객관성

경영평가 실적은 기관이 통제할 수 없는 요인에 영향을 받는다?

경영평가를 비롯한 모든 평가의 목적은 평가를 통해 피평가기관의 성과를 제고하는데 있다. 공공기관의 성과는 책임성과 투명성을 바탕으로 효율성과 공공성을 제고시켜 국민고객의 후생을 증대시키는데 있다. 즉 공공기관이 경영평가를 통해 스스로 노력하여 기관의 제반 문제를 해결하거나 가치를 제고시키는 것이 요구된다. 경영평가 실적은 정부가 지향하는 공공기관의 성과로 볼 수 있다.

그러나 앞에서 살펴본 바와 같이 공공기관의 성과(경영평가 실적)에 영향을 미치는 다양한 요인 중 공공기관이 스스로 통제·관리할 수 있는 요인도 존재하지만 그렇지 않은 요인도 존재한다.

정치적 요인인 기관장의 정치적 연결성, 재임기간, 전문성 및 이사회의 독립성은 현재 환경에서 공공기관의 임직원이 쉽게 통제할 수 있는 사항이 아니다[10].

기관의 경제성과 관련된 경제적 요인 중 자산 규모는 경영평가 실적(총점·등급)에 특별한

---

9) 본 단락은 신완선·라영재(2014:141−143)를 참고하였다.
10) 다만, 이사회 의장과 기관장의 분리는 「공공기관의 운영에 관한 법률」에서 대상 기관을 규정하고 있다. 그러나 동법의 대상 기관이 아니더라도 해당 기관이 자체적으로 이사회 의장과 기관장의 분리를 추진하는 것은 논리적으로는 가능하다. 현재까지 실제로 그렇게 추진하는 기관은 보고되지 않고 있다.

영향을 미치지 않는다. 경영평가 실적에 영향을 미치는 부채 비율 및 당기순이익(또는 전년대비 변화)의 경우 여타 요인에 비해 상대적으로 공공기관이 스스로 통제 또는 관리하는 것이 수월하다. 공공기관이 방만 경영을 줄이고 후순위 사업을 억제하는 경우 부채비율을 낮추고 당기순이익을 높일 수 있고, 이것이 경영평가 실적에 긍정적 영향을 줄 수 있다. 산업의 경제성과 관련된 요인은 현재 환경에서 기관이 쉽게 통제할 수 있는 사항이 아니다. 만약 정부가 공공기관에게 해당 산업에서의 리더 역할을 할 수 있도록 경영상 자율성을 현재보다 대폭 확대한다면 사정은 달라질 수 있을 것이다.

기타요인 중 임직원 인원수와 기업연령은 기관이 통제하기 어렵다. 임원수의 경우 정부가 공공기관의 정원을 통제하기 때문이다. 반면 언론 보도의 경우 공공기관이 경영관리에 매진하고 사건·사고 등의 방지에 노력한다면 언론의 부정적 논조를 줄일 수 있다[11]. 이렇듯, 기관 이미지 제고 및 이해관계자에의 신뢰 형성 등을 통해 경영실적 제고에 기여할 수 있다.

공공기관의 경우 경영평가 실적을 높이기 위해 자신이 통제·관리할 수 있는 요인에 집중할 것이다. 부채비율 감소, 당기순이익 증가, 언론 보도 등이 이에 해당한다. 이럴 경우 공공기관은 대내 관리활동중 기업성 제고(부채비율 감소, 당기순이익 증가)에 집중하면서 공공성 제고는 상대적으로 소홀히 할 여지가 존재한다. 또한 공공기관은 언론 보도 활동에 집중하면서 대국민 소통에는 상대적으로 소홀해지는 유인이 발생할 수 있다. 경영평가가 공공기관의 경영활동에서 혹시라도 편중이나 왜곡 현상을 유발하지는 않는지 점검할 필요가 있다.

상이한 성격의 공공기관간 비교·평가를 한다?

그동안 경영평가에 대해 제기되는 문제점 중 하나는 여러 기관의 활동 또는 성격이 상이한데도 같은 유형 내에서 비교·평가한다는 것이다. 이 주장은 같은 것은 같게 취급하고(수평적 형평성) 다른 것은 다르게 취급하자(수직적 형평성)는 형평성에 근거를 두고 있다.

이를테면 현재 공기업, 준정부기관 각각의 유형 내에서 상호 비교가 어렵다고 비판을 받는 공공기관 또는 공공기관의 그룹이 존재하고 있다. 예를 들어 대한석탄공사

---

11) 이 경우에도 각 기관이 긍정적 성과를 올렸지만 언론이 보도하지 않은 경우나, 각 기관이 사건·사고 등 부정적 활동을 벌이더라도 언론이 보도하지 않는다면 경영평가 실적에 영향을 미치지 않을 수 있다는 논리가 성립할 수 있다.

는 공기업으로 지정되었지만 여타 공기업에 비해 제반 여건이 열악하여 경영평가 실적이 구조적으로 저조할 수밖에 없다는 주장을 직·간접적으로 청취할 수 있다. 대한석탄공사와 마찬가지로 공기업 유형인 한국수자원공사를 비교하면 대부분의 요인에서 대한석탄공사가 한국수자원공사보다 불리할 수 있음을 알 수 있다.

계량(양적) 평가가 비계량(질적) 평가보다 중요하다?

많은 공공기관의 경영평가 담당자들은 계량(양적) 평가에서 좋은 성적을 받지 못하면 좋은 등급을 받을 수 없다고 말하는 경향이 있다.

[표 8 – 5]에서 경영관리 실적의 총점 및 등급과 경영관리 비계량, 경영관리 계량, 주요사업 비계량, 주요사업 계량 등간의 피어슨 상관관계를 분석하였다. 계량 합계(경영관리, 주요사업)와 등급간에는 55.7%의 양(+)의 상관관계가 존재하고 비계량 합계(경영관리, 주요사업)와 등급간에는 46.2%의 양(+)의 상관관계가 존재한다. 계량 합계가 비계량 합계보다 등급과의 상관관계가 높다. 반면 총점과의 상관관계는 비계량 합계(74.1%)와 계량 합계(74.1%)가 동일하다.

표 8 - 5 경영평가 항목간 피어슨 상관계수

	등급 환산	총점
등급 환산	1	0.755
총점	0.755	1
경영관리 비계량	0.490	0.727
경영관리 계량	0.730	0.702
경영관리 합계	0.807	0.874
주요사업 비계량	0.196	0.524
주요사업 계량	0.267	0.468
주요사업 합계	0.413	0.718
비계량 합계	0.462	0.741
계량 합계	0.557	0.741

주: 분석 대상 연도는 2005년 실적 대상 2006년 평가부터 2020년 실적 대상 2021년 평가임. 다만 경영관리 비계량, 경영관리 계량 및 경영관리 합계 항목은 2013년 실적 대상 2014년 평가부터 2020년 실적 대상 2021년 평가임. 결측값은 제외하고 분석함. 모든 상관계수는 통계적으로 유의함

등급과의 상관관계는 경영관리 계량(73.0%), 경영관리 비계량(49.0%), 주요사업 계량(26.7%), 주요사업 비계량(19.6%)의 순서로 상관관계가 높다. 총점과의 상관관계는 경영관리 비계량(72.7%), 경영관리 계량(70.2%), 주요사업 비계량(52.4%), 주요사업 계량(46.8%)의 순서로 상관관계가 높다.

참고로 경영관리 합계와 등급 간에는 80.7%의 양(+)의 상관관계가 존재하고, 주요사업 합계와 등급 간에는 41.3%의 양(+)의 상관관계가 존재한다. 경영관리 합계와 등급간 상관관계가 주요사업의 그것보다 약 2배 높은 수준이다. 총점과 경영관리 합계간 상관관계는 87.4%이고 주요사업 합계간 상관관계는 71.8%이다.

[표 8−5]와 같이 피어슨 상관관계 측면에서 살펴보면 공공기관 현장에서 계량이 비계량보다 총점과 등급에서 상관관계가 높다고 말할 근거는 다소 존재한다. 이럴 경우 각 공공기관은 경영평가에서 좋은 점수와 등급을 받기 위해 계량 지표를 보다 쉽게 설정하려는, 즉 계량지표를 비도전적으로 설정할 유인이 존재한다. 또한 계량지표 설정 과정에서 담당 부처는 지표의 도전성을 높이려 하고, 해당 공공기관은 도전성을 낮추려는 줄다리기가 발생할 것이다. 그 과정에서 어떠한 공공기관은 만족스러운 계량 지표를 가질 수 있고 다른 공공기관은 반대의 결과가 나올 수도 있다. 이 과정이 합리적이고 공정하게 진행된다면 평가 지표에 대해 신뢰할 수 있을 것이다. 그러나 박순애(2017: 40)의 주장에 의하면 현재 경영평가 측정지표는 객관성 측면에서 상당한 도전에 처해 있다.

경영평가단의 전문성

어떤 평가제도이든 그 성공은 평가결과에 대해 피평가기관이 어느 정도 수용을 하느냐에 달려 있다. 그러나 평가결과에는 '우수'도 '미흡'도 있게 마련이므로 미흡한 기관으로부터 수용을 이끌어 내기 위해서는 미흡한 이유가 객관적이고 분명해야 한다. 그러나 공공기관이 작성한 경영실적보고서는 자랑스러운 실적으로 가득 차 있다. 그 틈에서 허점을 찾아 기관의 문제점을 밝혀내고 그 결과에 승복을 받기 위해서는 무엇이 필요한가?(박진, 2015: 335)

바로 평가자의 전문성이다. 그런데 경영평가단의 전문성은 현재 근본적인 도전에 직면하고 있다는 주장(박순애, 2017: 40)이 있다. 평가단에는 전문성을 가진 평가위원도 있고 전문성이 다소 부족한 평가위원도 존재할 수 있다. 그런데 전문성을 가진 평가위원의 경우 공공기관 경영평가 말고도 다수의 평가를 의뢰받는 경향이 있다. 이때 평가단의 업무 부담이 여타 평가에 비해 상대적으로 과중한 편이어서 전문성을 가진 평가위원은 꼭 공공기관 경영평가를 수행할 유인이 크지 않을 것이다.

그리고 전문성을 가진 평가위원이 경영평가에서 기관의 실적과 보고서를 지적하는 내용은 공공기관 입장에서 잘 회자되지 않을 것이다. 반면 전문성이 없는 평가위원의 사례는 상대적으로 공공기관으로부터 지적되기 쉽다. 엉뚱한 질문으로 무지와 준비 부족을 드러내거나 준비가 부족한 경우 실수를 피하기 위한 방법으로 지적보다는 주로 덕담을 하는 평가위원이 이에 해당할 수 있다(박진, 2015: 336).

또한 평가자별로 전문성의 편차가 존재하여 전문성이 높은 평가자에게 평가를 받는 기관은 그렇지 않은 기관에 비해 상대적으로 손해를 본다는 의견도 공공기관 경영평가 담당자로부터 곧잘 청취할 수 있다.

평가자별 전문성의 편차를 가늠할 수 있는 다양한 요인이 있겠지만 여기서는 수치로 가시화하기 용이한 계량 평가와 관련하여 살펴보고자 한다. 계량 평가의 경우 평가위원은 기관이 제시한 계량 점수의 진실성과 평가편람에의 부합성 등을 판단하여 점수를 부과한다. 이때 계량 평가는 기획재정부가 사전에 공공기관에게 제공한 편람에서 규정한 세부 지침에 따라 진행되지만 세부 지침이 평가와 관련된 모든 것을 규정할 수 없다. 이 때문에 세부 지침에 규정되어 있지 않은 사항은 평가위원의 전문성으로 메꾸어야 한다. 즉 평가위원의 전문성이 높다면 각 기관이 제시한 계량 관련 증빙자료에서 빈틈을 찾아 기관이 제시한 계량 점수를 감점할 수 있는 확률이 높아진다[12].

[표 8-6]에는 2015년 실적에 대해 공기업과 준정부기관(기금관리·위탁집행)의 기관제시 점수와 평가단의 인정점수간 차이를 100점 만점으로 환산하여 제시하였다. 경영관리 계량과 주요사업 계량에서 평가단은 각각 100점만점 대비 각각 평균 0.5점과 0.4점을 감점하였다. 다소 저조한 수준이라고 할 수 있다. 한편 감점이 가장 큰 최대값의 경우 경영관리 계량에서는 13.0점, 주요사업 계량에서는 11.6점을 감점하였다. 다수의 평가위원 또는 평가팀은 기관이 제시한 점수를 특별한 감점없이 인정한 반면, 일부 평가위원 또는 평가팀은 기관이 제시한 점수에서 불합리한 사항을 발견하여 대규모 점수를 감점하였음을 의미한다. 평가위원 또는 평가팀별 전문성에서 차이가 존재할 수 있음을 알 수 있다[13].

----

12) 주요사업 계량의 경우 외형상으로는 계량(양적) 평가이지만 동시에 비계량(질적) 평가의 요소를 가지고 있어서 고도의 전문성이 요구된다. 해당 주요사업의 비계량(질적)적 특징인 계획, 실행, 성과, 환류에 대해 충분히 이해한 상태에서 계량(양적) 평가를 진행해야 하기 때문이다.

| 표 8-6 | 계량평가에서 기관이 제시한 점수 대비 평가단이 인정한 점수 |

			공기업1	공기업2	기금관리 준정부기관	위탁집행 준정부기관	평균
경영 관리 계량	기관제시점수 평균(A)		81.8	86.9	88.1	90.4	87.4
	평가단 인정점수 평균(B)		81.5	86.5	88.1	89.5	86.9
	차이 (B−A)	평균	△0.3	△0.4	0.0	△0.9	△0.5
		최대값[1]	△5.9	△5.3	△4.6	△13.0	△13.0
주요 사업 계량	기관제시점수 평균(A)		75.0	76.8	84.1	79.6	78.9
	평가단 인정점수 평균(B)		75.0	74.9	83.3	80.8	78.5
	차이 (B−A)	평균	0.0	△1.9	△0.8	+1.2[2]	△0.4
		최대값[1]	△0.3	△11.6	△6.4	△1.8	△11.6

분석 대상 연도: 2015년 실적 대상 2016년 평가
주1: 기관제시점수보다 평가단 인정점수가 낮은 경우 중 (절대값 기준으로) 최대값을 의미함
주2: 실제 평가 도중 기관간 일관성 유지 등의 과정에서 평가단 인정점수가 기관제시 점수보다 높아질 수 있음
＊계량 점수를 100점 만점으로 환산함

경영평가를 대하는 피평가기관의 진정성

경영평가의 목적은 공공기관의 효율성, 공공성 등 기관의 성과를 제고함에 있다. 즉 경영평가단이 제기한 사항이 실제 경영에 환류되어 개선의 여지가 있는 것은 고치고 좋은 것은 더 좋게 만드는데 있다. 그러나 실제로는 경영평가를 일회성 평가 또는 성과급 확보를 위한 수단으로 고려하면서도 경영활동의 개선에 활용하려고 노력하는 기관은 많지 않다고 평가되고 있다(기획재정부 2014년 경영실적평가보고서).

---

13) 물론 이 경우 평가위원의 전문성 외에 각 기관이 제시하는 계량 점수의 논거에 강약 차이가 있거나 단순 오류, 논리적 쟁점 등 다양한 사정이 존재할 수 있다. 따라서 평가위원의 전문성 외에 여타 사정이 개입될 여지는 존재한다.

기관이 경영평가를 기관 전체의 문제라기보다는 경영평가 전담팀의 숙제로 한정하여 생각하는 경향이 강하기 때문으로 여겨진다. 상당수 기관은 경영실적 보고서를 작성할 때 모든 부서가 관련 부분을 작성하는 것이 아니라 경영평가 전담팀이 보고서를 주도하여 작성한다[14]. 이 경우 기관의 각 부서장은 경영평가단의 실사를 얼마 남기지 않은 시점에서 경영평가 전담팀이 주도하여 작성한 보고서를 최초로 접하고 실사에 대비하여 학습하는 경우도 존재한다.

피평가기관은 이전년도의 경영평가에서 지적받은 사항을 개선하여 그 결과를 보고하고 있다. 통상 공공기관은 경영실적보고서에 해당 지적사항을 어떻게 개선했는지 기재하고 있다[15]. 그러나 일부 기관의 경우 이전년도 경영평가에서 지적된 사항을 시정하지 않거나 실제 시정 내용과 보고서에 기재된 사항이 일치하지 않는 경우가 있다.

표 8-7 경영평가 실적보고서(증빙자료 포함)의 오류 또는 허위 사례

- a공사의 경우 주요사업 계량지표 중 관련 사업의 수혜자인 민간 기업의 매출액 증가율을 검토하는 항목이 있다. 영세 중소기업의 경우 매출액의 증빙자료로서 외부 감사인의 감사를 거친 재무제표가 없기 때문에 (세금)계산서를 예외적인 증빙자료로 활용한다. 이때 평가 편람의 취지에 부합하지 않는 (세금)계산서가 포함된 경우가 있었다.
- H공단은 주요사업에서 성과를 거양했음을 알리기 위해 경영실적 보고서에 해외 기관으로부터 수여받은 상장을 제시하였다. 그러나 평가위원이 확인한 결과 상장을 주었다는 해외 기관의 공식 주소지에 해당 해외기관은 존재하지 않았다.

일부 기관의 경우 경영평가단의 실사 과정에서 실적보고서 또는 증빙자료에 허위가 발견되는 경우가 있다. 각 기관이 작성한 경영평가 실적보고서 및 증빙자료의 신뢰성을 꼼꼼히 점검할 필요가 있다. 현재 경영평가단의 평가 일정[16]과 현장실사 시

---

14) 각 기관이 기획재정부에 제출하는 경영실적 보고서를 기관 스스로 작성하지 않고 대규모 예산을 들여 외부 기관에 의뢰하는 경우도 존재한다.

15) 그러나 해당 지적과 관련하여 보고서에 기재된 사항의 사실 여부 또는 실제 이행 정도 등을 평가위원이 현장 점검 등을 통해 확인하는 것은 일정 제약상 쉽지 않을 것이다.

16) 2020년 실적에 대한 2021년 경영평가의 경우 경영평가단 평가위원 위촉(2021년 3월 6일)부터 공공기관운영위원회 심의의결(2021년 6월 18일)까지 약 3.5개월이 소요되었다. 이 기간 중 평가위원이 각 기관의 실적보고서를 접수하여 서면평가를 시작(3월 11일)하고 (중간)평가보고서 작성을 마감(5월

간[17]이 충분하지 않은 것을 고려할 때 높은 전문성을 가진 평가위원이 아닌 경우에는 기관의 오류 또는 허위를 찾아내는 것은 쉽지가 않다[18].

·····································

10일)하기 까지의 기간은 약 60일이다(기획재정부 2020년 경영실적평가보고서). 평가위원 개인당 평균 10개 내외의 기관을 담당하기 때문에 각 평가위원이 1개 기관에 대한 분석 · 평가를 마치고 그 결과를 보고서로 작성하는데 주어지는 시간은 6일에 불과하다.

17) 통상 한 개 기관 당 현장실사를 진행하는데 반일(오전 또는 오후) 정도가 소요된다.

18) 평가위원은 감점의 정도를 판단하는데 참고하기 위해 해당 오류 또는 허위의 고의성 여부를 판정하려 할 것이다. 그러나 현재의 제반 평가 환경 등을 고려할 때 고의 또는 과실 여부를 객관적으로 판단하는 것은 쉽지 않을 것이다.

공공기관의 인사 · 조직 · 재무 관리 및 노사관계

여기서는 공공기관 내부에서의 주요 경영관리 사항인 인사관리, 노사관계, 조직관리, 재무관리의 중요 사항을 학습한다.

이들은 ○○관리 또는 ○○행정으로 불릴 수 있다. ○○행정과 ○○관리는 공통점과 차이점이 공존한다. 예를 들어 인사행정과 인사관리는 조직의 목표 달성을 위해 조직내 인적 자원을 효율적으로 운용한다는 점에서 그 기능이 동일하다. 그러나 인사행정은 공공성을 지향하고, 인사관리는 기업성을 지향하는 점에서 지향하는 바가 상이하다. 따라서, 공공기관은 ○○행정으로 명명(命名)하고 사기업은 ○○관리로 명명하는 것이 원칙이다. 이 책은 공공기관 현장의 관행, 「공공기관의 운영에 관한 법률」에서 규정한 용어 및 기존 저서의 전통을 좇아 ○○관리라고 칭하나 내용은 ○○행정의 관점에서 서술한다.

공공기관의 인사관리

임직원의 신분과 권한 · 의무

공공기관 임직원은 기관의 인사규정의 적용을 받는 근로자(노동자)이다1). 공공기관의 임직원은 「국가공무원법」 또는 「지방공무원법」의 적용을 받는 공무원이 아니다.

공공기관 임직원은 다양한 권한을 갖는다. 첫째, 임금 우선권을 갖는다. 공공기관이 파산을 하더라도 임직원의 임금은 우선 보전된다. 둘째, 정보권을 갖는다. 조직운영에 대한 정보의 생산·열람 및 조직이 자기 자신에 대해 생산한 정보에 대한 열람을 권한 내에서 가질 수 있다. 셋째, 단체 교섭권을 갖는다. 근로자가 노동조합을 통하여 사용자와 근로조건의 유지·개선에 관하여 교섭하는 권리를 말한다. 넷째, 내부 보상권을 갖는다. 임직원의 권한이 침해될 경우 이를 구제받거나 배상·보상받을 수 있는 권리이다. 한편, 공공기관 임직원에게 이사회 참여권, 연금 관리권, 이익 참여권 등의 권한은 제공되지 않는다.

공공기관 임직원은 공공기관 내부의 인사규정 등에 의하여 다양한 의무를 준수할 것이 요구된다. 대부분 공공기관이 공통적으로 규정하는 의무는 성실 의무, 복종 의무, 친절공정 의무, 비밀엄수 의무, 청렴 의무, 품위유지 의무 이다. 이들은 「국가공무원법」 및 「지방공무원법」이 규정하는 공무원의 의무를 준용한 것이다.

공공기관 인사관리의 이해

공공기관 인사관리는 원칙에 의해 시행된다. 정부가 해당 원칙(예: 공기업·준정부기관의 인사운영에 관한 지침)을 제정하고, 공공기관은 해당 원칙(지침)을 준수하는 방식이다. 공공기관 인사관리의 원칙은 다음과 같다. 첫째, 공공기관 인사운영 전반은 법령 및 지침 등에서 정하는 바에 따라 공정하고 투명하게 운영한다. 둘째, 공공기관은 임직원의 직무수행능력 향상과 자기개발을 위해 교육훈련 등 다양한 노력을 기울인다. 셋째, 공공기관은 국가유공자, 장애인 등 사회적 약자에 대한 형평성 제고를 위해 그들에 대한 고용기회 확대 및 인력의 효율적 활용을 위해 노력해야 한다.

공공기관 임원 인사의 경우, 임원 선임시 소극적 요건과 적극적 요건을 만족해야 한다. 소극적 요건은 임원이 될 수 없는 결격사유에 대한 것이고, 적극적 요건은 임원의 직무수행에 필요한 직무수행 요건과 자격에 대한 것이다. 공공기관 임직원은 자신

----

1) 일부 정부부처 소속 공공기관 또는 지방 직영기업에 종사하는 임직원은 각각 「국가공무원법」 및 「지방공무원법」에 따른 국가공무원 또는 지방공무원이다. 이들은 외관상 공공기관 종사자로 보이지만 실제로는 공무원에 해당하므로 이 책의 논의 대상이 아니다.

의 비위에 대해 수사 또는 조사가 진행중일 경우 자신의 뜻에 의해 사임(의원 면직)할 수 없도록 제한하고 있다. 이는 공공기관의 공공성 제고를 위한 조치이다.

공공기관 직원 인사의 경우, 인사운영의 공정성과 투명성을 위해 공공기관 내에 인사위원회를 설치 운영하고, 사전에 수립된 채용계획 및 채용원칙에 따라 채용을 실시해야 한다. 직원의 보직관리는 개인의 희망·전문성·경력을 종합적으로 고려하여 당사자의 경력 개발에 도움이 되도록 시행한다. 승진·전보 및 포상·징계는 공정하고 객관적으로 실시한다. 이를 위해 사전에 정해진 원칙에 따라 시행하고, 기관장 등 일부 인사가 아닌 복수의 인사로 구성된 위원회에서 결정하는 것이 바람직하다. 공공기관은 직원의 성과를 공정하고 객관적으로 측정하여 기관의 경영목표 달성에 기여할 수 있는 성과관리 체계를 구축·운영해야 한다. 직원도 임원과 마찬가지로 비위가 발생시에는 의원 면직에 제한될 수 있다.

공공기관은 사회적 약자에 대한 고용기회 확대를 의무적으로 시행해야 한다. 예를 들어, 「청년고용촉진특별법」에 의해 청년 고용이 공공기관 정원의 일정비율(예: 3%)이 되어야 하고, 「장애인고용촉진 및 직업재활법」에 의해 상시 근로자의 일정비율(예: 3.4%) 인원을 장애인으로 선발하도록 되어 있다.

임직원의 보수와 임금피크제

임직원의 보수는 기본급와 성과급으로 구성되어 있다. 기본급은 근속급과 직무급으로 구분할 수 있다[2]. 근속급은 임직원의 생활보장을 위해 지급하는 보수이다. 연령 또는 근속연수가 높은 임직원이 그렇지 않은 임직원보다 대체로 생활보장의 필요성이 높기에 연공서열 원칙이 적용된다. 직무급은 임직원이 수행하는 업무의 가치에 상응하는 보수이다. 연령 또는 근속연수와 상관없이 임직원이 수행하는 업무의 난이도 또는 책임도가 높으면 높은 보수를 받고 그렇지 않으면 낮은 보수를 받는다. 한편, 성과급은 임직원이 달성한 성과에 따라 지급하는 보수이다.

임직원의 보수는 절차적으로 공공기관의 이사회에서 결정된다. 그러나 공공기관

---

2) 기본급은 근속급, 직무급 외에 직능급을 추가하여 3가지로 구분할 수 있다. 직능급은 직무를 수행하는 임직원의 능력에 따라 보수를 지급하는 것이다. 이론적으로는 근속급과 직무급을 결합한 형태로 바람직할 수 있다. 그러나 임직원의 능력을 객관화하기 어려운 현실을 고려할 때 직능급은 근속급의 변형된 형태로 변질될 수도 있다.

은 정부가 정한 공공기관의 예산지침에 따라 예산을 편성하고 집행하게끔 되어 있다. 따라서, 임직원의 보수는 내용적으로 해당 예산지침 한도 내에서 이사회의 권한에 의해 결정된다.

임금피크제는 근로자가 일정 연령에 도달한 이후 근로자의 고용을 보장(정년보장 또는 정년 후 고용연장)하는 것을 조건으로 근로자의 임금을 조정하는 제도이다[3]. 쉽게 이해하자면 정년보장(또는 정년연장)과 임금삭감을 맞교환하는 제도라고 할 수 있다. 정부가 2015년 '공공기관 임금피크제 권고안'을 제시하며 공공기관에서 본격적으로 추진되었다. 임금피크제 도입 시 기대효과로는 고용안정, 기업의 인건비 부담 완화, 고령인력 활용, 인사적체 해소, 노동력부족 문제 해결, 사회보장 비용부담 완화 등을 들 수 있다. 그러나 문제점으로 조직의 활력 저하, 임금축소에 따른 동기부여 곤란 및 이로 인한 비위행위 발생 우려, 고령자의 생산성 저하 등이 있을 수 있다.

공공기관의 노사관계

노사관계의 이해

노사관계는 대립적 시각과 협력적 시각으로 구분할 수 있다(원구환 2018; 이상철 2018). 대립적 시각은 강자인 사용자가 약자인 근로자의 노동을 근로 대가(보수) 이상으로 사용한다고 가정한다. 약자인 근로자를 보호하기 위해 민주주의 국가는 근로자에게 노동3권(단결권, 단체교섭권, 단체행동권)을 부여한다. 우리 「헌법」도 근로자의 노동3권을 보장하고 있다. 한편, 공무원은 「헌법」 및 「공무원의 노동조합설립 및 운영 등에 관한 법률」에 의해 노동2권(단결권, 단체교섭권)이 보장되고, 단체행동권은 보장되지 않는다.

반면, 협력적 시각은 근로자와 사용자는 공동의 이익을 위해 협력할 수 있다고 가정한다. 근로자가 기업의 자본(seed money) 투자자로서 참여하고, 경영활동에 참여하며, 이익도 공유하는 등 사용자와 협력하는 제반 프로그램(예: 우리 사주, 노동자 대표제 등)

....

3) 본 단락은 두산백과를 참고하였다.

이 이에 해당한다.

공공기관의 노사관계: 노동3권과 노사협의회

대립적 시각에서 공공기관의 노사관계를 살펴보면, 공공기관은 정부부처로부터 독립된 별도의 법인이므로 사기업의 근로자와 마찬가지로 노동3권이 인정된다[4]. 이는 공무원에게 보장된 노동2권에 비해 노동권한이 확대된 것이다. 그러나 「노동조합 및 노동관계조정법」에서 규정한 공익사업의 특례에 따라 노동3권 중 단체행동권을 행사하는 것은 쉽지 않다. 특히, 전기, 가스, 수도, 철도는 필수 공익사업에 해당하므로 여타 사업에 비해 조정 기간이 길며 중재가 허용된다. 「노동조합 및 노동관계 조정법」에 의해 근로자는 자유로이 노동조합을 조직하거나 이에 가입할 수 있다. 따라서, 공공기관 근로자는 하나의 노동조합을 조직할 수도 있고, 복수의 노동조합을 조직할 수도 있다. 또한, 근로자는 노동조합에의 가입 여부 및 어떠한 노동조합에 가입할지의 선택을 자유롭게 할 수 있다. 이를 제한하는 것은 위법에 해당한다.

협력적 시각에서 공공기관의 노사관계를 살펴보면, 공공기관 내 「근로자 참여 및 협력증진에 관한 법률」에 의한 노사협의회를 설치해야 한다. 노사협의회는 근로자와 사용자가 참여와 협력을 통하여 근로자의 복지증진과 기업의 건전한 발전을 도모하기 위하여 구성하는 협의기구이다. 노사협의회는 근로자와 사용자를 대표하는 같은 수의 위원으로 구성하고, 매 3개월마다 정기적으로 협의회를 개최한다. 노사협의회에서 근로자의 채용·배치 및 교육훈련, 생산성 향상과 성과 배분, 근로자의 고충처리, 인사노무관리의 제도 개선, 작업 수칙의 제·개정 등을 협의한다.

공공기관 노동 이사제[5]

노동 이사제는 이사회에 근로자(노동자) 대표들이 참여하여 조직의 중요한 의사결정을 경영진과 함께 하는 것을 말한다. 노동 이사제는 기관 내부의 다양한 정보를 가지면서 근로자의 대표로서 권위를 갖는 인사를 공공기관의 이사회에 참여할 수 있게 하

---

4) 본 단락은 원구환(2018)을 참고하였다.
5) 본 사항은 김재환(2019)을 참고하였다.

여, 경영책임자에 대한 견제와 감시기능을 높이고 자율경영 및 책임경영 체제의 확립에 기여할 수 있다는 의견에 바탕을 두고 있다.

　　노동 이사제는 독일, 프랑스, 스웨덴 등 유럽 19개국에서 도입하여 운용하고 있는 제도로서 유럽 국가들에서 주로 운용되고 있다. 한국에서는 서울시가 「서울특별시 근로자 이사제 운영에 관한 조례」를 제정(2016년)하여 서울시 투자·출연기관에 노동 이사제를 도입한 이래 광주광역시, 인천광역시, 경상남도, 경기도, 울산광역시 등에서도 노동 이사제를 도입하였다.[6]

　　2022년 1월 「공공기관의 운영에 관한 법률」 개정으로 노동이사제에 대한 법적 근거가 마련되었다. 공공기관의 노동 이사제에 대해 찬성 견해와 반대 견해가 존재한다[7].

공공기관의 조직관리

공공기관 조직관리의 이해

　　공공기관 조직관리는 인사관리와 마찬가지로 정부가 정한 원칙(예: 공공기관의 조직과 정원에 관한 지침)에 의해 시행된다. 공공기관 조직관리의 원칙은 다음과 같다. 첫째, 공공기관의 조직과 인력은 다른 공공기관의 조직과 기능상의 중복이 없어야 하며 국민에게

----

6) 노동이사제에 대한 법적 근거가 마련되기 전에는 노동이사제의 대안으로 근로자 대표의 이사회 참관제가 시행되었다.
7) 공공기관의 노동 이사제를 찬성하는 견해는 다음과 같다. 첫째, 근로자(노동자)들이 대표를 뽑아 이사회에 참석하여 의사결정을 공동으로 하는 경우에는 노동 이사가 의사결정에 참여한 결과에 대한 책임을 공유할 수 있다. 둘째, 노동 이사제를 도입한 경우에는 이사회나 경영진이 의사결정에서 근로자(노동자)들이 우려하거나 예민하게 생각하는 문제를 보다 신중하게 다룰 수 있게 하여 의사결정의 질을 높일 수 있다. 셋째, 공공기관의 의사결정구조를 '이해관계자 참여형' 구조로 개선함으로써 내부적인 경영감시 기능을 강화하고, 공공기관의 경영 투명성 및 책임성을 확보하는 데에도 도움이 될 수 있다. 공공기관의 노동 이사제를 반대하는 견해는 다음과 같다. 첫째, 의무적으로 노동자 대표를 비상임 이사로 포함시킬 경우 이사회의 정치적 중립성 여부 등의 문제로 논란이 발생할 수 있다. 둘째, 노동 이사제를 도입할 경우 국민 전체 또는 공공기관보다 근로자를 우선시하는 등 공공기관의 경영효율성을 저하시킬 수 있다. 셋째, 노동자 대표가 공공기관의 비밀정보를 외부에 누설할 가능성이 있다(김재환 2019).

필수적인 서비스를 제공하는 핵심사업 분야에 중점 배분되는 등 종합적이고 체계적으로 편성되어야 한다. 둘째, 공공기관의 장은 조직과 정원을 운영함에 있어 그 업무의 성질과 양에 따라 업무수행을 위한 적정 규모가 유지되도록 하여야 하며 원칙적으로 정원과 현원을 일치시켜야 한다. 셋째, 행정기관의 기능과 업무가 변경되는 경우 소관 공공기관의 장은 업무량 변동, 자산 매각 등의 사항을 유의하여 조직과 정원을 조정하여야 한다. 넷째, 군입대 휴직자 및 육아휴직자에 대한 결원 보충을 규정하고 있다.

공공기관은 조직 및 경영진단을 효율적으로 실시해야 한다. 첫째, 공공기관은 당해 기관의 조직구조·기능·인력에 대해 과학적이고 전문적인 경영진단을 실시하는 등 조직과 기능의 합리적 운영을 위해 노력하여야 한다. 둘째, 공공기관은 경영진단 결과에 따라 기능개편, 업무프로세스 개선 등을 위해 노력해야 하며, 불필요한 인력을 감축하는 등 조직·인력 운영을 효율화하여야 한다.

공공기관은 출자회사를 설립할 수 있다. 이를 위해 공공기관은 내부적으로 출자회사 설립의 타당성을 검토한다. 타당성이 인정될 경우 이사회의 심의·의결을 거쳐 출자 여부를 결정한다. 이후, 주무부처 및 기획재정부와 협의하여 인정되면 출자회사 설립이 가능하다. 공공기관은 출자회사의 성과 제고를 위해 노력해야 하며, 출자회사 관리업무를 규정한 내부 지침을 마련하여야 한다. 이는 공공기관의 불필요한 출자회사 설립을 방지하고 꼭 필요한 기관만을 설립하여 효율적으로 운영하기 위함이다.

공공기관의 정원관리

공공기관은 임직원의 정원을 관리해야 한다. 공공기관의 인력 증원은 불가피한 경우를 제외하고는 정부가 미리 정한 증원한도 내에서 기관이 결정한 소요를 다음연도 증원계획에 먼저 반영한 후 예산의 범위 내에서 추진한다. 임금인상 등 처우개선이나 상위직 증원을 목적으로 하는 새로운 직급의 신설이나 유사직급의 운영은 원칙적으로 금지하고, 조직·인력을 확대하고자 하는 경우에는 반드시 이사회의 의결을 거친 후 시행한다. 공공기관이 정부와 증원 협의시 공공기관의 기능이 축소·변경된 업무의 인력은 감축 또는 재배치하고, 필수·핵심역량 위주로 증원하도록 협의한다.

공공기관은 중기인력운영계획을 수립해야 한다. 중장기 경영목표, 업무소요의 변화, 대국민 서비스 증진 등을 고려하여 매년 당해 연도를 포함한 3년 단위의 중기인력운영계획을 수립하는 것이다.

공공기관은 탄력정원을 운영할 수 있다. 탄력정원은 정책적인 특별소요가 발생한 경우와 존속기간이 정해진 새로운 사업의 추진 또는 한시적으로 발생하는 수요에 대응하기 위하여 필요한 경우 한시적으로 운영하는 정원을 말한다. 불필요한 탄력정원의 활용을 방지하기 위하여 탄력정원은 사업의 종료 등으로 그 존속기간이 경과한 때에 자동적으로 폐지된다.

공공기관의 조직 형태

공공기관은 정부부처 또는 사기업과 마찬가지로 다양한 조직 형태를 가질 수 있다. 첫째, 기능별 조직이다. 전통적인 조직 형태로서, 인사, 조직, 재무, 고객 등 조직의 기능에 따라 부서를 분류하는 것이다. 둘째, 사업별 조직이다. 제품별 사업, 거래처별 사업, 지역별 사업으로 조직을 구분할 수 있다. 사업을 기능별로 구분할 경우, 기능별 조직과 사업별 조직은 동일하게 된다. 셋째, 팀별 조직이다. 이는 급변하는 환경에 대응하여 조직 내 필요한 부서를 팀 단위로 구성하는 것이다. 조직의 유연성 제고에 기여할 수 있다. 팀별 조직이 기관이 일시적으로 추진하는 프로젝트에 따라 구성될 경우 팀별 조직은 프로젝트 조직과 동일하게 된다.

공공기관은 대체로 기능별 조직과 사업별 조직을 기본으로 하되 팀별 조직을 추가하는 형태로 조직을 구성한다. 기능별 조직과 사업별 조직은 공공기관에게 부여된 변화되지 않는 본연의 임무를 수행하는데 적절하다. 한편, 팀별 조직은 정부의 정책기조 또는 공공기관 정책에 변경이 있어 공공기관이 이에 적응할 필요가 있을 때 적절하게 활용될 수 있다.

공공기관의 재무관리

공공기관의 예산관리

예산의 정의는 다양하다. 그러나 공공기관의 재무관리에서 말하는 예산은 자금의 사용계획을 말한다. 공공기관이 운용하는 자금 중 상당 비중은 국민의 세금 등으로 마련되어 정부가 지원하는 출자금, 보조금 등으로 구성된다. 따라서 공공기관은 예산을 효율적으로 운용할 필요가 있고, 정부와 공공기관은 이를 위해 다양한 예산제도를 마련하였다.

우선, 공공기관은 중장기 재무관리계획을 수립한다. 이는 중앙부처의 중기재정계획(국가재정운용계획)에 대비되는 것이다. 다만, 모든 공공기관이 중장기 재무관리계획을 수립하는 것은 아니다. 자산규모 2조원 이상의 대규모 공공기관, 설립 근거 법률에 정부가 해당 공공기관의 손실을 보전하게끔 규정되어 있는 공공기관 등이 의무적으로 수립한다. 중장기 재무관리계획에는 당해 연도를 포함한 5년 이상의 회계연도에 대해 경영목표, 사업계획 및 투자방향, 재무 전망의 근거, 부채 관리계획, 전년도 중장기 재무관리계획 대비 변동사항 등이 포함된다.

공공기관의 기관장은 자체적으로 수립한 경영목표와 정부의 경영지침에 따라 다음 회계연도(1월~12월)의 예산안을 편성하여 이사회에 제출한다. 이사회는 기관장이 제출한 예산안을 검토·심의하여 이사회의 의결로 확정한다. 기관장이 예산안을 편성하고 이사회가 예산안을 심의·확정할 때 완전한 재량을 가지는 것은 아니다. 기관장과 이사회는 정부의 예산편성지침을 따르는 범위 내에서 자율성을 가질 수 있다. 이는 공공기관의 공공성과 책임성을 고려한 조치이다.

공공기관의 회계관리

회계의 정의는 다양하다. 그러나 공공기관의 재무관리에서 말하는 회계는 확정된 예산의 집행, 회계정보 및 결산을 의미한다.

공공기관의 자금은 편성된 예산대로 집행하는 것이 원칙이다. 예를 들어, 사업1에 편성된 자금을 사업2에서 사용하는 것을 금지하는 원칙이다. 이는 계획대로 자금을 집행한다는 장점은 있지만 환경 변화에 탄력적으로 대응하지 못하는 단점이 존재한다. 이를 극복하기 위해 공공기관은 제한된 범위 내에서 자금을 전용(transfer)할 수 있다. 전용이 폭넓게 인정되면 탄력적 자금집행에는 유리하지만 계획이 무용화되거나 자의적인 자금집행이 발생할 수도 있다. 전용의 범위는 정부의 예산지침에 규정되어 있다.

회계정보는 발생주의 회계방식으로 생산된다[8]. 과거 공공기관은 현금주의 회계

방식으로 회계정보를 제공했으나, 현재는 발생주의 회계방식으로 회계정보를 제공한다. 공공기관의 유형에 따라 발생주의 회계정보를 제공하는 방식은 다소 상이하다. 공기업과 준정부기관의 경우 한국채택 국제회계기준(K-IFRS) 방식을 적용하고, 기타공공기관은 종전 기업회계기준(K-GAAP) 방식을 적용한다9). 정부는 향후 기타공공기관을 포함한 모든 공공기관이 한국채택 국제회계기준(K-IFRS) 방식을 적용하게끔 하는 계획을 가지고 있다.

공공기관은 회계연도가 종료되어 당해연도 예산집행이 마감되면 결산서를 작성한다. 공공기관은 결산서를 회계법인 등 외부 회계감사인에게 제공하여 회계감사를 받아야 한다. 이는 독립적인 제3의 회계전문가가 공공기관이 작성한 회계정보가, 준거가 되는 회계기준(한국채택 국제회계기준 또는 종전 기업회계기준)에 적합한지 확인하는 것이다. 이를 통해, 혹시라도 발생할 수 있는 공공기관의 자의적인 회계처리 또는 오류를 바로잡는 등 객관적인 회계정보를 회계정보 이용자에게 제공할 수 있다. 외부 회계감사인의 감사를 마친 결산서는 정부를 거쳐 감사원에게 제출된다. 감사원은 공공기관의 결산서를 「감사원법」에 의해 회계검사하고 그 결과를 기획재정부장관에게 제출한다. 기획재정부장관은 감사원의 회계검사 결과를 국회에 제출한다. 국회가 공공기관의 결산서를 심의·승인하면 결산은 종료된다. 국회는 공공기관의 결산 심의과정에서 문제가 되는 사항을 감사원에 감사 청구할 수 있다.

----

8) 발생주의 회계는 경제적 사건이 발생하는 시점에 거래를 인식한다. 발생주의 회계에 대응되는 회계 방식은 현금주의 회계이다. 현금주의 회계는 현금의 인출 시점에 거래를 인식한다. 예를 들어, A공공기관이 B건설사와 계약하고, B건설사는 100억원 가치의 도로를 완공하였으나, 사정상 A공공기관이 해당 금액을 A건설사에게 지출하지 않은 경우를 가정하자. 발생주의 회계에 의하면 A공공기관이 현금을 지출하지 않았더라도 100억원은 A공공기관이 B건설사에게 지급해야 하는 의무이다. 따라서, 100억원은 A공공기관의 부채로 인식된다. 그러나 현금주의 회계에 의하면 현금의 지출이 없기에 A공공기관은 어떠한 거래도 인식하지 않는다. 즉, 경제적 실체를 있는 그대로 인식하여 제공하는 회계정보는 발생주의 회계이다.

9) 종전 기업회계기준은 한국의 회계기준위원회가 제정하여 2010년까지 적용된 기업회계기준이다. 한국 채택 국제회계기준이 적용되기 시작한 2011년 이전까지의 기업회계기준을 의미한다. 국제회계기준 (IFRS: International Financial Reporting Standards)은, 자본시장의 세계화 추세에 따라 전세계적으로 단일기준으로 작성된 신뢰성 있는 재무정보의 요구가 증대된 것에 부응하여, 국제회계기준위원회가 제정한 국제회계기준서(standards) 및 국제회계기준해석서(interpretations)를 통칭한다. 한국채택 국제회계기준은 회계기준위원회가 국제회계기준(IFRS)을 근거로 제정한 회계기준을 말한다.

제 4 편

공공기관 정책의 경제적 접근

10장 공공기관과 협력업체의 동반성장

11장 공공기관 민영화

12장 주식시장에 상장된 공공기관

공공기관과 협력업체의 동반성장

최근 대기업과 협력업체간의 상생 또는 동반성장을 위한 다양한 정책이 제기되고 있다. 그러나 사기업(대기업)과 협력업체에 대한 연구 및 정책은 다양하지만, 공공기관과 협력업체에 대한 연구1) 및 정책2)은 상대적으로 많지 않다. 즉, 공공기관이 중소협력업체와 상생하고 있는지, 관련된 문제점이 무엇인지에 대한 현황 파악이 충분하지 않은 것이 현실이다.

----

1) 공공기관의 협력업체에 대한 본격적인 분석은 아니지만 동반성장의 관점에서 개괄적으로 분석하거나 일부 산업의 사례를 분석한 연구는 다음과 같다(저자 가나다순). 관심있는 독자는 참고하기 바란다.
- 박석희, 최정열, 김태훈. (2014). 공공기관들의 동반성장 사례 분석 및 시사점. 「한국정책학회 하계학술발표논문집」, 2014(1): 75−94.
- 윤태범. (2015). 연구논문: 공공기관 동반성장의 가치와 전략: 물산업을 중심으로. 「저널 물 정책·경제」, 24: 93−109.
- 이명환, 라영재, 윤태범. (2013). 「공공기관 동반성장 평가 방법론 및 모델 개발」. 산업통상자원부 정책연구보고서.
- 최진이, 강윤호. (2014). 한국가스공사와 조선해양플랜트산업 간 동반성장. 「한국지방정부학회 학술발표논문집」, 2014(4): 217−237.
2) 정부는 「대·중소기업 상생협력 촉진에 관한 법률」 제19조에 근거하여 「공공기관의 운영에 관한 법률」에서 정한 공공기관 중 대통령령으로 정하는 기관(약 50~60개)은 매년 중소기업 지원계획과 추진실적을 작성하여 중소벤처기업부장관에게 제출하게 되어 있다. 또한 중소벤처기업부장관은 해당 공공기관이 제출한 중소기업 지원계획과 추진실적을 평가하고 그 결과를 기재부장관에게 통보하며, 기재부장관은 그 결과를 공공기관 경영평가에 반영하고 있다. 즉 공공기관중 대형 기관 등 일부만이 중소기업 지원과 관련된 사항을 관계 부처에 보고하고 평가받고 있다.

공기업은 규모가 비교적 크고 정부와 긴밀히 협조하면서 정책을 추진하기 때문에 사기업에 비해 우월한 경영 환경을 가질 수 있다. 공기업이 이러한 우월적 지위를 이용하여 민간 협력업체에게 소위 가격을 후려치거나 협력업체의 성장에 역행하는 정책을 추진하는 것도 배제할 수 없다[3](신현한·유승원·김소연, 2017). 이러한 이유로 제7장에서는 공기업과 협력업체간 관계를 검토한다. 공기업은 준정부기관 또는 기타공공기관에 비해 기업성을 보다 많이 보유하면서 협력업체와의 관계를 상대적으로 주체적인 관점에서 리드할 수 있는 기관이다. 또한 협력업체 관점에서도 공기업이 여타 공공기관에 비해 매출 또는 자산 규모가 크기 때문에 공기업을 여타 대기업 또는 중견기업으로 진출할 수 있는 교두보로 활용하는데 유용하기 때문에 협력업체 연구에 유리하다.

본 장(章)에서 살펴보고자 하는 사항은 다음의 네 가지이다.

① 공기업의 협력업체 현황은 산업별, 유형별로 어떠한 모습인가?
② 공기업 협력업체의 성과는 어느 정도인가?
③ 공기업 협력업체의 성과는 공기업의 성과와 어떠한 관계가 있는가? 혹시 공기업이 성과를 높이기 위해 협력업체에게 소위 갑질을 하지는 않는가?
④ 정부의 공공기관 동반성장 평가는 무엇인가?

....

3) 이와 관련된 최근의 언론보도에 대한 예시는 다음과 같다.
- 공기업 '껌값 IPO 수수료'…주간사 자진반납 (매일경제, 2017년 1월23일자)
  "최근 NH투자증권은 공동주간사 자격을 따낸 OOO(공기업) 기업공개(IPO) 주간사 업무를 전격 포기했다. 정부가 야심 차게 추진하는 조(兆)단위 IPO의 주간사 '로또'에 당첨되고도 미련 없이 포기한 것이다. 투자은행(IB) 업계에선 지나치게 낮게 책정된 상장 수수료를 주된 이유로 꼽고 있다. 국내 공기업의 '짠물 수수료 정책'은 외부 평가에 민감한 공기업들이 '보신주의'를 보이고, 감사원 등에서 뒷말이 나오지 않도록 상장 수수료를 후려치고 최저액을 제시하는 운용사에 자금을 위탁하기 때문이다. 수수료를 경쟁 기관 대비 높게 제시하면 "유착이 있는 것 아니냐"는 감사원 지적이 쏟아져 몸을 사리는 구조라는 얘기다. 이러한 사례는 국민연금(NPS)이 국내 자산운용사에 지급하는 수수료 이슈에서도 불거지고 있다. 국민연금 수수료 체계는 글로벌과 비교하더라도 높지 않다.
- 에릭 슈밋 회장 "인공지능 겁먹지말고 무한잠재력 활용해야" (매일경제, 2016년 12월21일자)
  "지난 10월 산업통상자원부에서 4차 산업혁명을 이끌 'K-브레인 기업'으로 선정된 D사는 2년의 노력 끝에 국내에서 전무한 인터넷 연결 스위치 장비 개발에 성공했다. '전무후무한 혁신'이라는 칭찬을 들었지만 그뿐이었다. 지자체에 공급하려 했더니 '국산 장비라 못 미덥다. 외산을 써야겠다는 게 상부 판단'이라는 답이 돌아왔다." 공기업도 마찬가지다. "신기술이 개발되면 정부와 기업이 해당 기술을 판단하고 활용해야 하는데 그럴 의지도, 역량도 없다"며 "테스트에 들어가는 시간과 비용을 투자가 아니라 지출로 여긴다."

공공기관 협력업체의 현황[4]

공공기관 협력업체의 개요

이하에서는 설문조사에 응답한 19개 공기업의 1,611개 협력업체를 대상으로 현황을 분석하였다[5]. 법령에서 협력업체에 대한 정의를 규정하지 않고 있지만, 통상 공기업의 협력업체는 해당 기관과 거래 관계에 있는 모든 사업체를 말한다. 이때 협력업체는 대기업, 중소기업, 공공기관 여부와 상관없고, 증권시장 상장 여부와도 관계없고, 공정거래위원회 선정 상호출자제한 기업집단 소속 여부와도 관계없다. 따라서 각 공기업마다 매우 다양한 협력업체가 존재할 수 있다.

[표 10-1]에서는 협력업체의 특성을 대체로 살펴볼 수 있다. 기업 연령을 제외한 모든 변수에서 평균이 중위값보다 월등히 크다. 이는 삼성전자와 같은 소수의 대규모 협력업체가 이상값(outlier)으로서 평균을 높이기 때문이다. 따라서 이하에서는 중위값 중심으로 설명한다.

표 10-1 공기업 협력업체의 개요

	평 균	중위값	최대값	최소값
종업원 수(명)	1,510	164	94,381 (삼성전자)	12 (제이에스전선)
매출액(억원)	12,584	544	1,583,700 (삼성전자)	10 (거림)
당기순이익(억원)	581	16	179,300 (삼성전자)	−35,141 (한국전력공사)
자산규모(억원)	13,592	451	1,689,700 (삼성전자)	45 (웹솔루스)
부채규모(억원)	6,371	202	565,900 (한국전력공사)	1 (태백건설산업)
기업연령(년)	26	23	85 (씨제이대한통운)	3 (에너지네트웍)

---

4) 본 사항은 신현한·유승원·김소연(2017)을 참고하였다.
5) 자세한 분석 방법론은 본 장의 마지막에 참고로 정리하였다.

공기업 협력업체의 재벌·중견기업·중소기업·소상공인 현황

　본 분석에서 다루는 공기업의 협력업체는 공정거래위원회가 선정한 상호출자제한 기업집단(소위 재벌)[6]인 협력업체, 중견기업[7], 중소기업[8] 및 소상공인[9] 협력업체 등 다양하고 이질적인 사업체가 공존하고 있다. 하지만 [그림 10-1]에서 보는 바와 같이 중소기업 또는 소상공인인 협력업체는 본 장의 분석 대상 협력업체중 약 3/4의 대다수를 차지하고 있다.

그림 10 - 1　공기업 협력업체의 소위 재벌·중견기업·중소기업·소상공인 현황

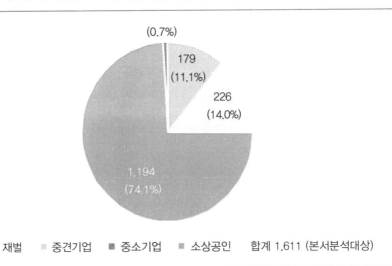

(0.7%)

179
(11.1%)

226
(14.0%)

1,194
(74.1%)

재벌　■ 중견기업　■ 중소기업　■ 소상공인　　합계 1,611 (본서분석대상)

---

6) 자세한 사항은 본서의 [표 10-5] 및 관련 내용을 참고하기 바란다.

7) 중소기업기본법상 중소기업에 해당하지 않고, 공정거래법상 상호출자제한 기업집단(소위 재벌)에 소속되지 않은 기업으로서, 소위 재벌도 아니고 중소기업도 아닌 기업에 해당한다.

8) 중소기업은 「중소기업기본법 시행령」(제3조 제1항)에 의해 상시 근로자 수가 1천명 이상이거나, 자산규모가 5천억원 이상이거나, 자기자본이 1천억원 이상이거나, 직전 3개 사업연도의 평균 매출액이 1천 5백억원 이상이 아닌 기업에 해당한다.

9) 「소상공인 보호 및 지원에 관한 법률」 제2조에 의해 상시 근로자 수가 10명 미만(광업·제조업·건설업·운수업) 등에 해당하는 경우에 해당한다.

공기업 협력업체의 산업별 현황

공기업 협력업체의 산업별 분포는 [표 10 - 2]와 같다. 여기서 산업이란 통계청의 표준산업분류상 대분류 기준을 말한다. 분석 결과 협력업체의 대부분은 제조업(42.9%)과 건설업(23.6%)에서 종사하였다. 그 다음 순서로, 방송통신 및 정보서비스업(7.9%), 도매 및 소매업(7.2%), 전문, 과학 및 기술서비스업(6.5%) 등이 차지하였다.

표 10 - 2 공기업 협력업체의 산업별 분포 현황

산업	제조업	건설업	방송통신 및 정보서비스업	도매 및 소매업	합계
협력업체 개수(비중)	691개 (42.9%)	380개 (23.6%)	127개 (7.9%)	116개 (7.2%)	1,611개 (100%)
산업	전문, 과학 및 기술서비스업	원료재생 및 환경 복원업	사업시설관리 및 사업지원 서비스업	기타	
협력업체 개수(비중)	105개 (6.5%)	69개 (4.3%)	52개 (3.2%)	71개 (4.4%)	

공기업 협력업체의 유형별 현황

[표 10 - 3]에서 보는 바와 같이 설문조사에 응답한 19개 공기업은 평균 70개의 협력업체와 거래하고 있으며, 중위값 기준으로는 33개이다. 평균이 중위값보다 큰 이유는 거래하는 협력업체가 많다고 보고한 일부 공기업이 존재하기 때문이다.

표 10 - 3 공기업이 거래하는 협력업체 현황

	평균	중위값	최대값	최소값
공기업이 거래하는 협력업체 수	70	33	328 (한국도로공사)	6 (한국서부발전)

표 10 - 4 공기업 유형별 협력업체 현황

협력업체 특성(평균)	발전사 공기업의 협력업체 (544개)	교통·SOC 공기업의 협력업체 (589개)	기타 에너지 공기업의 협력업체 (203개)
종업원 수(명)	1,201	1,527	2,190
매출액(억원)	10,531	13,244	20,803
당기순이익(억원)	227	710	1,166
자산규모(억원)	12,474	13,502	23,226
부채규모(억원)	6,495	5,964	10,424
기업연령(년)	26	26	29

[표 10 - 4]에서 공기업 유형별 협력업체 현황을 볼 수 있다. 이하에서는 공기업의 유형을 편의상 발전사, 교통·SOC사, 기타 에너지사로 구분하였다[10].

협력업체의 종업원 수, 매출액, 당기순이익, 자산규모, 부채규모, 기업연령 등 모든 사항에서 기타 에너지 공기업의 협력업체가 여타 발전사 공기업의 협력업체 및 교통·SOC 공기업의 협력업체보다 유의하게 높았다. 이것은 기타 에너지사 공기업이 여타 공기업에 비해 규모가 크거나 높은 성과를 보이는 협력업체를 선호하거나, 규모가 크거나 높은 성과를 보이는 협력업체가 여타 공기업보다 기타 에너지사 공기업과의 거래를 선호하는 것으로 해석할 수 있다. 보다 자세한 사항은 추가 연구를 요한다.

소위 재벌에 속하는 대규모 협력업체 현황

공기업의 협력업체 중 공정거래위원회가 선정한 상호출자제한 기업집단, 소위 재벌이라고 할 수 있는 협력업체는 179개로 전체 1,611개 협력업체 중 11.1%에 해당한다.

---

10) • 발전사 공기업 (7개 기관): 한국전력공사, 한국동서발전, 한국남부발전, 한국남동발전, 한국서부발전, 한국중부발전, 한국수력원자력
 • 교통·SOC사 공기업 (5개 기관): 한국도로공사, 한국공항공사, 인천국제공항공사, 한국철도공사, 인천항만공사
 • 기타 에너지사 공기업 (7개 기관): 한국석유공사, 한국수자원공사, 한국지역난방공사, 대한석탄공사, 한국광물자원공사, 제주국제자유도시개발센터, 해양환경관리공단

표 10-5 소위 재벌에 속하는 대규모 협력업체 현황[11]

소속 기업집단	협력업체 수	소속 기업집단	협력업체 수
GS	8	오씨아이	3
LG	9	유진	2
SK	6	중흥건설	1
교보생명보험	1	케이씨씨	1
금호아시아나	3	케이티	8
농협	1	코오롱	4
대림	4	태영	5
대성	1	포스코	10
대우건설	1	한국가스공사	1
대우조선해양	1	한국도로공사	1
대한전선	1	한국전력공사	7
동국제강	1	한국지역난방공사	1
동부	2	한국철도공사	3
동양	1	한국타이어	2
두산	4	한라	2
롯데	10	한솔	4
삼성	10	한진	3
삼천리	1	한진중공업	2
세아	3	한화	8
신세계	3	현대	2
씨제이	5	현대백화점	2
아모레퍼시픽	1	현대산업개발	2
에쓰-오일	1	현대자동차	9
엘에스	6	현대중공업	3
영풍	2	효성	7
총 179개 협력업체			

---

11) 하나의 기업이 여러 공기업과 협력업체 관계를 맺는 경우 협력업체 수는 1개로 계산하였다.

공기업에 납품하는 협력업체가 가장 많은 기업집단은 롯데, 삼성, 포스코로 각각 10개 기업이 공기업에 납품하고 있었다. 참고로, 각 협력업체가 공기업에 납품하는 금액은 본서가 파악하지 않았다. 따라서 기업집단에 속하는 대규모 협력업체가 공기업으로부터 어느 정도의 매출을 올리는지, 여타 기업집단에 속하지 않는 소규모 협력업체와의 차이가 어느 정도인지는 분석할 수 없다.

공기업 협력업체의 주식시장 상장 현황

본서에서 다루는 총 1,611개 협력업체 중 주식시장에 상장된 협력업체는 312개(19.3%)이다. 코스피 시장에 상장된 협력업체는 147개(9.1%)이고 코스닥 시장에 상장된 협력업체는 165개(10.2%)이다. 주식시장에 상장되지 않은 협력업체는 1,299개(80.7%)이다.

표 10 - 6 공기업 협력업체의 주식시장 상장 현황

	합계	코스피	코스닥	비상장
협력업체 수 (비중)	1,611개 (100%)	147개 (9.1%)	165개 (10.2%)	1,299개 (80.7%)

코스피 시장에 상장된 협력업체의 경우 코스닥 시장에 상장되거나 주식시장에 상장되지 않은 협력업체에 비해 종업원수, 매출액, 당기순이익, 자산규모, 부채규모, 기업연령 모두 유의하게 높다. 그러나 코스닥 시장에 상장된 협력업체와 주식시장에 상

표 10 - 7 공기업 협력업체의 소속 주식시장별 특성 분석

협력업체 특성(평균)	코스피(147개)	코스닥(165개)	비상장(1,299개)
종업원 수(명)	7,089	464	425
매출액(억원)	68,579	1,356	2,921
당기순이익(억원)	3,511	24	40
자산규모(억원)	79,557	1,407	2,165
부채규모(억원)	36,025	641	1,292
기업연령(년)	41	25	24

장되지 않은 협력업체간에는 유의한 차이가 존재하지 않았다. 코스피 시장은 대기업이 포함되어 있고, 코스닥 시장은 그보다 규모가 작은 중소기업 중심으로 이루어져 있는 사항 등이 반영된 것으로 보인다[12].

공공기관 협력업체의 성과[13]

협력업체 성과 분석을 위한 공통 지표

여기서는 공기업 협력업체의 성과 분석을 위해 매출총이익률(GM, gross margin), 영업이익률(OM, operating margin), 총자산이익률(ROA, return on asset) 등 세 가지 공통 지표를 사용한다.

매출총이익률은 매출액 대비 매출총이익으로서 협력업체가 공기업에 납품하는 단가를 반영하는 지표이다. 매출총이익률이 낮으면 납품 단가(매출액)가 낮은 것으로 의심할 수 있다.

영업이익률은 매출액 대비 영업이익으로서 영업 관련 성과를 보여주는 지표이다. 협력

표 10 - 8 협력업체 성과 분석을 위한 공통 지표

공통 지표	산식	비고
매출총이익률 (GM, gross margin)	매출총이익(매출액 - 매출원가)/매출액	매출총이익률이 낮으면 납품 단가(매출액)가 낮다고 의심할 수 있음
영업이익률 (OM, operating margin)	영업이익/매출액	영업이익률이 높으면 협력업체가 영업을 효율적으로 수행하는 것으로 볼 수 있음
총자산이익률 (ROA, return on asset)	당기순이익/총자산	협력업체가 공기업에 납품하는 단가가 낮다면 협력업체는 이를 극복하기 위해 자산을 효율적으로 활용할 유인을 가지게 되며 총자산이익률이 높아지게 됨

12) 코스피 시장에 신규로 상장되기 위해서는 자기자본 300억원 이상, 상장주식수 100만주 이상이면서 매출액이 1,000억원 이상이어야 하는 등 요건이 다소 엄격하다. 반면, 코스닥 시장은 자기자본 250억원 이상, 매출액이 30억원이어도 상장이 가능하다(출처: 한국거래소).
13) 본 사항은 신현한·유승원·김소연(2017)을 참고하였다.

업체가 공기업에 납품을 하면 기술력을 가진 협력업체로 시장에 시그널을 보낼 수 있다. 이를 통해 협력업체가 다른 매출처를 확보하기 용이하며 광고비 절약 등을 기대할 수 있다. 영업이익률이 높으면 협력업체가 영업을 효율적으로 수행하고 있는 것으로 볼 수 있다.

총자산이익률은 총자산 대비 당기순이익으로서 자산이 얼마나 효율적으로 쓰이고 있는지를 보여주는 지표이다. 협력업체가 공기업에 납품하는 단가가 낮다면 협력업체는 이를 극복하기 위해 자산을 효율적으로 활용할 유인을 가지게 된다. 즉 협력업체는 총자산이익률을 높이고자 하는 유인이 존재한다.

공기업 협력업체의 성과 개요

[표 10-9]는 공기업 협력업체의 매출액총이익률, 영업이익률, 총자산이익률과 시장의 평균값으로 조정한 매출액총이익률, 영업이익률, 총자산이익률이다. 시장의 평균값으로 조정한다는 것은 협력업체의 해당 수치에서 협력업체가 속한 산업의 해당 수치의 평균값을 차감하는 것을 말한다. 시장조정 값이 양(+)이면 시장의 평균값보다 협력업체가 높은 값을 가진다는 것을 의미하며, 시장조정 값이 음(-)이면 시장의 평균값보다 협력업체가 낮은 값을 가진다는 것을 말한다.

협력업체의 매출액총이익률, 영업이익률, 총자산이익률은 모두 양(+)의 값을 보이고 있다. 그러나 협력업체가 속한 산업의 평균값으로 조정한 산업조정 수치는 매출액총이익률, 영업이익률, 총자산이익률 모두 음(-)의 값을 보이고 있다. 공기업에 납품하는 협력업체의 산업조정 수치가 음(-)이라는 것은 공기업 협력업체의 성과가 동일 산업내 사업체의 평균 성과보다 낮음을 의미한다. 이것은 공기업의 협력업체가 공기업으로부터 받는 대우(성과)가 동일 산업의 평균적인 사업체가 누리는 대우(성과)보다 열등할 가능성이 높음을 보여주는 통계이다.

표 10-9 공기업 협력업체의 성과 개요

	매출총이익률 (GM, gross margin)	영업이익률 (OM, operating margin)	총자산이익률 (ROA, return on asset)
협력업체 평균	19.3%	5.0%	5.8%
시장 조정 값 (협력업체-산업평균)	-2.3%	-1.2%	-0.8%

공기업 유형별 협력업체의 성과

[표 10-10]에서 보듯이 모든 협력업체를 대상으로 할 때 매출총이익률은 발전사 공기업의 협력업체가 교통·SOC 공기업의 협력업체보다 유의하게 높다. 영업이익률과 총자산이익률에 대해 발전사 공기업의 협력업체가 교통·SOC 공기업의 협력업체 및 기타 에너지사 공기업의 협력업체보다 유의하게 높다. 발전사 공기업의 협력업체가 여타 공기업의 협력업체보다 유리한 위치에서 공기업과 거래를 하고 있는 것으로 해석할 수 있다[14].

대규모 기업집단 협력업체의 경우 세 가지 모든 지표에서 발전사 공기업의 협력업체, 교통·SOC 공기업의 협력업체, 기타 에너지사 공기업의 협력업체간 유의한 차이가 존재하지 않았다. 그러나 대규모 기업진단에 속하지 않는 협력업체의 경우 영업이익률과 총자산이익률에 대해 발전사 공기업의 협력업체가 교통·SOC 공기업 및 기타

표 10-10 공기업 유형별 대규모 기업집단 협력업체와 여타 협력업체의 성과 분석

	협력업체 성과	발전사 공기업의 협력업체 (544개)	교통·SOC 공기업의 협력업체 (589개)	기타 에너지사 공기업의 협력업체 (203개)
모든 협력 업체 (A+B)	매출총이익률(GM)	20.6%	18.2%	19.4%
	영업이익률(OM)	5.8%	4.5%	4.5%
	총자산이익률(ROA)	6.5%	5.3%	5.6%
대규모기업 집단 협력 업체(A)	매출총이익률(GM)	17.8%	17.7%	17.5%
	영업이익률(OM)	4.1%	4.0%	4.5%
	총자산이익률(ROA)	4.3%	4.6%	4.6%
여타 협력 업체 (B)	매출총이익률(GM)	21.2%	18.4%	20.1%
	영업이익률(OM)	6.1%	4.5%	4.5%
	총자산이익률(ROA)	7.0%	5.4%	5.9%

주: 각 유형별 협력업체 개수는 연평균 개수로 분석대상 협력업체 개수(1,611개)와 상이함

....

14) 이것은 공기업의 유형간 비교에만 해당하는 논리이다. 공기업과 거래하지 않는 사업체와의 비교시에는 상이한 결과가 나올 수도 있다.

에너지사 공기업의 협력업체보다 유의하게 높았다. 또한 매출총이익률에 대해 교통·SOC 공기업의 협력업체가 발전사 공기업 및 기타 에너지사 공기업의 협력업체보다 유의하게 낮았다.

위에서 살펴본 바와 같이 협력업체의 성과는 유형별로 상이하다. 대규모 기업집단(재벌)에 속하는 협력업체를 제외하고는 대체로 발전사 공기업의 협력업체의 성과는 상대적으로 높고, 여타 공기업 유형의 협력업체의 성과는 상대적으로 낮다. 정부가 만약 추후 협력업체의 성과와 관련한 정책을 입안한다면 모든 공기업의 협력업체를 동일하게 고려하지 말고 유형화하여 차별적으로 고려해야 함을 알 수 있다.

여기서 주의할 사항이 있다. 본 사항은 공기업의 다양한 유형과 협력업체간 인과관계를 살펴본 것은 아니다. 발전사 공기업이기 때문에 협력업체의 성과가 높은 것인지, 성과가 높은 협력업체가 발전사 공기업의 협력업체로 선정된 것인지 알 수 없다. 둘 중 한 가지 방향이 맞거나, 두 가지 방향 모두 가능성이 있다는 정도로 이해할 필요가 있다.

공공기관의 성과와 협력업체의 성과간 관계[15]

이하에서는 먼저 공기업의 재무성과와 협력업체의 재무성과간 관계를 살펴보고, 이후 공기업의 정부 경영평가 결과와 협력업체의 재무성과간 관계를 검토한다.

공기업의 재무성과와 협력업체의 재무성과간 관계

공기업의 재무성과와 협력업체의 재무성과간 상관관계

[표 10-11]에서 협력업체의 매출총이익률은 공기업의 매출총이익률 및 영업이익률과 음(-)의 상관관계를 가지고 있다. 피어슨 상관계수가 -3.8% 또는 -4.0%로

....

15) 본 사항은 신현한·유승원·김소연(2017)을 참고하였다. 또한, 본 분석은 방법론(부록 참조)에서 밝힌 바와 같이 설문조사를 통해 도출된 결과이다.

상관관계가 강하지는 않지만 통계적으로 매우 유의하다. 즉 공기업의 매출이익 및 영업이익과 협력업체의 매출(납품가격)은 동반 성장하지는 않았음을 보여주고 있다. 통계적으로 공기업과 협력업체간 낙수효과는 존재하지 않으며 소위 매출 후려치기의 가능성이 있을 수도 있다. 여타 공기업의 재무성과와 협력업체의 재무성과간에는 통계적으로 유의하지 않은 양(+) 또는 음(−)의 상관관계가 존재한다.

표 10 - 11 공기업의 재무성과와 협력업체의 재무성과간 상관관계

		협력업체		
		매출총이익률	영업이익률	총자산이익률
공기업	매출총이익률	−0.038***	−0.010	−0.006
	영업이익률	−0.040***	−0.008	−0.004
	총자산이익률	−0.017	0.011	0.012

주: 표 안의 숫자는 피어슨 상관계수임, ***는 $p < 0.01$

공기업의 재무성과와 협력업체의 재무성과간 상관관계(공기업 유형별)

공기업의 재무성과와 협력업체의 재무성과간 상관관계는 [표 10 - 12]에서 보듯이 공기업 유형별로 상이한 모습이다. 발전사 공기업의 경우 공기업의 재무성과와 협력업체의 재무성과간 유의한 정(+)의 상관관계를 보이고 있다. 이것은 발전사 공기업의 재무성과가 좋아지면 협력업체의 재무성과도 좋아지거나, 협력업체의 재무성과가 좋아지면 발전사 공기업의 재무성과도 좋아짐을 의미한다.

반면 다른 유형의 공기업은 사정이 다르다. 교통·SOC 공기업의 경우 공기업의 재무성과와 협력업체의 재무성과간 유의한 음(−)의 상관관계를 보이고 있다. 이것은 교통·SOC 공기업의 재무성과가 높아지면 협력업체의 재무성과는 유의하게 낮아지거나, 협력업체의 재무성과가 높아지면 교통·SOC 공기업의 재무성과는 유의하게 낮아짐을 의미한다. 통계상으로 보았을 때 교통·SOC 공기업은 협력업체와 상생관계를 가지지 않는 것으로 볼 수 있다.

기타 에너지 공기업의 경우 공기업의 재무성과와 협력업체의 매출총이익률은 유의한 음(−)의 상관관계를 보이고 있다. 공기업의 재무성과와 협력업체의 영업이익률 및 총자산이익률은 음(−)의 상관관계이지만 유의한 정도는 아니다. 이를 바탕으로 볼

표 10 - 12 공기업의 재무성과와 협력업체의 재무성과간 상관관계(공기업 유형별)

(1) 발전사 공기업

		협력업체		
		매출총이익률	영업이익률	총자산이익률
발전사 공기업	매출총이익률	0.123***	0.068***	0.040**
	영업이익률	0.129***	0.074***	0.047**
	총자산이익률	0.136***	0.111***	0.080***

(2) 교통·SOC 공기업

		협력업체		
		매출총이익률	영업이익률	총자산이익률
교통· SOC 공기업	매출총이익률	−0.043**	−0.063***	−0.051***
	영업이익률	−0.056***	−0.073***	−0.061***
	총자산이익률	−0.062***	−0.081***	−0.070***

(3) 기타 에너지 공기업

		협력업체		
		매출총이익률	영업이익률	총자산이익률
기타 에너지 공기업	매출총이익률	−0.094***	−0.017	−0.002
	영업이익률	−0.100***	−0.019	−0.001
	총자산이익률	−0.107***	−0.023	−0.006

주: 표 안의 숫자는 피어슨 상관계수임, * $p < 0.10$ ** $p < 0.05$ *** $p < 0.01$

때 기타 에너지 공기업은 협력업체와 상생관계를 가지지 않지만 그 정도는 약하다고 볼 수 있다.

이상의 상관관계만으로 볼 때, 발전사 공기업은 협력업체와 상생관계일 가능성이 높고, 기타 에너지 공기업은 중간 영역이며, 교통·SOC 공기업은 상생관계가 아닐 가 능성이 높다고 유추할 수 있다.

이처럼 공기업 유형별로 상이한 결과가 나온 것은 각 공기업 유형의 특성에 기반 한 것으로 여겨진다. 이를테면, 발전사 공기업의 경우 전기 발전 과정에서 고장 또는 기계 정지에 매우 민감하다. 정전 또는 단전이 되면 산업과 가정에 미치는 부정적인 파급효과가 매우 크며 이에 대한 비판 또한 상당하다. 따라서 고장 및 정지를 최소화하기 위해서는 발전사 공기업의 지속적인 연구개발과 효율적인 관리감독이 필수적이며, 고품질의 기자재가 공급되어야 한다. 협력업체는 이중 상당한 역할을 담당하고 있다. 따라서 발전사가 고장 및 정지를 최소화하기 위해서는 협력업체와 상생관계를 유지해야 한다.

반면, 교통·SOC 공기업과 기타 에너지 공기업에서의 기계 고장, 정지에 대한 국민·언론의 관심은 발전사 공기업에서만큼 상당한 수준은 아닐 것이다. 또한, 교통·SOC 공기업과 기타 에너지 공기업에게 발생하는 안전사고는 해당 공기업이 통제할 수 없는 대외요인을 포함하여 복합적인 이유로 발생하는 경향이 있다. 이를 고려할 때 교통·SOC 공기업과 기타 에너지 공기업이 안전사고 예방을 위해 협력업체와의 관계를 발전시킬 유인은 발전사 공기업만큼 크지 않다고 볼 수 있다[16].

이처럼 협력업체와 상생관계를 가질만한 구조적 요인이 부족한 공기업 유형에게는 협력업체와의 상생관계 형성을 위해 정부가 정책적으로 지원하고 유인해야 할 것이다. 이때에도 모든 공기업을 동일하게 취급하는 것이 아니라 각 공기업의 특징을 고려하여 차별적으로 지원하고 유인하는 것이 바람직할 것이다.

공기업의 재무성과와 협력업체의 재무성과간 상관관계(상장/비상장 협력업체, 대규모 기업집단/여타 협력업체)

[표 10-13]은 공기업의 재무성과와 협력업체의 재무성과간 상관관계를 주식시장에 상장된 협력업체와 비상장 협력업체로 구분하여 분석하였다. 공기업의 재무성과는 상장 협력업체의 매출총이익률과 유의한 음(-)의 관계를 가지고 있다. 공기업의 재무성과 중 매출총이익률과 영업이익률은 협력업체의 매출총이익률과 유의한 음(-)의 관계를 가지고 있다. 그런데 상장 협력업체와의 상관 정도가 비상장 협력업체와의 상관 정도보다 크다[17]. 공기업과 협력업체간 상호 비협력적인 관계가 비상장 협력업체보다 상장 협력업체에서 상대적으로 더 많이 나타날 가능성이 있음을 의미한다.

---

16) 보다 엄밀한 분석은 추가 연구를 통해 이루어져야 할 것이다.
17) 예를 들어 공기업의 매출총이익률과 협력업체의 매출총이익률간 상관계수에서 상장 협력업체는 -0.068이고 비상장 협력업체는 -0.025이다. 상호간 상관성의 방향은 부호(+ 또는 -)로 파악하고, 상관성의 정도는 절대값으로 파악한다. 따라서 상관성의 정도는 상장 협력업체가 상대적으로 크다.

표 10 - 13 공기업의 재무성과와 협력업체의 재무성과간 상관관계(상장 협력업체, 비상장 협력업체)

		협력업체					
		매출총이익률		영업이익률		총자산이익률	
공기업	매출총이익률	상장	−0.068 ***	상장	−0.013	상장	−0.023
		비상장	−0.025 *	비상장	−0.009	비상장	−0.003
	영업이익률	상장	−0.071 ***	상장	−0.014	상장	−0.023
		비상장	−0.026 *	비상장	−0.007	비상장	0.000
	총자산이익률	상장	−0.070 ***	상장	−0.009	상장	−0.009
		비상장	0.007	비상장	0.019	비상장	0.019

주: 표 안의 숫자는 피어슨 상관계수임, * $p < 0.10$ ** $p < 0.05$ *** $p < 0.01$

[표 10 - 14]는 공기업의 재무성과와 협력업체의 재무성과간 상관관계를 대규모 기업집단(소위 재벌)인 협력업체와 여타 협력업체로 구분하여 분석하였다. 공기업의 영업이익률은 대규모 기업집단 협력업체의 매출총이익률과 유의한 음(−)의 관계를 가지고 있다. 나머지 재무성과간 상관관계에서는 대부분 양(+)이지만 유의하지 않은 상관관계를 보이고 있다. 반면 공기업의 매출총이익 및 영업이익률은 대규모 기업집단이 아닌 협력업체의 매출총이익률과 유의한 음(−)의 상관관계를 보이고 있다. 나머지 재무성과간 상관관계에서는 대부분 음(−)이지만 유의하지 않은 상관관계를 보이고 있다.

표 10 - 14 공기업의 재무성과와 협력업체의 재무성과간 상관관계(대규모 기업집단 협력업체, 여타 협력업체)

		협력업체					
		매출총이익률		영업이익률		총자산이익률	
공기업	매출총이익률	재벌	−0.044	재벌	0.014	재벌	0.022
		여타	−0.037 ***	여타	−0.015	여타	−0.013
	영업이익률	재벌	−0.049 *	재벌	0.010	재벌	0.020
		여타	−0.037 ***	여타	−0.012	여타	−0.010
	총자산이익률	재벌	−0.044	재벌	0.012	재벌	0.014
		여타	−0.008	여타	0.012	여타	0.013

주: 표 안의 숫자는 피어슨 상관계수임, * $p < 0.10$ ** $p < 0.05$ *** $p < 0.01$

이를 통해 살펴볼 때 통계적으로는 공기업과 대규모 기업집단(소위 재벌)인 협력업체 간에는 상호 비협력적인 관계가 없거나 있더라도 매우 약할 수 있음을 의미한다. 반면 공기업과 대규모 기업집단이 아닌 협력업체간에는 상호 비협력적인 관계가 존재할 가능성이 있다. 대규모 기업집단은 교섭력을 가진 반면, 그렇지 않은 협력업체는 대규모 기업집단 협력업체만한 교섭력이 없기 때문으로 해석할 수 있다.

한편 공기업과 상장 협력업체는 비협력적인 관계가 존재하는 것으로 여겨지지만, 공기업과 대규모 기업집단 협력업체는 비협력적인 관계가 없어 보이는 것에 대해서는 추가 분석이 필요하다[18].

공기업의 정부 경영평가 결과와 협력업체의 재무성과간 관계

공기업의 정부 경영평가 등급과 협력업체의 재무성과관 차이비교

여기서는 공기업에 대한 정부의 경영평가 등급과 협력업체의 재무성과 간에는 어떠한 관계가 있는지를 살펴보고자 한다. 정부의 경영평가 등급은 S, A, B, C, D, E로 구분한다. 여기서 상위 등급은 S, A, B이고, 하위 등급은 C, D, E라고 할 수 있다. C등급은 통상 중위권으로 고려되지만 경영평가에서 총점을 등급으로 환산시 평균 총점 이상의 기관은 대체로 B를 받는 관행을 고려하여 C는 하위 등급으로 분류하였다[19].

[표 10−15]는 본서에서 다루는 공기업의 재무성과가 정부로부터 평가받은 경영평가 등급과 상관이 있는지를 분석한 것이다. 상위 등급을 받은 공기업이 하위 등급을 받은 공기업보다 해당 연도의 모든 재무성과에 대해 유의하게 높다. 즉 재무성과가 높은 공기업이 경영평가 등급도 높게 받거나, 경영평가 등급이 높은 공기업이 재무성과도 높은 것이다.

---

18) 상장 협력업체에는 속하지만 대규모 기업집단 협력업체에는 속하지 않는 기업이 상당수이다. 중견업체로서 공기업의 협력업체인 기업 모두와 중소기업으로서 공기업의 협력업체인 기업 상당수가 여기에 해당한다. 이들과 공기업간 관계에 대한 추가 분석이 요청된다.
19) 정부의 공공기관 경영평가에 대한 자세한 사항은 제8장을 참고하기 바란다.

표 10 - 15 공기업의 정부 경영평가 등급간 공기업의 재무성과 차이비교

	공기업의 매출총이익률	공기업의 영업이익률	공기업의 총자산이익률
경영평가 상위 등급(S,A,B) 공기업 ①	0.213	0.151	0.022
경영평가 하위 등급(C,D,E) 공기업 ②	0.007	−0.052	−0.014
차이 ①−②	0.206*	0.203*	0.036**

주: * $p < 0.10$　** $p < 0.05$　*** $p < 0.01$

이번에는 공기업의 정부 경영평가 등급과 협력업체의 재무성과간 관계에 대해 [표 10 - 16]에서 분석하였다. 정부 경영평가에서 상위 등급(S, A, B)을 받은 공기업의 협력업체는 하위 등급(C, D, E)을 받은 공기업의 협력업체보다 분석 대상인 재무성과가 모두 유의하게 낮다. 공기업의 경영평가 등급이 높으면 협력업체의 재무성과가 낮아지거나, 협력업체의 재무성과가 낮아야 공기업이 높은 경영평가 등급을 받을 수 있음을 의미한다.

표 10 - 16 공기업의 정부 경영평가 등급간 협력업체의 재무성과 차이비교

	협력업체의 매출총이익률	협력업체의 영업이익률	협력업체의 총자산이익률
경영평가 상위 등급(S,A,B) 공기업의 협력업체 ①	0.178	0.043	0.052
경영평가 하위 등급(C,D,E) 공기업의 협력업체 ②	0.214	0.058	0.066
차이 ①−②	−0.036***	−0.015***	−0.014***

주: * $p < 0.10$　** $p < 0.05$　*** $p < 0.01$

다음으로 [표 10 - 17]에서 공기업의 유형별로 구분하여 분석하였다. 발전사 공기업, 교통·SOC 공기업, 기타 에너지 공기업 모두, 유형별 구분과 상관없이, 정부 경영평가에서 상위 등급(S, A, B)을 받은 공기업의 협력업체는 하위 등급(C, D, E)을 받은 공기업의 협력업체보다 분석 대상인 재무성과가 모두 유의하게 낮다. 공기업의 유형과 상관없이

정부 경영평가에서 상위 등급을 받은 공기업은 하위 등급을 받은 공기업에 비해, 상위 등급을 받기 위해 협력업체에게 소위 갑질을 할 가능성이 높다고 해석할 수 있다.

표 10 - 17 공기업의 정부 경영평가 등급간 협력업체의 재무성과 차이비교(공기업 유형별)

		협력업체의 매출총이익률	협력업체의 영업이익률	협력업체의 총자산이익률
발전사 공기업	경영평가 상위 등급(S,A,B) 공기업의 협력업체 ①	0.185	0.050	0.058
	경영평가 하위 등급(C,D,E) 공기업의 협력업체 ②	0.219	0.062	0.070
	차이 ①－②	−0.034***	−0.012***	−0.012***
교통 · SOC 공기업	경영평가 상위 등급(S,A,B) 공기업의 협력업체 ①	0.177	0.042	0.051
	경영평가 하위 등급(C,D,E) 공기업의 협력업체 ②	0.198	0.051	0.058
	차이 ①－②	−0.021***	−0.009***	−0.007***
기타 에너지 공기업	경영평가 상위 등급(S,A,B) 공기업의 협력업체 ①	0.169	0.035	0.049
	경영평가 하위 등급(C,D,E) 공기업의 협력업체 ②	0.222	0.056	0.063
	차이 ①－②	−0.053***	−0.021***	−0.014***

주: * $p < 0.10$ ** $p < 0.05$ *** $p < 0.01$

[표 10-18]은 협력업체를 주식시장에 상장한 협력업체와 비상장 협력업체 및 대규모 기업집단에 속하는 협력업체와 여타 협력업체로 구분하여 분석하였다. 분석 결과, 협력업체의 주식시장 상장 여부 및 대규모 기업집단 여부와 상관없이 협력업체의 거래 대상인 공기업이 정부 경영평가에서 상위 등급(S, A, B)을 받으면 거래 대상인 공기업이 하위 등급(C, D, E)을 받는 경우보다 협력업체의 재무성과가 유의하게 낮았다.

종합적으로 살펴보면, 정부 경영평가에서 상위 등급(S, A, B)을 받는 공기업과 거래하는 협력업체는 하위 등급(C, D, E)을 받는 공기업과 거래하는 협력업체보다 재무성과가 유의하게 낮다. 이러한 현상은 협력업체가 거래하는 공기업이 어떠한 유형이든 상관없이 공통적으로 나타나는 현상이다. 또한, 해당 협력업체가 주식시장에 상장되어 있든 그렇지 않든, 대규모 기업집단에 속하든 그렇지 않든 똑같은 현상이 나타나고 있다.

표 10 - 18　공기업의 정부 경영평가 등급간 협력업체의 재무성과 차이비교(기타)

(1) 상장 협력업체와 비상장 협력업체

	상장 협력업체			비상장 협력업체		
	매출총 이익률	영업 이익률	총자산 이익률	매출총 이익률	영업 이익률	총자산 이익률
경영평가 상위 등급(S,A,B) 공기업의 협력업체 ①	0.177	0.037	0.037	0.178	0.046	0.058
경영평가 하위 등급(C,D,E) 공기업의 협력업체 ②	0.211	0.053	0.050	0.214	0.059	0.071
차이 ①−②	−0.034***	−0.016***	−0.013***	−0.036***	−0.013***	−0.013***

주: * $p < 0.10$　** $p < 0.05$　*** $p < 0.01$

(2) 대규모 기업진단 협력업체와 여타 협력업체

	상장 협력업체			비상장 협력업체		
	매출총 이익률	영업 이익률	총자산 이익률	매출총 이익률	영업 이익률	총자산 이익률
경영평가 상위 등급(S,A,B) 공기업의 협력업체 ①	0.166	0.038	0.042	0.181	0.045	0.055
경영평가 하위 등급(C,D,E) 공기업의 협력업체 ②	0.193	0.047	0.049	0.218	0.060	0.069
차이 ①−②	−0.027**	−0.009**	−0.007**	−0.037***	−0.015***	−0.014***

주: * $p < 0.10$　** $p < 0.05$　*** $p < 0.01$

정부는 협력업체와의 상생관계를 발전시키기 위해 다양한 노력을 경주하고 있다. 그러나 이상의 통계분석은 정부 경영평가가 공기업과 협력업체간 상생관계에 그러한 노력과 상이한 영향을 끼칠 수도 있음을 보이고 있다.

공공기관 동반성장 평가

정부는 공공기관이 협력업체와의 동반성장 및 상생분야에서 선도적 역할을 해 줄 것을 기대하며 공공기관의 동반성장 정도를 평가하고 있다. 이 제도는 2007년부터 시행되어 온 제도이고, 「대·중소기업 상생협력 촉진에 관한 법률」에 근거를 두고 있다. 본 평가는 중소벤처기업부와 동반성장위원회가 주관하되 평가의 객관성 및 투명성을 위해 외부전문가로 등으로 구성된 평가 실무 및 운영위원회를 통해 진행된다.

표 10 - 19 공공기관 동반성장 평가 항목 및 배점

구분	평가 항목	배점
동반성장 추진실적	동반성장 전략수립 및 체계	8
	공정거래 문화조성 및 확산	6
	창의 · 선도적 동반성장 생태계 구축	9
	기금출연 및 지원	6
	협력이익 및 성과 공유	6
	결제환경 개선	9
	기술혁신 및 보호 지원	8
	중소기업 판로지원	12
	상생협력 문화 및 창업 생태계 조성	11
	소계	75점
중소협력(거래)사 대상 체감도 조사		25점
합계		100점

자료: 동반성장위원회 홈페이지

평가는 공공기관별 동반성장 추진실적(75점) 및 중소협력(거래)사 대상 체감도 조사결과(25점)를 합산하여 평가하고(표 10-19 참조), 그 결과는 5개 등급(최우수, 우수, 양호, 보통, 개선)으로 발표된다. 중소벤처기업부는 해당 결과를 대외 공개하고 '공공기관 경영평가'에 반영하기 위해 기획재정부로 그 결과를 통보한다.

본 평가의 대상인 공공기관은 2021년말 현재 135개 공공기관(공기업형 36개, 준정부형·기타형 99개)이다. 2021년 초까지는 58개 공공기관이 평가를 받았으나 2021년중에 77개 공공기관이 평가 대상에 추가되었다[20]. 평가 그룹은 공공기관의 4개 형태이다. 공기업형/준정부·기타형의 2구분과 선도형/일반형의 2구분의 2×2 조합으로서, 공기업/선도형, 공기업/일반형, 준정부·기타/선도형, 준정부·기타/일반형이다. 공기업형/준정부·기타형은 「공공기관의 운영에 관한 법률」에 의한 공기업 및 준정부기관과, 「공공기관의 운영에 관한 법률」에 해당하지 않는 기타형 기관을 의미한다. 선도형/일반형은 공공기관의 구매 실적의 대소에 따라 구분한 것이다.

최근 5년에 대한 평가 결과는 [표 10−20]과 같다. 2017년 평가부터 2020년 평가까지의 평가 결과는 양호 이상 등급이 약 50%, 보통 이하 등급이 약 50%로 대체로 대체로 일관된다[21]. 즉, 공공기관의 평균적인 동반성장 실적은 중간 수준으로 개선의 여지가 존재하는 것으로 해석할 수 있다.

표 10 - 20 공공기관 동반성장 평가 결과 (2017년-2021년 평가)

	2017년 평가 (2016년 실적)		2018년 평가 (2017년 실적)		2019년 평가 (2018년 실적)		2020년 평가 (2019년 실적)		2021년 평가 (2020년 실적)	
	개	%	개	%	개	%	개	%	개	%
최우수	0	0.0	0	0.0	0	0.0	0	0.0	8	13.8
우수	7	12.1	9	15.5	7	12.1	8	13.8	7	12.1
양호	22	37.9	20	34.5	22	37.9	21	36.2	26	44.8
보통	21	36.2	22	37.9	21	36.2	20	34.5	11	19.0
미흡	8	13.8	7	12.1	8	13.8	9	15.5	6	10.3
합계	58		58		58		58		58	

자료: 중소벤처기업부 각년도 보도자료

---

20) 새롭게 추가된 77개 공공기관은 2021년에 최초 평가를 받았으나 평가 결과는 일반 대중에 공개하지 않았다.
21) 가장 최근 년도인 2021년의 평가 결과는 이전년도까지의 평가 결과와 상이하여 분석 대상 5년간의 평가 결과의 추세성을 분석하기에는 적절하지 않다.

- 분석대상 기간: 2010년~2015년
- 자료수집 방법: 「공공기관의 운영에 관한 법률」상 정부로부터 공기업으로 지정된 기관에 설문 조사를 진행하고, 해당 기관은 협력업체를 자체적으로 파악하여 송부함
- 분석대상 협력업체: 각 공기업이 설문조사에 응답하여 기재한 협력업체중 「주식회사의 외부감 사에 관한 법률」에 의해 외부감사를 시행하고 있는 협력업체 1,611개
- 협력업체에 대한 분석 정보
  - 일반정보: 종업원수, 기업연령 등
  - 재무정보: 매출액, 자산규모, 부채규모, 당기순이익 등
  - 성과정보: 당기순이익, 자산이익률(ROA, return on asset) 등
  ※ 협력업체가 공기업에 납품하는 금액은 파악할 수 없어 분석에서 제외함
- 협력업체에 대한 정보파악 방법: KIS Value에서 추출
- 분석 표본: 19개 공기업의 1,611개 협력업체 대상
  - 발전사 공기업(7개 기관): 한국전력공사, 한국동서발전, 한국남부발전, 한국남동발전, 한국서 부발전, 한국중부발전, 한국수력원자력
  - 교통·SOC사 공기업 (5개 기관): 한국도로공사, 한국공항공사, 인천국제공항공사, 한국철도 공사, 인천항만공사
  - 기타 에너지사 공기업(7개 기관): 한국석유공사, 한국수자원공사, 한국지역난방공사, 대한석 탄공사, 한국광물자원공사, 제주국제자유도시개발센터, 해양환경관리공단

11장

공공기관 민영화

공공기관 민영화 정책은 시장에 큰 영향을 미치면서 동시에 시장 환경에도 큰 영향을 받는 매우 복잡하고 섬세한 정책이다. 그만큼 고려할 사항이 많다. 많은 사항 중 공공기관 민영화와 관련된 핵심적인 사항을 제1절에서 살펴본다.

제2절은 공공기관 민영화의 성과에 대한 것이다. 민영화 정책이 복잡하고 섬세한 만큼 그 정책의 효과에 대해서는 다양한 의견이 존재한다. 기존 선행연구의 대부분은 공공기관 민영화가 미시적인 개별 기업의 효율성에 미치는 영향을 분석하는 것이다. 그러다보니 공공기관 민영화가 거시적인 후생(국민경제)에 미치는 영향과 형평성 등 기타 사항에 미치는 영향은 등한시하고 공공기관 민영화를 평가하거나 정책을 입안하는 경우가 없지 않다. 제2절에서는 공공기관 민영화의 성과에 대한 균형 잡힌 분석이 될 수 있도록 공공기관 민영화의 성과를 분석한 선행연구를 미시적인 개별 기업의 관점, 거시적인 후생(국민경제)의 관점 및 형평성, 기타의 관점 등 세 가지 측면으로 구분하여 살펴본다.

마지막으로 제3절은 그동안의 민영화 정책을 역대 정부별로 검토한다.

공공기관 민영화의 이해[1]

민영화는 적절한 환경이 조성되어야 성공적으로 추진할 수 있다

공공기관 민영화는 공공기관의 문제를 해결해 줄 수 있는 만병통치약처럼 여기는 경향이 있다. 그러나 민영화는 어느 시점이든 어느 나라에서든 동일하게 효과를 발휘할 수 있는 것이 아니다. 오히려, 민영화는 해당 국가의 거시경제 등에 기여할 수 있는 적절한 환경이 조성되었을 경우 추진 가능한 제도로 평가받고 있다(OECD, 2003).

역사적으로 1970년대 이후 정부부문의 부실한 성과를 많은 국가가 목격하였지만, 1990년대 들어와서야 민영화가 주목을 받고 OECD 국가를 중심으로 붐을 이루기 시작한다. 민영화를 통한 매각 대금과 매각 이윤이 당시 재정적자와 국가채무 증가를 억제하는데 기여했기 때문이다. 특히 유럽 국가들이 EU에 가입하기 위한 필요조건으로서 재정적자를 줄이기 위해 민영화를 적극적으로 추진한 경험이 있다. 또한, 당시 각 국이 정부의 역할을 줄이더라도 민간 자본시장을 확대하거나 발전시킬 유인이 존재했다(OECD, 2003).

한국의 경우도 마찬가지이다. 민영화 정책은 김대중정부에서 여타 정부와 달리 강하게 추진되었고 어느 정도 성과를 보인 것으로 평가되고 있다. 김대중정부에서 민영화 정책은 급격한 경기후퇴로 인한 재정수입 급감과 IMF 외채 차입으로 인한 외환보유고 문제가 강력한 동기였기 때문이다(김준기, 2014). IMF와 연립정부라는 태생적 배경을 안고 출발한 김대중정부는 당면한 경제위기를 돌파해야만 하는 정치적·경제적 목표를 가지고 있었으며, 출범 초기부터 강력한 민영화 정책을 실시했다(김준기, 2014).

공공기관 민영화의 원인

민영화는 민영화에 적합한 환경이 조성되었을 때만 추진되는 경향이 강하다. OECD(2003)에 의하면 공기업 민영화가 유발되는 원인은 아래와 같다.

---

1) 여기서는 공기업 민영화 정책의 가부(可否)에 대해서 논하지 않는다. 민영화 정책을 주어진 것으로 가정하고 설명한다.

- (정부 재정여건 제고) 정부의 재정적자와 국가채무가 증가되는 현상을 해결하기 위해 정부가 공기업의 매각을 고려하는 경우
- (자본시장 발달) 금융 시장의 세계화 및 자본 시장을 확대·발전시키려는 정부의 노력이 필요한 경우
- (공기업의 효율성 제고) 공공기관의 만성적인 적자와 경영상 비효율성에 대한 비판이 크거나 증대하는 경우
- (공공기관의 자연독점 소멸) 통신 시장 등에서의 기술 진보와 시장에서의 수요 증대 등으로 기존 공공기관의 자연 독점이 소멸되는 경우
- (기타 정치적 이슈) 시장 경제를 추구하거나 확대하는 등의 정치적 이슈가 필요한 경우

정부는 이러한 원인을 바탕으로 공공기관 민영화의 목표를 설정하게 된다. 즉, 각 국마다, 동일한 국가라도 정권이 처한 환경에 따라 다양한 목표를 가지고 민영화를 추진하게 된다(김현숙 외, 2007).

멕시코, 터키 등의 국가는 EU에 가입하기 위한 필요조건인 재정적자를 감축시키기 위해 민영화를 전략적으로 활용하였다. 비효율적인 공기업에 대한 재정지원을 중단하여 재정적자를 감축시키고, 민영화를 통해 효율성이 제고된 기관으로 하여금 세금을 많이 납부하도록 하였다.

아프리카 국가나 아시아 일부 국가 등 개발도상국에서는 신규 투자를 확대하기 위해 민영화를 활용하였다. 통신, 인프라 등의 유치를 위해서는 대형 자본이 필요하나 어려운 재정여건과 공기업의 부실한 운영을 고려할 때 개발도상국이 공기업을 통해 이를 달성하는 것은 쉽지 않다. 이를 극복하기 위해 공공기관을 민영화하여 대형 자본을 유치하고 통신 산업 등 새로운 민간수요를 충족시켰다. 물론 이 과정에서 외국 자본을 유치하는 경우도 있다. 동구권 국가나 프랑스 등의 국가는 국가 경제에서 시장 경제를 확대하는데 민영화를 활용한 바 있다.

그러나 민영화를 유발시키는 원인 또는 각국의 민영화 목표는 복합적이면서 상호 충돌할 수 있다. 각 원인 또는 목표의 중요성과 상호 보완성 또는 충돌 가능성의 여부와 정도는 각 케이스마다 차이가 있기 마련이다. 따라서 다른 나라에서 민영화가 성공했다 하더라도 한국에서는 실패할 수 있으며, 그 반대 현상도 발생할 수 있다. 또한 동일한 국가에서 민영화가 어떤 시점에 성공했다 하더라도 시장 상황과 정치 지형이 상이한 다른 시점에서는 실패할 가능성도 얼마든지 존재한다(박정수·박석희, 2011).

공공기관 민영화의 유형

공공기관 민영화의 유형은 완전 민영화와 부분 민영화로 구분할 수 있다. 완전 민영화는 공공기관의 지분(주식) 모두를 정부 또는 공공부문이 아닌 민간에게 매각하는 것을 말한다. 부분 민영화는 정부 또는 공공부문이 공기업의 지분(주식)을 계속 보유하면서 일부 지분(주식)을 민간에게 매각하는 것이다. 완전 민영화는 공공기관의 주인이 공공부문에서 민간부문으로 완전히 전환되면서 공공기관이 사기업으로 변화되는 것이다. 반면, 부분 민영화는 공공부문과 민간부문이 공공기관의 공동 주인인 상태이며 공공기관의 성격을 보유하고 있는 것이다. 예를 들어, 과거 대한항공공사는 현재의 대한항공(KAL)으로 완전 민영화되었고, 한국전력공사는 부분 민영화된 상태이다.

공공기관 민영화시, 한번에 완전 민영화를 하는 경우는 드물다. 보통, 부분 민영화를 수차례 진행하면서 완전 민영화를 하게 된다. 이는 공공부문이 보유하는 공공기관 지분을 민간에게 일시에 모두 매각하는 것은 현실적으로 쉽지 않고, 정책적인 관점에서 위험부담과 단점이 존재하기 때문이다.

완전 민영화된 조직과 부분 민영화된 조직의 성격도 상이하다. 따라서 누군가가 민영화를 언급할 때 그것이 완전 민영화인지 부분 민영화인지 구분할 필요가 있다. 예를 들어, 정부가 민영화 계획을 언급할 때는 부분 민영화를 의미하는 경우가 적지 않다. 정부가 보유하고 있는 공공기관 지분 중 일부라도 민간에 매각하는 것도 부분 민영화에 해당하기 때문이다.

공공기관 민영화의 추진체계

공공기관 민영화의 추진체계는 집중형, 분산형, 절충형으로 구분할 수 있다(OECD, 2003). 집중형은 민영화에 대한 정책결정 및 집행이 특정 기구에게 집중된 경우를 말한다. 재정당국, 중앙정부가 운영하는 공공기관 관련 지주회사 또는 민영화 대상 공공기관 등이 주도하여 민영화를 추진하는 경우를 말한다. 분산형은 민영화에 대한 정책결정 및 집행이 소관 부처에게 분산된 경우를 말하고, 절충형은 집중형과 분산형의 중간 형태를 말한다. 여기서 집중형, 분산형, 절충형의 정도는 상대적인 정도를 말할 뿐 그 정도를 일의적으로 구분할 수 있는 지표나 수단 등은 없다.

OECD 국가들의 경험에 의하면 민영화를 사전에 전략적으로 추진할 필요가 있을 때에는 집중형으로 추진하는 경향이 있다. 민영화에 대한 국민적인 관심이나 필요성이 크거나 민영화 대상 기관의 규모가 클 때가 이에 해당한다. 반면, 별도의 종합적인 민영화 전략을 사전에 수립할 필요가 없을 때(예: 민영화 대상 기관이 소규모일 때)에는 각 소관 부처에 의해 분산형 방식으로 추진되어도 무방할 것이다(OECD, 2003).

공공기관 민영화의 추진 방법론

공공기관 민영화의 추진 방법론은 공모방식(public offering of shares), 사모방식(private offering of shares), 자산매각방식(sale of government or enterprises assets), 경영진·종업원 직접매각(management/employee buy-out), 민간투자유치(new private investment in SOE), 임대 또는 경영계약(leases and management contracts) 등 6가지로 구분할 수 있다(Vuylsteke 등, 1988).

공모방식은 공공기관의 지분(주식)을 주식 시장을 통해 불특정 다수에게 매각하는 방식을 말한다. 공모방식은 주식시장의 자율적인 경쟁을 활용하기 때문에 정치적인 논란에서 자유로울 수 있는 장점이 있다. 그러나 주식 시장의 시황이 호황일 때 상장해야 높은 가격으로 민영화를 할 수 있기 때문에 주식시장이 호황일 때까지 민영화 시점을 기다리는 과정에서 민영화의 적정 시점을 놓칠 가능성도 존재한다.

사모방식은 공공기관의 지분(주식)을 단일 기관 또는 집단에게 매각하는 방식이다. 보통 공개입찰을 통해 매각하는데 입찰에서 가장 높은 가격을 제안한 기관에게 주식이 매각되기 때문에 민영화로 인한 재정수입을 극대화시키는데 유리한 제도이다. 그러나 공공기관의 주식이 여러 기관에 골고루 분산되지 않고 보통 재벌 등 대형 기관에 낙찰되는 경향이 있어서 분배의 형평성 측면에서 비판을 받기 쉽다.

자산매각방식은 공공기관의 지분(주식) 대신 자산을 민간에 매각하는 방식이다. 지분 매각이 어렵거나 지분 가치 설정이 객관적이지 않을 경우 또는 공공기관을 청산할 때 추진될 수 있다. 자산과 부채를 분리하여 자산만 매각할 수 있는데 이 경우 부채의 관리에 대해서는 별도의 계획이 필요하다.

경영진·종업원 직접매각은 피고용인인 경영진·종업원에게 공공기관의 지분(주식)을 매각하여 경영진·종업원이 민영화된 기업의 주주가 되는 방식이다. 이 방식은 주식시장 상장의 방식처럼 시장의 자율적인 경쟁을 활용하지는 않지만, 민영화되는 공공기관에서 피고용인의 반대를 최소화할 수 있다. 또한 대리인(피고용인)이 주인(주주)이

되기 때문에 대리인 비용을 줄이는데도 적절한 방식으로 평가되어 적잖이 활용되는 방법이다.

민간투자유치방식은 공공기관의 지분(주식)을 처분하는 것이 아니라, 민간 부문의 신청에 의해 공공기관이 지분(주식)을 추가로 발행하는 방식이다. 주된 목적은 공공기관 지분의 매각이 아니라 민간의 신규 자본을 공급하는 것이다. 공공기관의 자본이 과소한 경우, 지배구조의 개편 등이 필요할 때 활용될 수 있는 방법이다.

임대 또는 경영계약방식은 공공기관의 지분(주식)에 대한 변화가 없고 소유권의 이전도 없는 상태에서, 특정 개인 또는 기관에게 공공기관을 임대하거나 경영계약을 맺는 방법을 뜻한다. 즉, 경영자가 경영에 대한 통제권을 갖는 대신 소유주인 국가 또는 공공기관에게 그에 대한 대가를 지불하는 방식이다. 임대 또는 경영계약 방식은 민영화 추진이 곤란할 경우 민영화를 위한 중간 단계로서 활용될 수 있는 방법으로, 엄밀히 말해서는 민영화의 추진방법론에 포함되지 않는 경우도 있다.

추진 방법론과 관련하여 OECD 국가가 보이는 공통적인 현상은 (ⅰ) 대부분 주식 발행에 의해 민영화를 실시하고, (ⅱ) 대규모 방식보다는 소규모 방식으로 민영화하는 방법을 선호하며[2], (ⅲ) 민영화 대상 공공기관의 공모 주식을 소화할 때 대체로 국내 투자자가 핵심 역할을 하였다(OECD, 2003).

공공기관 민영화의 성과에 대한 연구 정리

본 절에서는 공공기관 민영화의 성과에 대해 관련 선행연구를 종합 정리하며 살펴본다. 민영화 전후의 성과는 효율성, 형평성 및 기타 관점에서 검토할 수 있다. 효율성은 미시적인 개별 기업의 관점과 거시적인 후생적 관점으로 구분하고, 형평성 등 기타는 민영화가 형평성과 사회적 책임 등에 미치는 영향에 대한 것이다[3].

----

2) OECD 국가들은 많은 산업 중 주로 경쟁이 치열한 분야에서 영업하는 공공기관을 대상으로 민영화하는 방법을 선택하였다.
3) 본 검토는 민영화 전후의 성과 비교 또는 민영화된 공기업과 그렇지 않은 공기업간 비교이므로, 공기업과 사기업의 성과 비교에 대한 사항은 검토 대상이 아니다.

미시적인 개별 기업의 관점

국내 연구중 민영화 전후의 성과를 분석한 대표 연구로 다음의 연구들을 들 수 있다. 김현숙(2007)은 공공기관 민영화가 수익성, 효율성 등의 경영성과에 미치는 영향을 분석하였다. 분석 대상은 1990년대 후반부터 2000년대 초반에 민영화된 7개 공공기관이다. 분석 결과[4], 기업의 수익성(제반 이익률)과 효율성(종업원 1인당 매출액)은 민영화 이후 유의하게 증가하였다. 그러나 안정성(부채비율), 성장성(매출액 증가율 등) 및 고용(종업원 수)은 분석 방법론에 따라 상이한 결과가 도출되어 저자의 주장이 충분히 뒷받침되지 못하였다.

민희철(2009)은 민영화가 수익성(제반 이익률)에 미치는 영향을 중심으로 분석하였다[5]. 분석 대상은 김대중정부에서 민영화된 5개 공공기관이다. 분석 결과[6], 민영화된 5개 공기업은 민영화되지 않은 19개 대조 공기업에 비해 대부분의 수익성 관련 지표에서 유의하게 개선되었음이 뒷받침되었다.

박정수·박석희(2011)는 민영화가 해당 기업의 경영에 미치는 제반 영향을 분석하였다. 기업경영에 미치는 영향은 한국은행이 발표하는 기업의 성장성(6개), 수익성(3개), 생산성(3개), 효율성(2개), 활동성(1개) 등 15개 지표를 활용하여 분석하였다. 분석 대상은 완전 민영화된 15개 기관(정부 직접 투자출자기관 6개, 자회사 6개, 산업은행 지분보유 3개)을 대상으로 하였다. 분석 결과[7], 효율성은 다수 기관에서 유의하게 개선되었고, 생산성 및 수익성은 절반 이하의 기관에서만 유의하게 개선되었다. 반면 성장성과 활동성은 소수의 기관만이 유의하게 개선되었다.

이상의 국내연구를 요약하면 한국의 민영화는 개별 기업 관점에서 효율성은 거의 확실히 개선시켰고 수익성도 대체로 개선시키는 것으로 판단된다. 그러나 민영화가 생산성, 성장성 및 활동성에 미치는 영향은 확실하지 않다. 따라서 이들 변수에는 부정적인 영향을 미칠 수도 있음을 배제할 수 없다[8].

....

4) 저자는 Wilcoxon rank sum 검정, 이분차이(difference−in−differences) 모형을 사용하였다.
5) 저자는 수익성 이외의 지표는 분석하지 않았다.
6) 저자는 이분차이(difference−in−differences) 모형을 사용하였다.
7) 저자는 민영화 이전 4~5년의 제반 지표와 민영화 이후 4~5년의 제반 지표의 평균이 유의하게 차이가 나는지를 검정하였다.
8) 예를 들어 민영화는 김현숙(2007)이 분석한 고용(종업원수) 변수와 박정수·박석희(2011)의 성장성(종업원수 증가율) 변수에 부정적인 영향을 미칠 수 있었다. 참고로 김현숙(2007)이 분석한 고용(종

민영화 전후의 성과 분석에 대한 해외 연구는 다음과 같다[9]. Megginson 등(1994)의 연구는 가장 대표적인 민영화 성과연구로 뽑힌다. 이들은 1961~90년 사이에 주식공모(public share offering)를 통해 부분 또는 완전 민영화를 경험한 18개국의 32개 산업 내 61개 민영화 기업을 대상으로 연구를 진행하였다. 기업의 수익성, 효율성, 안정성, 고용 등의 지표를 민영화 이전과 이후로 나누어 평균값과 중간값의 크기 변화가 유의한지를 검정하였는데, 분석결과 민영화 이후 기업의 실매출액과 자본투자가 증가하였고 수익성, 경영효율성이 개선되었으며, 고용이 증가한 것으로 나타났다. 이러한 분석결과는 사적 소유권이 성과개선을 내재화하도록 하여 민영화는 그 자체로 재무적·운영적 성과에 영향을 주는 것으로 나타난다. 하지만 이것이 민영화의 효과인지 시장환경 또는 기업목적의 변화의 결과인지 명확하지 않다는 비판이 존재한다.

Boubakri and Cosset(1998)의 연구에서는 21개의 개발도상국에서 1980년과 1992년 사이에 민영화된 32개 산업, 79개 기업을 분석하였다. 이들은 Megginson 등(1994)의 연구와는 달리 주식공모 및 직접매각, 양자혼합인 경우를 모두 표본으로 삼고, 경제 전반의 요소로부터 민영화의 효과를 분리하기 위해 시장조정된 성과를 사용하였다. 분석결과, 민영화가 수익성, 경영효율성, 자본투자, 산출물, 고용수준, 배당금 증가에 유의미한 영향을 주고 레버리지 비율[10]은 낮춘다는 사실을 발견하였다. 이를 통해 민영화는 16% 이상의 경영효율성을 증가시키고, 70% 이상의 자본투자를 증가시킨다고 분석하였다. 또한 저자들은 소유권의 중요성을 강조하면서도 시장의 구조, 민영화의 방식, 국가의 소득수준에 따라 민영화의 결과가 다르게 도출됨을 지적하고 있다.

D'souza and Megginson(1999)의 연구는 Megginson 등(1994)의 연구와 마찬가지로 민영화 전후의 재무적·운영적 성과를 분석한 연구이다. 분석대상은 산업화된 28개국의 85개 기업으로, 1990~96년 사이에 주식공개방식으로 민영화된 기업이다. 민영화의 성과를 분석한 결과 수익성, 산출물, 경영효율성, 배당금 등은 증가하였고 레버리지 비율은 감소한 것으로 나타났다. 반면 자본투자 증가와 고용감소에서는 유의미한 결과가 나타나지 않았다.

Dewneter and Malatesta(2001)는 위와 유사한 방법론을 이용하여 보다 광범위한

업원수) 변수와 박정수·박석희(2011)의 성장성(종업원수 증가율) 변수는 명칭만 다를 뿐 사실상 한 국은행이 분류하는 성장성에 대한 여러 변수중 하나의 변수에 해당한다.

9) 본 사항은 박정수·박석희(2011)를 인용하였다.

10) 부채의존도를 의미한다. 이하 선행연구에서도 유사한 의미로 사용되었다.

기업을 포괄하여 민영화 전후 3년 시기의 성과를 분석하였다. 포춘지에 실린 500대 기업 중 63개 기업을 대상으로 민영화 이후의 수익성과 부채비율 등을 차이비교를 통해 분석하였는데, 공기업의 수익성은 증가하고 레버리지비율과 노동집약도는 감소하는 것으로 결과가 나타났다. 그러나 민영화와 관련된 성과개선은 정부 소유가 감소하기 이전인 3개년에 걸쳐 발생한다고 주장하였다.

해외 선행연구는 민영화가 미시적인 개별 기업 관점에서 제반 성과를 대체로 개선시키는 것으로 보고하고 있다. 국내 선행연구와 다소 상이한 내용이 분석되고 있다. 해외 선행연구를 국내 상황에 적용할 때 주의가 필요할 것이다.

거시적인 후생적 관점

김현숙 외(2007)는 김대중정부에서 민영화된 7개 공공기관(포스코, 두산중공업, 대한송유관공사, KT, KT&G, 대한교과서, KTB 네트워크)을 대상으로 민영화가 국민경제적 관점의 후생에 미치는 영향을 분석하였다. 후생은 보통 소비자 후생과 생산자 후생으로 구분할 수 있으나, 민영화가 이들 후생에 미치는 영향을 각각 산출하는 것은 어려우므로 민영화와 관련된 각 이해관계자로 구분하여 그들의 후생이 민영화로 인해 어떻게 변화되는지를 분석하였다. 구체적으로 민영화가 소비자 후생, 생산자 이윤 및 생산성, 고용을 비롯한 중간재에 대한 영향, 경쟁산업 내 파급효과 및 산업연관효과 등 4가지 후생에 미치는 영향을 살펴보면 다음과 같다.

저자들은 7개 기관 중 민영화 이후 통신요금이 다소 하락한 KT를 제외하고는 민영화로 인해 소비자 후생은 크게 변화하지 않았다고 평가하였다[11]. 생산자 이윤 및 생산성의 경우, 대부분 기업이 민영화 이후 호전되었다. 즉 저자들은 민영화가 기관의 이윤이나 생산성에는 긍정적인 역할을 한다고 평가하였다[12]. 고용의 경우 민영화

---

11) 개별 기업의 소비자 후생에 대한 저자들의 평가는 다음과 같다. 포스코, 두산중공업, 대한송유관공사는 최종소비자가 아닌 중간제품 소비자인 다른 기업이 소비자로서 민영화 이후 관련기업의 효용이 크게 증가하지는 않았다. KT&G의 경우, 민영화 이후 담배가격은 상승하였는데 담배가격의 상승은 주로 담배세 인상과 연관이 있고 담배판매량 감소는 웰빙트렌드의 영향이기에 민영화가 소비자 효용에 미친 영향은 판단을 보류하였다. KTB network의 수요자인 벤처캐피탈 회사는 KTB network의 업종변경으로 인해 소비자 후생의 변화를 파악하지 못했다.

12) 개별 기업의 생산자 이윤 및 생산성에 대한 저자들의 평가는 다음과 같다. 부실기업으로 인한 재정적 자를 감축하기 위해 민영화된 대한송유관공사는 민영화 이후 적자기업에서 흑자기업으로 전환하였고

이후 인력 감축으로 대부분의 기관에 부정적인 영향을 미쳤다[13]. 경쟁산업내 파급효과 및 산업연관효과의 경우 외형상으로는 개선이 있는 것처럼 보이지만 실질적으로는 의문시된다고 주장하였다[14].

저자들에 의하면 7개 기관 중 거시적인 후생적 관점에서 대체로 우수한 성과를 보이는 것은 포스코이고 여타 기관은 일부 관점에서는 우수하지만 여타 관점에서는 우수

표 11 - 1 민영화된 기관에 대한 후생변화 분석

세부 구성요소	포스코	두산 중공업	대한 송유관 공사	KT	KT&G	대한 교과서	KTB network
소비자 후생	유사(+)	유사	유사	(+)	유사	유사	유사
생산자 이윤 및 생산성	(+)	유사 (+)	(+)	유사 (+)	(+)	(+)	(+)
고용을 비롯한 중간재에 대한 영향	유사 (−)	(−)	유사	유사 (−)	유사	유사	(−)
경쟁산업내 파급효과 및 산업연관효과	(+)	유사	유사	유사	유사	(+)	~유사

자료: 김현숙 외(2007)를 편집함

주: (+)는 민영화 이후에 증가 또는 개선되었음을 의미하고, (−)는 민영화 이후에 감소 또는 악화되었음을 의미함. 김현숙 외(2007)는 유사와 모호를 구분하였으나 본서에서는 유사로 통일함. 유사와 (+) 또는 (−)가 함께 기재된 것은 민영화 전후에 차이가 없거나 민영화 이후에 증가/개선 또는 감소/악화되었음을 의미함. KT&G의 경쟁산업내 파급효과 및 산업 연관효과는 연관 산업인 잎담배 농업에 미친 효과까지 추가한 분석임.

....

생산성과 공적 이윤이 증가하였다. 산업의 침체 속에 활로모색을 위해 민영화한 두산중공업은 민영화 이후의 어려운 시장환경으로 인해 이윤, 생산성의 증가가 두드러지지 않으나 장기적으로는 개선될 여지는 크다고 분석하였다. KTB network는 민영화 이후 업종 변경으로 인해 기업이윤이나 공적 이윤 등이 개선되었다. 유선시장의 정체 등으로 KT의 수익성이나 이윤은 민영화 이후 큰 변화가 없다. 포스코, KT&G 등 우량기업은 민영화 이후에도 지속적으로 생산성과 이윤이 증가하였다.

13) 그러나 저자들은 우량기업의 경우 민영화 이전에 비해 인력변동 수준에서 크게 다르지 않으며, 부실기업의 경우에도 인력이 감축되긴 했지만 통제그룹에 비해 유의하게는 감소하지 않은 것으로 분석하였다.

14) 저자들은 외형상으로는 민영화를 통해 시장지배력이 감소한 포스코, KT&G, 대한교과서의 경우 파급효과는 증가했으나 평균적으로 경쟁창출 정도는 강하지 않아 과연 유효경쟁에 돌입했는지 의문시된다고 비판하였다.

하지 못한 성과를 보이고 있다. 저자들은 포스코가 대부분 관점에서 후생이 증가한 이유는 민영화 이전에도 경쟁적 환경에 노출되어 있었기 때문에 민영화를 통해 정부규제에서 벗어남으로써 민영화의 성과가 보다 제고될 수 있었다고 보고 있다. KT&G의 경우 국내에서는 독점이었으나 해외의 담배회사들은 모두 경쟁 상태이고 일반 소비자가 수요자이며 수익성이 매우 높아 민영화가 용이하였다. 또한 대한교과서도 단순한 교과서 인쇄업으로 민영화가 용이하였다. 이러한 이유로 저자들은 KT&G와 대한교과서가 포스코보다는 덜하지만 민영화의 성과가 어느 정도 가시화되었다고 평가하였다.

이는 당초 경쟁 환경에 노출된 공공기관 또는 소규모의 공공기관이 민영화될 경우 성과가 높거나 민영화가 용이하다는 OECD(2003)의 분석과 일맥상통하는 것이다.

Galal 등(1992)은 항공 및 공익산업에 해당하는 12개 기관의 민영화 성과를 분석하였다[15]. 구체적으로 영국, 칠레, 말레이시아, 멕시코 등에서 민간으로의 소유권 이전이 효율성을 증가시켰는지를 분석하였다. 민영화 이후 공공기관 상태가 지속될 경우 성과 예측치와 실제 성과를 비교하는 방식을 적용하여 사회후생의 변화를 측정한 결과, 전체 표본에서 민영화 이전 매출액 기준 26%의 사회후생이 증가하였으며 12개 기관 중 11개에서 사회후생이 유의하게 증가함을 발견하였다.

La Porta 등(1999)은 1981년~91년 멕시코의 민영화된 공공기관 218개를 대상으로 민영화의 성과를 분석하였다. 분석 결과, 민영화 이후의 수익성이 매우 유의하게 높아졌음을 발견하였다. 민영화 기업의 매출액 경상이익률 향상분은 동종 산업의 민간기업보다 24% 높은데 이는 주로 원가절감 등 효율성 향상으로 이루어진 것으로 조사되었다. 특히 시장지배력이 높은 산업의 경우 수익성 향상분에서 가격인상 효과가 차지하는 비중은 5% 내외로 나타나 소비자의 후생은 악화되지 않은 반면, 정부와 주주들의 후생은 크게 높아진 것으로 나타났다.

이상을 종합해 볼 때, 거시적인 후생의 관점에서 공통적으로 확인할 수 있는 사항은 민영화가 생산자 또는 주주들의 후생을 증가시킨다는 점이다. 반면 소비자 후생, 중간자 및 산업연관효과 등에서는 일치된 결과를 보이지 않고 있으므로 선행연구 해석시 주의할 필요가 있다.

---

15) 본 단락과 다음 단락은 박정수·박석희(2011)를 인용하였다.

형평성 등 기타 관점

김현숙 외(2007)는 민영화가 소득재분배 문제와 환경, 장기투자 및 위험관리, 불공정행위, 국가전략상 중요산업 등 기타 요소에 미치는 영향을 분석하였다[16]. 여기서 형평성은 소득분위에 따른 재화소비량이나 가격부담의 변화를 의미하며 장치산업이나 네트워크 산업의 경우 보편적 서비스 충족여부로 판단하였다. 환경문제는 민영화 이후 환경오염관련 사건 등의 증가여부로 판단하였다. 장기투자 및 위험관리는 설비투자의 감소나 연구개발비 감소로 판단하였다. 불공정행위는 담합여부 등으로 판단하였다. 국가전략상 중요산업은 국가경쟁력 등에 영향을 미친 사건 증가 여부로 판단하였다.

분석결과, 민영화는 형평성과 기타 사항 모두에 대해 부정적인 영향을 미친 것으로 분석되었다. 형평성은 KT, KT&G 사례를 분석했는데 민영화 이후에 형평성이 하락한 것으로 저자들은 판단하였다[17]. 환경문제는 대한송유관공사의 사례를 분석했는데 민영화 이후 환경문제를 소홀히 한 것으로 평가되었다[18]. 장기투자 및 위험관리의 경우 관련성이 있는 기관 중 절반(KT, 대한송유관공사)은 민영화 이후 설비투자 및 연구개

....

16) 분석 대상은 거시적인 후생측면에서 언급한 바와 동일하다. 다만, 모든 7개 분석대상 기관에 대해 소득재분배와 기타 요소를 모두 분석하지 않고, 각 요소의 성격에 비추어 분석항목과 관련성이 있는 기관에 대해서만 분석하였다. 예를 들어 저자들은 형평성을 분석할 때 대한교과서를 배제하였다. 저자들은 의무교육에 대해서는 무상으로 교과서를 공급하고 고등학교 교과서도 원가수준으로 공급하기에 형평성의 문제는 없다고 판단하였기 때문이다.

17) 형평성과 관련하여 민영화된 각 공공기관에 대한 저자들의 구체적인 평가는 다음과 같다.
- KT와 관련하여, 정보통신부는 민영화 조건의 하나로 '한국전기통신공사의 공익성 보장에 관한 고시'를 통해 KT에게 2005년까지 초고속 정보통신망 구축이 어려운 농·어촌지역에 대한 초고속정보통신망 구축계획을 매년 수립해 정보통신부 장관의 승인을 받아 수행하도록 하였다. 2005년으로 KT의 의무가 종료되었으며, 2002년부터 2005년까지 1조6천억원을 투입하여 전체 농어촌가구의 97%에 대하여 초고속 정보통신망을 구축하였다. 그러나 '한국전기통신공사의 공익성 보장에 관한 고시' 제4조에서는 '한국통신은 2005년까지 전국 모든 농어촌지역에 초고속인터넷서비스를 제공할 수 있도록 초고속정보통신망을 구축하여야 한다.'라고 100% 구축을 의무화하였다. 따라서 매년 정보통신부 장관의 승인을 받아 수행하는 사업이었으나, 고시에 따르는 의무를 완수한 것으로 볼 수 없다. [민영화 조건중 하나인 형평성 관련 사항을 준수하지 않음]
- KT&G의 경우 민영화 이후 고급 담배를 위주로 한 브랜드 전략을 채택하면서 저소득층의 담배 소비에 부정적인 효과로 이어졌을 수 있다. 특히 저소득층을 위한 저가 담배 공급을 위해 1994년 이후 1갑당 200원으로 공급되던 솔 담배가 2005년 5월 이후 생산이 중단되었다. 또한 2002년 당시 솔 담배 외에 가장 가격이 낮은 88골드와 88멘솔도 현재 공급되지 않고 있다. [민영화 이후 형평성 측면에서 부정적]

18) 저자들은 2005년 인덕원에서 발생한 대한송유관공사의 기름유출 사건은 민영화 이후 단기적인 이윤에 집중하고 수선비가 급감하는 등의 사정과 관련된 것으로 분석하였다.

발비가 감소하였고[19], 나머지는 민영화 이전과 유사(포스코)하거나 증가(두산중공업[20])한 것으로 분석되었다. 불공정행위의 경우 관련성이 있는 포스코와 KT 모두 민영화 이후 악화된 것으로 분석되었다[21].

유승원·이남령(2014)은 공공기관의 민영화가 사회적 책임 활동(CSR, corporate social responsibility)에 미치는 영향을 분석하였다. 사회적 책임 활동은 공공기관이 추구해야 하는 공공성 활동중 중요한 항목이다. 저자들은 공공기관이 민영화되면 공공성 활동보다는 주주의 이익을 추구하게 되어 사회적 책임 활동이 기관의 비주력 활동으로서 후순위로 밀릴 수 있다고 판단하였다[22].

분석 결과, 주식시장에 상장되어 부분 민영화된 공공기관은 공공기관 경영평가 항목 중 사회적 책임 활동 점수를 유의하게 저하시키는 것으로 분석되었다[23]. 즉 민영화는 공공성을 추구하는 사회적 책임 활동에 부정적인 영향을 미치고 있음을 알 수 있다.

저자들의 분석은 부분 민영화되어 공공기관의 형태를 계속 유지하는 기관에 대해 분석한 것이다. 따라서 당초 공공기관이었다가 완전 민영화되어 사기업으로 전환된 기관의 경우 공기업 형태를 완전히 벗어버렸기에, 공기업 형태를 유지하고 있는 부분 민영화된 기관보다 사회적 책임 활동을 등한시할 확률이 높다고 예상할 수 있다.

....

19) 저자들은 예를 들어 대한송유관공사의 경우 민영화 이후 송유관 운영의 선진화 등과 관련한 연구개발비의 실적 등은 찾아보기 어렵다고 분석하였다. 또한 KT의 통신 장애등은 민영화 이후 시설 보수 또는 관리에 대한 투자가 과거 대비 상대적으로 소홀했기 때문이라고 분석하였다.

20) 저자들은 두산중공업의 경우 해외 시장을 겨냥한 시설투자와 연구개발투자를 확대하여 민영화 이후 5개년 평균투자액이 민영화 이전에 비해 약 30% 증가하였다고 분석하였다.

21) 저자들은 포스코의 사례를 민영화 이전/이후로 구분하여 설명하였다. 민영화 이전에는 민간 수요업체인 자동차, 선박 등의 업체가 교섭력(bargaining power)이 커서 포스코가 그들에게 값싼 철강제품을 공급하였다. 반면, 민영화 이후에는 공급자인 포스코의 교섭력이 커서 공급독점력을 이용하여 수요업체와 대립된다고 분석하였다. 민영화 이후 포스코는 시장지배력 남용행위 또는 타사업자에 대한 사업활동 방해 행위로 관계 당국에게 적발되었다.

22) 저자들은 사회적 책임 활동의 대리변수로 정부의 공공기관 경영평가시 평가 항목중 사회적 책임 항목을 설정하였다. 분석 연도는 정부가 사회적 책임 항목을 평가하기 시작한 2004년부터 2011년까지이다. 분석 대상 기관은 「공공기관의 운영에 관한 법률」에 의해 공기업으로 지정된 기관중 샘플 연도중 주식 시장에 상장된 3개 기관(한국가스공사, 한국전력공사, 한국지역난방공사)이고, 통제집단은 주식시장에 상장되지 않은 여타 28개 공기업이다.

23) 저자들의 분석 결과, 민영화된 상장 공기업은 비상장 공공기관에 비해 사회적 책임 활동 평가를 100점 만점으로 환산시 평균 18.5점이 유의하게 낮았다.

표 11 - 2 민영화된 기관에 대한 형평성 등 기타사항 분석

세부 구성요소		포스코	두산 중공업	대한 송유관 공사	KT	KT&G	대한 교과서	KTB network
형평성(소득재분배)		관련 없음	관련 없음	관련 없음	유사 (−)	(−)	관련 없음	관련 없음
기타	환경문제	관련 없음	관련 없음	(−)	관련 없음	관련 없음	관련 없음	관련 없음
	장기투자 및 위험관리	유사	(+)	(−)	(−)	관련 없음	관련 없음	관련 없음
	불공정행위	(−)	관련 없음	관련 없음	(−)	관련 없음	관련 없음	관련 없음

자료: 김현숙 외(2007)를 편집함.

주: (+)는 민영화 이후에 증가 또는 개선되었음을 의미함. (−)는 민영화 이후에 감소 또는 악화되었음을 의미함. 유사는 민영화 전후에 별 차이가 없음을 의미함. 유사와 (−)가 함께 기재된 것은 민영화 전후에 차이가 없거나 민영화 이후에 감소/악화되었음을 의미함

민영화의 성과 연구 종합

[표 11 - 3]에 이상의 사항을 종합하였다. 기존 선행연구 중 상당수는 효율성중 미시적인 개별기업 관점에서 민영화의 성과를 평가하였다. 관련 국내 선행연구는 민영화는 개별 기업 관점에서 효율성은 거의 확실히 개선시켰고 수익성도 대체로 개선시켰다고 분석하고 있다. 그러나 민영화가 생산성, 성장성 및 활동성에 미치는 영향은 확실하지 않다. 반면 해외연구는 민영화가 미시적인 개별 기업 관점에서 제반 성과를 대체로 개선시키는 것으로 분석하고 있다. 따라서 해외 선행연구를 국내에 적용할 때 주의가 필요하다.

효율성 중 거시적인 후생 관점에서 분석한 선행연구에서 공통적으로 확인할 수 있는 사항은 민영화가 생산자 또는 주주들의 후생은 증가시킨다는 점이다. 반면 소비자 후생, 중간자 및 산업연관효과 등에서는 일치된 결과를 보이지 않고 있으므로 선행연구 해석시 주의가 요청된다.

표 11 - 3 민영화의 성과(효율성·형평성 등) 정리－선행연구 종합

관 점	선행연구	분석 내용
효율성－ 미시적인 개별 기업 관점	김현숙(2007)	• 분석대상: 90년대 후반부터 2000년대 초반에 민영화된 7개 공공기관 • 민영화된 기관의 수익성(제반 이익률)과 효율성(종업원 1인당 매출액)은 민영화 이후 유의하게 증가 • 그러나 안정성(부채비율), 성장성(매출액 증가율 등) 및 고용(종업원수)은 분석 방법론에 따라 상이한 결과가 나옴
	민희철(2009)	• 분석대상: 김대중정부에서 민영화된 5개 공공기관 • 민영화된 5개 기관은 민영화되지 않은 19개 대조 기관에 비해 대부분의 수익성 관련 지표에서 유의하게 개선됨
	박정수· 박석희 (2011)	• 분석대상: 완전 민영화된 15개 기관(정부 직접 투자출자기관 6개, 자회사 6개, 산업은행 지분보유 3개) • 공공기관 민영화가 해당 기업의 경영에 미치는 제반 영향(성장성, 수익성, 생산성, 효율성, 활동성)을 분석함 • 효율성은 다수 기관에서 유의하게 개선되었고, 생산성 및 수익성은 절반 이하의 기관에서만 유의하게 개선된 반면, 성장성과 활동성은 소수의 기관만이 유의하게 개선됨
	Megginson 외 (1994)	• 분석대상: 1961~1990년 주식공모(public share offering)를 통해 부분·완전 민영화를 경험한 18개국의 61개 민영화 기관 • 민영화 이후 기업의 실매출액과 자본투자가 증가하였고 수익성, 경영효율성이 개선되었으며, 고용이 증가함 • 그러나 이러한 결과가 민영화의 효과인지 시장환경 또는 기업목적의 변화의 결과인지 명확하지 않다는 비판이 존재함
	Boubakri & Cosset(1998)	• 분석대상: 21개의 개발도상국에서 1980년과 1992년 사이에 민영화된 79개 민영화 기관 • 민영화가 수익성, 경영효율성, 자본투자, 산출물, 고용수준, 배당금 증가에 유의미한 영향을 주고 레버리지 비율(부채의존도)은 낮춤
	D'souza & Megginson (1999)	• 분석대상: 28개국의 85개 기관으로, 1990~1996년 사이에 주식공개 방식으로 민영화된 기관 • 수익성, 산출물, 경영효율성, 배당금 등은 증가하였고 레버리지 비율(부채의존도)은 감소함. 반면 자본투자 증가와 고용감소에서는 유의미한 결과가 나타나지 않음
	Dewneter & Malatesta (2001)	• 분석대상: 포춘지에 실린 500대 기업 중 민영화된 63개 기관 • 민영화로 수익성은 증가하고 레버리지 비율(부채의존도)과 노동집약도는 감소함. 그러나 민영화와 관련된 성과개선은 정부 소유가 감소하기 전, 3개년에 걸쳐 발생함
	선행연구 종합	• 국내연구 종합: 한국의 공공기관 민영화는 개별 기업 관점에서 효율성은 거의 확실히 개선시켰고 수익성도 대체로 개선시킴. 그러나 민영화가 생산성, 성장성 및 활동성에 미치는 영향은 확실하지 않음 • 해외연구 종합: 공공기관의 민영화가 미시적인 개별 기업 관점에서 제반 성과를 대체로 개선시키는 것으로 분석함 • 해외 선행연구를 국내 상황에 적용할 때 주의가 필요함

관 점	선행연구	분석 내용
효율성 — 거시적인 후생 관점	김현숙 외 (2007)	• 분석대상: 김대중정부에서 민영화된 7개 공공기관 • 소비자 후생은 7개 기관 대부분이 민영화 전후에 변화가 크지 않음 (예외: KT) • 생산자 이윤 및 생산성은 대부분 기관이 민영화 이후 호전됨 • 고용은 대부분 기관에서 민영화 이후 악화됨 • 산업내 파급효과 및 산업연관효과는 외형상으로는 개선이 있는 것처럼 보이지만 실질적으로는 그 효과가 의문시됨
	Galal 외 (1992)	• 분석대상: 영국, 칠레, 말레이시아, 멕시코 등 항공 및 공익산업에 해당하는 12개 기관 • 전체 표본에서 민영화 이전 매출액 기준 26%의 사회후생이 증가하였으며, 12개 기관 중 11개 기관에서 사회후생이 유의하게 증가함
	La Porta 외 (1999)	• 분석대상: 1981년에서 1991년 사이에 민영화된 218개의 멕시코 공기업 • 시장지배력이 높은 산업의 경우 소비자의 후생은 악화되지 않는 반면, 정부와 주주들의 후생은 크게 높아짐
	선행연구 종합	• 국내외 선행연구에서 공통적으로 확인할 수 있는 사항은 민영화가 생산자 또는 주주들의 후생은 증가시킨다는 점임 • 반면 소비자 후생, 중간자 및 산업연관효과 등에서는 일치된 결과를 보이지 않고 있음. 선행연구 해석시 주의가 요청됨
형평성 및 기타 관점 • 형평성 • 환경 • 장기투자 위험관리 • 불공정 행위 • 사회적 책임 활동	김현숙 외 (2007)	• 분석대상: 김대중정부에서 민영화된 7개 공공기관(포스코, 두산중공업, 대한송유관공사, KT, KT&G, 대한교과서, KTB network) * 다만 각 항목별로 관련성이 있는 기관만 분석함 • 형평성은 KT, KT&G를 분석한 결과 민영화 이후에 하락함 • 환경문제는 대한송유관공사를 분석한 결과 민영화 이후 환경문제를 소홀히 함 • 장기투자 및 위험관리의 경우 관련성이 있는 기관 중 절반(KT, 대한송유관공사)은 민영화 이후 설비투자 및 연구개발비가 악화되었고, 나머지는 민영화 이전과 유사(포스코)하거나 증가(두산중공업)함 • 불공정행위는 포스코와 KT 모두 민영화 이후 악화됨
	유승원 · 이남령(2014)	• 분석대상: 2004년부터 2011년까지 부분 민영화(주식시장 상장)된 3개 공공기관과 통제집단인 28개 공공기관 • 민영화는 공공성을 추구하는 사회적 책임 활동에 유의하게 부정적인 영향을 미침 • 민영화(주식시장 상장)는 정부의 사회적 책임 활동 평가를 평균 18.5% 유의하게 저하시킴
	선행연구 종합	• 민영화는 공공기관의 형평성, 환경문제, 장기투자 및 위험관리, 불공정행위, 사회적 책임 활동 등 효율성 이외의 여타 활동에 다소 부정적인 영향을 미침

주: 저자 순서: 각 관점별 국내저자(연구연도) 이후 해외저자(연구연도)순

그동안 공공기관 민영화의 성과를 분석 시에는 효율성, 그중에서도 미시적인 개별 기업 관점에서만 분석된 경향이 없지 않다. 민영화는 공공기관의 형평성, 환경문제, 장기투자 및 위험관리, 불공정행위, 사회적 책임 활동 등 효율성 이외의 기타 제반 활동에 부정적인 영향을 미칠 확률이 높다. 그럼에도 불구하고, 공공기관 민영화가 형평성 등 기타 사항에 미치는 영향을 분석한 연구는 소수에 그친다. 공공기관 민영화의 성과를 검토할 경우에는 거시적인 후생 관점과 형평성 등 여타 관점을 추가하여 종합적인 관점에서 균형되게 진행해야 할 것이다.

역대 정부별 민영화 정책

본 절에서는 역대 정부별 민영화 정책을 검토한다. 사회과학에서 다수 활용하는 plan－do－see의 관점을 활용하여 민영화의 계획(plan), 실행(do), 성과·환류(see) 측면에서 살펴본다.

박정희정부(1962년~1979년)의 민영화 정책

박정희정부는 제1차 경제개발계획을 성공적으로 이끈 후 다시 제2차 경제개발계획을 추진중이던 1968년부터 12개 기관[24]을 대상으로 민영화를 추진하였다(경제기획원, 1988; 박정수·박석희, 2011).

박정희정부 민영화 정책의 계획 측면을 살펴보면, 당시 민영화는 부실 공기업 정리 및 민간기업 육성(경제기획원, 1988)과 매각대금의 사회간접자본 재투자(김준기, 2014)의 목적을 가지고 있었다. 부실 공기업 정리 및 매각대금의 사회간접자본 재투자는 민영화 목표로서 대체로 합리적인 것으로 볼 수 있다. 그러나 당시 부실 공기업을 재건시

---

24) 대한항공공사, 대한재보험공사, 한국상업은행, 대한통운, 대한해운공사, 대한조선공사, 인천중공업, 대한철광개발, 한국기계공업, 대한광업제련공사, 대한염업, 한국수산개발공사. 이상의 기관 중에는 현재의 KAL, 코리안RE 등 국민들이 잘 아는 기업이 많다.

킬 민간경제 또한 튼튼하지 못했던 것을 고려할 때 부실 공기업 정리와 민간기업 육성이라는 두 가지 목표는 사실상 함께 달성하기 어려운 다소 도전적이거나 모순적인 목표였던 것으로 여겨진다.

민영화의 실행 측면에서 살펴보면, 당시 군사 정부가 경제개발계획과 연계하여 대체로 계획대로 민영화를 이행하였다(경제기획원, 1988). 그러나 경쟁입찰 방식을 추진하지 않아 민영화 이행 과정에서 공정성이 지켜지지 않았다(박정수·박석희, 2011).

민영화의 성과·환류 측면에서 살펴보면, 민영화 이전 대부분의 기관이 민영화 당시 적자 상태였으나 민영화 이후 대한해운공사, 대한조선공사, 대한염업주식회사 등을 제외한 대부분의 기관이 거의 흑자로 전환한 것으로 나타나 민영화가 경영성과 제고에 긍정적이었음을 시사하고 있다(박정수·박석희, 2011). 그러나 박정희정부에서 특정인이 공기업 주식을 소유하여 재벌이 탄생하고 독점적 자본이 만들어지는 등 거시적 후생 관점과 형평성 등 기타 관점에서는 부정적인 평가가 다수이다. 또한, 민영화가 추진된 이상으로 다수 공기업이 새롭게 신설되어25), 민영화가 공기업 신설의 그늘에 가려지게 된다.

전두환정부(1980년~1988년)의 민영화 정책

전두환정부의 민영화는 대한석유공사, 대한준설공사 등 2개 공기업과 한일은행, 서울은행, 제일은행, 조흥은행 등 4개 시중은행26) 및 다수 재투자기관(한국중공업, 대우조선, 조선호텔 등)을 대상으로 추진되었다(박정수·박석희, 2011).

전두환정부 민영화 정책의 계획 측면을 살펴보면, 박정희정부에서의 지나친 외환 의존과 극도의 재벌 편중형 금융정책으로 인해 부채와 금융 부실을 낳게 된 것을 고려하여, 전두환정부는 금융시장 개혁을 위해 시중은행의 민영화를 계획한다(김준기, 2014). 또한, 전두환정부는 박정희정부에서 비대해진 공공부문의 축소 등을 위해 정부투자기관의 민영화를 추진하였는데, 이 정책은 당시 획기적인 정책으로 평가받았다(박정수·박석희, 2011).

민영화의 실행 측면에서 살펴보면, 전두환정부는 박정희정부와 달리 일반 국민에

---

25) 박정희정부에서 신설된 공기업과 민영화된 공기업의 비중은 2:1 정도이다(김준기, 2014).
26) 해당 4개 시중은행은 1961년 「금융기관감사조치법」에 의해 민간 기업에서 정부 소유로 전환된 기관이다(박정수·박석희, 2011).

게의 공개경쟁 입찰방식을 활용하는 등 민간 부문이 민영화를 주도하도록 추진하였다. 구체적으로, 정부 소유주식을 법인과 개인에게 각각 50%씩 나누어 매각하도록 하고 1인당 매입한도를 법인은 5%, 개인은 1인당 5천주 이내로 제한하고 상장 후 소유한도를 8% 이내로 한정하였다(박정수·박석희, 2011).

민영화의 성과·환류 측면에서 살펴보면, 실적(outcome)은 계획·실행 대비 부진하다. 전두환정부는 정부가 소유한 시중 은행의 민영화를 추진하였으나 여전히 관치금융을 벗어나지 못하였고, 대기업들이 민영화된 시중 은행의 지분을 가지게 됨에 따라 재벌이 은행을 지배할 수 있는 토대를 만들게 되었다(가재창·심재권, 1997). 시중은행 민영화에도 불구하고 정부가 은행 경영에 대한 간섭을 계속 유지할 수 있는 여지를 그대로 두었다는 점에서 한계가 존재하며, 추후 1990년대 후반 IMF 경제위기의 원인을 제공했다는 비판을 받고 있다(박정수·박석희, 2011).

노태우정부(1988년~1993년)의 민영화 정책

노태우정부에서 민영화 대상 기관은 포항제철, 한국전력공사, 국민은행, 외환은행(이상은 정부지분 일부 매각), 증권거래소, 한국감정원 등 11개 기관이었다(강신일, 1987).

노태우정부 민영화 정책의 계획 측면을 살펴보면, 민영화 추진을 위한 별도의 조직인 '공기업 민영화추진위원회'를 신설하고 경제기획원이 동 위원회와 함께 범정부적 입장에서 공기업 민영화를 추진했다는 점에서, 민영화 관련 위원회를 구성하지 않고 담당 부처가 민영화를 개별적으로 추진한 이전 정부와 차별화된다(박정수·박석희, 2011). 민영화의 목표가 공기업의 효율성 제고(경제기획원, 1988)라는 점에서 민영화 목표는 대체로 합리적으로 설정되어 있다.

민영화의 실행 측면에서 살펴보면, 민영화는 계획과 달리 부실하게 이행되었다. 특별한 사정없이 민영화 계획이 수차례 연기되어 민영화 정책에 대한 신뢰성이 상실되었다. 국민은행과 외환은행의 경우 4년의 기간 동안 최소한 4번이나 민영화 계획이 수정되었다(김준기, 2014). 또한, 전두환정부에서 민영화로 인한 부의 편중 논란이 발생하면서, 이후 노태우정부는 정부가 보유한 일부 주식을 일반 국민에게 매각하는 부분 민영화 방식을 채택하게 된다(김준기, 2014). 그러나 해당 주식의 매각 이외에 부분 민영화 정책에 요청되는 여타 정책은 추진하지 않았다[27].

민영화의 성과·환류 측면에서 살펴보면, 매각대금을 통한 정부수입 확대와 주식시장의 저변 확대에는 어느 정도 기여할 수 있었지만, 당시 민영화 목표였던 공기업의 경영효율성 제고에는 아무런 성과를 거두지 못한 것으로 평가되고 있다(김준기, 2014). 당시 민영화 정책은 정책적으로 충분히 준비하지 않았음에도 불구하고, 노태우 정부 초기 국민들의 강력한 민주화 요청에 대응하는 과정에서 정치적인 측면에서 결정된 측면이 있다(가재창, 1998; 김인철·김만기, 1995).

김영삼정부(1993년~1998년)의 민영화 정책

김영삼정부는 외견상 적극적으로 보이는 민영화 계획에 비해 부진한 민영화 실적을 보이고 있다.

민영화 정책의 계획 측면을 살펴보면, 김영삼정부는 1993년과 1996년 두 차례에 걸쳐 공기업 민영화 계획을 제시한 바 있다(박정수·박석희, 2014). 1993년(1차계획)에는 58개 공기업의 지분매각, 10개 공기업을 통폐합하려는 계획을 가졌다가, 두 번의 수정을 거쳐 49개 공기업을 매각하겠다는 수정 계획을 발표하였다. 적극적인 모습의 1차 계획에 비해, 2차계획(1996년)에는 1차계획의 사실상 포기와 지배구조의 개혁에 초점을 맞추고 있다(김준기, 2014). 민영화 정책은 당시 김영삼 정부가 중요시했던 신경제 100일 계획에도 포함되지 않는 등 후순위 정책으로 추진되었다(김준기, 2014).

민영화의 실행 측면에서 살펴보면, 김영삼정부는 민영화를 계획대로 충실히 이행하지 않았다. 1993년 1차 민영화 계획 발표 이후 민영화의 추진 동력이 큰 1년(1994년) 동안의 민영화 실적(13건)이 계획(49건) 대비 26.5%에 불과하였다(김준기, 2014). 1차 민영화 계획 전체 기간 동안의 민영화 완료 실적(21건[28])은 당초 계획(68건)에 비해 30.9%에 불과하였다(재정경제부, 2001).

민영화의 성과·환류 측면에서 살펴보면, 김영삼정부는 대체로 실패한 것으로 평가받는다(박정수·박석희, 2014; 송정헌·손주현, 2012). 대통령은 민영화의 필요성을 별로 느끼지 못했고 정부 관료는 공기업에 대한 권한이 줄어드는 것을 반대하는 등 민영화에 대한 의지가 강하지 않았기 때문으로 여겨진다(박정수·박석희, 2014; 김근세·권순정, 1997).

....

27) 공공기관 주식의 일부를 매각하는 부분 민영화 정책에 대한 보다 자세한 사항은 제12장을 참고하기 바란다.
28) 경영권이양 완료 7개(대한중석, 종합기술개발 등), 일부지분매각 9개(연합TV뉴스, 매경TV뉴스 등), 통폐합 등 5개(주택경제연구원, 인삼수출공사 등) 자료: 재정경제부(2001).

당시 선거기간중 가장 유력한 이익집단인 공기업 노조를 자극하지 않기 위해 정부가 민영화 계획은 제시하였으나 적극적으로 추진하지 않았다는 의견도 있다(김준기, 2014).

김대중정부(1998년~2003년)의 민영화 정책

김대중정부는 1997년 IMF 외환위기를 계기로 1998년부터 공공부문을 비롯한 기업·금융·노동 등 4대 부문의 개혁을 추진하였다. 공공기관 민영화는 공공부문 개혁의 일환으로 출범 초기부터 강력하게 추진되었다(박정수·박석희, 2011).

민영화 정책의 계획 측면을 살펴보면, 김대중정부는 당시 (금융공기업을 제외한) 전체 공기업(26개)중 42%(11개)의 공기업을 민영화 대상 에 포함하는 등 강력한 민영화 계획을 마련하였다(기획예산처, 2002). 김대중정부는 기존의 정부조직이 아니라 공공부문 개혁을 전담하는 기획예산위원회(이후 기획예산처로 개편)를 신설하여 민영화 계획을 마련·추진하는 등 추진 체계 면에서 이전 정부보다 진일보한 측면이 있다(김준기, 2014; 박정수·박석희, 2011)29). 또한, 민영화 계획 마련 과정에서 이전 정부와 달리 공청회 개최, 노조와의 면담 등을 통해 각계 각층의 의견을 수렴한 이후 민영화 방안을 마련하였다(박정수·박석희, 2011).

민영화의 실행 측면에서 살펴보면, 김대중정부는 민영화를 계획에 맞추어 체계적으로 진행하는 등 대체로 성공적으로 추진하였다(김준기, 2014). 당시 대표 공기업이었던 한국통신, 포항제철, 한국중공업, 국정교과서 등 8개 기관이 완전 민영화되었고, 공기업 자회사는 50개가 정리되는 등 높은 실적을 보였다(기획예산처, 2002). 그러나 공기업의 핵심이라고 할 수 있는 정부투자기관(한국전력공사를 제외한 12개 기관)은 민영화 대상에서 사실상 제외되었고, 민영화시 동일인이 보유할 수 있는 지분이 제한되어 있어 결과적으로 민간에게의 경영권 이양이 제한되었으며, 정부가 해외 주식 발행에 편중하여 종업원 지주제나 국민주 방식을 소홀히 한 문제 등이 존재한다(박정수·박석희, 2011).

민영화의 성과·환류 측면에서 살펴보면, 김대중정부는 공기업 매각대금 극대화의 측면에서 큰 성공을 거두는30) 등 실용적 관점에서 성공하였다는 평가가 존재한다(김준

---

29) 그러나 기획예산위원회와 별도로 각 부처 1급을 팀장으로 하는 민영화 실무추진팀이 운영되는 등 위원회와 실무추진팀이 이원화되어 민영화 추진시 기획과 집행이 분리되는 등 문제가 발생하였다는 의견도 존재한다(김준기, 2014).

기, 2014; 송정헌·손주현, 2012). 반면, 어느 정도의 성공을 거뒀지만 민영화의 목표와 추진 과정 등에서 전략적 치밀성이 부족했다는 평가[31]도 공존하고 있다(박정수·박석희, 2011). 김대중정부는 진보 정치를 지향했기 때문에 공기업 민영화는 정권의 정치적 이념과 상반될 수 있으나, IMF 외환위기라는 특수한 환경 때문에 공기업 민영화를 어쩔 수 없이 실용적으로 추진하게 된다(김준기, 2014). 이러한 이면 속에서 김대중 정부의 민영화 계획은 수개월 만에 급조되고(김준기, 2014), 그 과정에서 민영화에 대한 한계가 도출될 수밖에 없었다고 해석할 수 있다.

노무현정부(2003년~2008년)의 민영화 정책

노무현정부는 김대중정부와 마찬가지로 진보 정치를 지향했지만 공공기관 민영화에 대한 기조는 상이하였다.

민영화 정책의 계획 측면을 살펴보면, 노무현정부는 이전 정부와 달리 민영화에 대한 공식적인 종합 계획을 마련하지 않았다. 노무현 대통령은 대통령 선거 과정에서 수차례에 걸쳐 필수공공서비스 사업의 민영화 정책이 민간 독점을 초래할 수 있다는 점과, 충분한 사전 논의와 대책 없이 구조개편이 추진될 경우 자칫 공공서비스 공급의 안정성 유지와 사회적 형평성 보장을 훼손해 공공서비스 악화와 소비자 부담의 가중 등을 초래하기 때문에 민영화에 우려를 표명해 왔다(권미정, 2004). 이러한 기조가 정책에 반영된 것으로 여겨진다.

민영화의 실행 측면에서 살펴보면, 노무현정부 민영화 정책의 시험대로 가장 먼저 오른 것은 발전자회사 매각 건이다. 이전 김대중정부 말인 2002년 진행된 한국전력공사 발전자회사중 하나인 한국남동발전에 대한 매각 시도가 노무현정부에서 무산되었다(김준기, 2014). 이어서, 이전 정부부터 추진되었던 한국가스공사, 한국지역난방공사의 민영화 및 한국토지공사와 대한주택공사의 통합 논의도 중단되었다.

민영화의 성과·환류 측면에서 살펴보면, 노무현정부는 민영화를 매우 소극적으로

---

30) 김대중정부는 민영화 초기 2년동안 9조원의 매각수입을 올려 김영삼정부의 2년에 비해 약 6배나 많은 매각 성과를 보였다(김준기, 2014).

31) 김대중정부는 민영화 계획에서 경쟁 도입 및 활성화 방안에 대한 대안 제시가 미흡하였고, 복잡한 이해관계자의 이해관계를 조정할 대응체계 구축이 부족하였으며, 단기적 시계를 가지고 민영화를 추진하였고, 정부투자기관에 대한 민영화 계획이 미흡한 점 등의 한계를 보이고 있다(박정수·박석희, 2011).

추진하는 대신, 공기업의 지배구조를 개편하는 방식으로 개혁 방향을 전환하였다. 공기업 개혁 방향을 하드웨어적인 개혁에서 소프트웨어적인 개혁으로 변화시킨 것이다. 이러한 기조 하에 「공공기관의 운영에 관한 법률」이 노무현정부에서 제정되었고, 해당 법률은 지금까지 한국 정부가 공기업을 운영하는 중심 틀이 되고 있다. 한편, 노무현정부의 소극적인 민영화 정책은 사실상 공공부문 비대화의 요인이 되었고(김준기, 2014), 노무현정부 공기업 개혁에서의 문제점이 이후 이명박정부가 공기업을 구조조정하고 경쟁과 민영화를 강력히 추진하는 계기를 제공하게 된다(조성봉, 2011)[32].

이명박정부(2008년~2013년)의 민영화 정책

이명박정부는 작은 정부, 큰 시장을 지향하는 정치 이념 등을 바탕으로 민영화를 적극적으로 추진하였다. 이전 노무현정부에서 민영화에 대한 논의가 없었고 공공부문이 비대해지고 비효율성 문제가 제기되면서, 이명박정부 들어 공공부문 효율화를 위해 민영화의 필요성이 다시 대두된 것이다(김준기, 2014; 박정수·박석희, 2011).

민영화 정책의 계획 측면을 살펴보면, 이명박정부는 공공기관 개혁을 위해 6차례의 공공기관 선진화 계획을 마련하였는데, 이중 1차(2008.8.11), 2차(2008.8.26), 3차(2008.10.10) 선진화 계획에서 공기업의 완전 민영화(19개), 일부 지분매각(5개) 등 24개 기관에 대한 민영화 계획을 마련하였다(기획재정부, 2011). 그러나 민영화를 추진하기 위한 구체적인 실행계획(로드맵)이 존재하지 않고[33] 민영화 대상 기관을 선정하는데 원칙

---

32) 조성봉(2011)은 노무현정부가 김대중정부에서 입안한 여러 공기업 구조조정 및 민영화 계획을 약속대로 추진하지 않고 중단시켰다는 점에서 공기업 개혁을 크게 후퇴시켰다고 주장한다. 이하는 조성봉(2011)의 주장이다: 노무현정부는 김대중정부에서 추진하였던 전력산업 구조개편에 제동을 걸어서 남동발전의 민영화와 배전부문의 분할을 중단시켰으며 김대중정부에서 입안된 천연가스산업 구조개편과 가스공사에 대한 민영화 계획을 입법화하지 못하였다. 이 밖에 철도산업에 대한 경쟁도입과 민영화를 중단시켰으며 한국토지공사와 대한주택공사에 대한 통합논의도 중단시켰다. 이와 함께 노무현정부에서는 공기업 노조의 영향력이 크게 확대된 점이 두드러진 특징이다. 노무현정부 초기에 나타난 철도노조 파업에서 정부는 철도 민영화 계획을 철회하여 공사화하는 방향으로 합의하였고 노사정위원회에서 배전부문 분할을 재검토하는 태스크포스팀을 출범시켜 이를 중단하기에 이르렀다. 또한 한국가스공사 노조의 반대에 부딪혀 가스산업 경쟁도입 방안도 추진하지 못하였다. 이러한 과정에서 공기업 노조는 그 영향력이 크게 확대되었음을 부인할 수 없다.

33) 이명박정부는 공공기관의 민영화를 추진함에 있어 공공기관 매각이 가능한지 여부나 민영화 이후 사회적 부담 가능성 등에 대한 세밀한 청사진을 제대로 제시하지 않았다(박정수·박석희, 2011).

이 없거나[34](박정수·박석희, 2011), 대통령 5년 임기 내에 민영화가 용이한 기관들로만 민영화 대상이 선정되었다[35](김준기, 2014)는 등의 비판이 존재한다.

민영화의 실행 측면에서 살펴보면, 민영화 대상 24개 기관중 58%(14개) 기관이 완전 민영화 또는 일부 지분매각을 하는 등 계획대로 이행되었다(한국조세재정연구원, 2016). 집권 초기 상당한 추진력을 가질 것으로 기대했던 민영화 계획은 추진 1년차에는 순조롭게 진행되었으나, 집권 후반기로 가면서 정책 추진 의지가 약화되고 정치화되면서 지지부진해지는 선대 정권을 그대로 답습했다(김준기, 2014).

민영화의 성과·환류 측면에서 살펴보면, 이명박정부의 민영화 정책은 부정적 평가가 다수 존재한다(김준기, 2014; 노광표, 2010; 박정수·박석희, 2011; 이창원, 2009; 조성봉, 2011). 민영화 계획에 대한 투명성이 낮고 조급하게 '밀어부친다'는 인상을 주고, 민영화에 대한 정치권력의 일관성 결여 또는 정치권력 작용의 다면성 내지 충동성을 지적하기도 한다(박정수, 박석희, 2011). 또한, 공기업 개혁에 대한 의지와 철학이 부족한 상태에서 실용적인 노선을 취하는 것은 형식적이라는 지적도 존재한다[36](김상봉, 2011).

박근혜정부(2013년~2017년)의 민영화 정책

박근혜정부의 민영화 정책은 이전 정부에서 진행된 민영화 정책에 대한 비판·반성 또는 개선 없이, 이명박정부의 민영화 정책이 사실상 그대로 이어진다.

민영화 정책의 계획 측면을 살펴보면, 박근혜정부는 민영화에 대한 체계적인 공식 계획을 마련하지 않았다. 박근혜정부는 공공기관의 부채 및 방만경영 문제를 해결하

....

34) 민영화 대상 공기업이 수익성이 안 좋아서 민영화하는 것인지, 수익성이 좋아서 민영화하는 것인지에 대한 원칙이 없다. 예를 들어 인천국제공항의 경우 우량 공기업인데 민영화한다고 하고, 한국공항공사가 보유한 일부 지방공항은 적자라서 민영화한다고 하는데 논리의 모순이 아닐 수 없다(박정수·박석희, 2011).

35) 과거 김대중정부에서 실패한 전력 민영화나, 시도조차 되지 못했던 철도의 민영화는 여전히 민영화 대상에서 제외되어 있다(김준기, 2014).

36) "[이명박정부는] 공공부문을 왜 개혁하고 작은 정부를 무슨 이유에서 지향하는지 또 공기업은 왜 민영화해야 하는지 등에 대하여 분명한 소신이나 비전이 제시되지 않고 있다. (중략) 장기적으로 공기업과 공공부문의 운영을 어떤 방향으로 가지고 갈 것이며 공공기관의 개별적 성격과 관련된 산업에서의 역할에 대한 국정철학을 제시하지 않았다. 또한 개별 산업과 공기업의 미래에 대한 미래지향적인 심층 분석이나 논의를 제기하지 않고 있다는 점을 지적할 수 있다. 단지, 민영화 몇 건, 통합과 폐지 그리고 기능조정이 몇 건 등과 같은 형식적이고 외형적인 정책목표만 제시하고 있을 뿐이다"(김상봉, 2011).

고 생산성을 제고하기 위하여 공공기관 정상화 대책(1단계·2단계)을 추진하였다. 1단계 정상화[37]는 공공기관의 부채와 방만경영 문제를 개선하는데 중점을 두었고, 2단계 정상화[38]는 공공기관의 실질적 생산성 제고대책을 마련하는데 중점을 두었다. 그런데 두 차례 정상화 계획 모두에서 민영화 계획은 언급되지 않고 있다. 부채 과다 기관의 경우 자산매각을 활성화하는 방안이 제시되었지만 소규모 자산 매각이지 지분 매각을 통한 민영화에는 해당하지 않는다. 다만, 박근혜정부는 2016년 12월 8일에 8개 에너지 공공기관[39]에 대해 2017년 상반기부터 2020년까지 8개 기관을 순차적으로 주식시장에 상장(지분 일부매각)하겠다는 계획을 발표한다. 그러나 우선 상장 대상 기관 선정에서의 비합리성 등을 고려할 때 해당 계획이 엄밀한 검토를 통해 마련되었는지 의문이다[40].

민영화의 실행 측면에서 살펴보면, 8개 에너지 공공기관에 대한 주식시장 상장 계획은 박근혜정부에서 이행되지 못했다[41]. 해당 계획이 공식 발표된 지 하루가 지난 2016년 12월 9일에 박근혜 대통령의 탄핵이 헌법재판소에서 인용되어 더 이상 추진할 수 없게 된다.

민영화의 성과·환류 측면에서 살펴보면, 박근혜정부는 민영화에 대한 방침이 명확하지 않았다. 정부는 공식 문건에서 민영화에 대한 표현을 쓰지 않을 정도로 민영화에 소극적이었다[42]. 이전 이명박정부와 정치 이념이 유사함에도 불구하고 이명박

---

37) 구체적으로 공공기관 정보의 대국민 정보공개 확대, 구분회계 제도 및 자산매각 등을 통한 부채비율 관리, 복리후생 가이드라인 마련 등으로 구성되었다(자료: 대한민국 정부, 2013).

38) 구체적으로 기관의 기능재편, 성과연봉제 등 성과 중심의 운영체계 정착, 정부 3.0 지원 등 사회적 책임 강화 방안 등으로 구성되었다(자료: 기획재정부, 2015).

39) 한국동서발전, 한국남동발전, 한국남부발전, 한국서부발전, 한국중부발전, 한국수력원자력, 한전 KDN, 한국가스기술이 이에 해당한다(자료: 기획재정부, 2016).

40) 박근혜정부는 투명성 확보, 자율적 감시·감독 강화 및 재무구조 개선 등을 위해 해당 에너지 공기업을 주식시장에 상장한다고 발표하였다. 그러나 대상 공기업은 운영관리, 재무구조 등에서 여타 공기업에 비해 상대적으로 우월한 것으로 평가받는 공기업인 점을 고려할 때 주식시장 상장[민영화]의 명분 또는 목표에 설득력이 강하지 않은 것으로 여겨진다. 특히 박근혜정부는 8개 대상 기관중 한국동서발전, 한국남동발전을 우선 상장하기로 했는데, 그 이유가 시장 매력도가 높기 때문이라고 발표한 바 있다. 또한, 정부가 상장계획을 발표하는 시점에서 상장을 위한 구체적인 실행계획(로드맵)을 마련하지 않은 상태에서 상장계획이 발표되었다.

41) 해당 정책은 문재인정부 들어 정부의 에너지 정책이 변화되고 발전사 공기업들에게 불리한 정부정책 등이 발표되어 주식시장 상장시 적정 매각가격을 확보하기 어렵게 되는 등 상장여건이 좋지 않아 상장이 어렵게 되었다고 발표된바 있다. 머니투데이 2017.10.17. 기사 (정부 "에너지공기업 상장, 시장 상황 때문에 추진 못해") 참조 http://news.mt.co.kr/mtview.php?no=2017101714000954293

42) 박근혜정부는 1단계·2단계 정상화 대책 공식 발표자료에서 공기업 민영화라는 표현을 하지 않고

정부에서 추진하던 민영화 정책이 충실히 재추진되는 것도 아니고 공식적으로 철회된 것도 아닌 모호한 상태가 지속되었다43). 박근혜정부에서는 민영화에 대한 국정방향이 명확하지 않은 것으로 볼 수 있다.

문재인정부(2017년~2022년)의 민영화 정책

문재인정부의 민영화 정책은 사실상 존재하지 않았다. 이는 노무현정부에서의 민영화 정책에 대한 기조를 이어받은 것으로 볼 수 있다44). 문재인정부는 민영화 정책의 계획 측면에서 특별한 계획을 마련하지 않았고, 그에 따라 추진 실적도 없다. 문재인정부의 민영화 계획 및 실적이 없음을 고려할 때, 문재인정부에서의 민영화 정책의 정책목표는 민영화를 추진하지 않는 것으로 볼 수 있다. 따라서, 성과·환류 측면에서 분석하지 않는다.

....

있다. 또한 에너지 공기업에 대한 주식시장 상장 정책을 민영화로 표현하지 않은 것에서 민영화에 대해 소극적임을 간접적으로 알 수 있다(자료: 대한민국정부, 2013; 기획재정부, 2015; 2016).

43) 김정우 국회의원이 기획재정부로부터 받은 자료에 의하면 과거 이명박정부에서 마련된 '공공기관 선진화 계획'에 따른 민영화 작업이 문재인정부가 출범(2017.5.10)한 이후인 2017년 10월 현재 뚜렷한 후속조치 없이 계속 진행중인 것으로 확인된다. 박근혜정부에서도 과거 이명박정부에서의 민영화 작업이 폐기되지 않고 연속된 것으로 유추할 수 있다. 관련된 사항은 아래 언론보도를 참고하기 바란다. 한겨레신문 2017.10.17. 기사(MB표 '공공기관 민영화' 아직도?…4곳 매각 9년째 표류) 참조 http://www.hani.co.kr/arti/economy/economy_general/814871.html "엠비[이명박]정부 시절에 완전 민영화 대상이었던 공공기관 19곳 가운데 한국문화진흥과 한국건설관리공사, 88관광개발, 주택도시보증공사 등 4곳은 9년이 지난 지금도 매각이 진행중인 것으로 나타났다. 한국문화진흥과 한국건설관리공사의 경우, 수차례 매각을 시도했으나 매수자가 없어 실패한 채, 한국자산관리공사가 매각 위탁을 맡고 있다. 88관광개발과 주택도시보증공사의 경우엔 구체적인 매각 방침도 세우지 못했다. 공공기관 관리 책임을 맡고 있는 기재부 쪽은 이에 대해 "10년 가까이 지난 일이라 따로 현황을 파악해 볼 생각을 하지 못했다. 앞으로 계획도 뚜렷하게 마련돼 있지 않다"고 밝혔다. 엠비[이명박]정부 때는 6차례에 걸친 공공기관 선진화 추진안을 내놓고 분기마다 추진 상황을 점검한 바 있지만, 정권 교체 이후에는 손을 놓고 있었던 것이다. 완전 민영화 대상 기관 가운데 산업은행과 산은 자회사 2곳, 기업은행과 기은 자회사 3곳은 박근혜정부 들어 민영화가 중단됐고, 그랜드코리아레저는 여전히 한국관광공사가 최대 주주인 준시장형 공기업으로 남았다. 경북관광개발공사는 한국관광공사에서 경상북도로 매각이 이뤄져 지방공기업으로 분류만 바뀌었다. 당초 계획대로 완전민영화에 성공한 공공기관은 6곳에 그쳤다. 이런 가운데 9년째 매각 대상에 올라 있는 공공기관 4곳은 관련 정책이 철회되지도, 재추진되지도 않는 어정쩡한 상태에 놓여 있다."

44) 문재인정부에서 의료 또는 에너지 분야에서 민영화를 추진했다는 의견이 일부에서 제기되었다. 그러나 이는 해당 분야에서 시장주의 정책을 지향함에 대한 비판으로 보는 해석이 다수이며, 본서의 분석 대상인 지분 매각으로서의 공기업 민영화에 해당하지 않아 분석에서 제외한다.

이상과 같이 그동안 우리 정부의 민영화 정책은 일부 긍정적인 평가도 존재하지만 부정적인 평가가 상다수를 차지한다. 민영화 추진시 목표와 전략을 명확히 설정하지 않았거나 다소 즉흥적으로 추진하였으며, 민영화의 목표와 전략이 설정되었다 하더라도 계획대로 이행하지 못하는 경우가 다수 존재했다. 또한 민영화를 적극적으로 추진한 정부의 경우에도 개별 공공기관의 효율성 등을 강조할 뿐 국민경제 전체에 미치는 영향과 공공기관의 공공성 등을 고려하지 않은 채 민영화를 편향적으로 추진한 측면이 있다. 과거 정부에서의 민영화 정책에 대한 진지하고 엄밀한 반성이 우선 선행될 필요가 있다.

표11-4 역대 정부별 민영화 정책 정리(계획, 실행, 성과·환류 측면)

정 부	민영화 기관	계획 측면	실행 측면	성과·환류 측면
박정희정부 (1962년~ 1979년)	12개(대한항공, 한국 상업은행, 대한재보 험공사, 대한통운 등)	민영화 목표중 일부 (부실 공기업 정리 및 민간기업 육성) 가 도전적이거나 모 순적	군사정부가 계획대로 이행하였으나, 경쟁 입찰을 하지 않아 공정성 훼손	개별 기관의 성과(효 율성)는 제고되었으 나, 재벌 및 독점적 자본 탄생의 계기가 되는 등 거시적 후 생 및 형평성 관점 에서 부정적
전두환정부 (1980년~ 1988년)	6개(대한석유공사, 제일은행, 조흥은행 등) 및 재투자기관	금융시장 개혁 위한 시중은행 민영화와 정부투자기관의 민 영화 추진	공개경쟁 입찰 실시 등 민간부문이 민영 화를 주도적으로 추 진하도록 유도	시중은행 민영화에 도 불구하고 관치금 융과 정부의 은행 간섭은 계속 유지되 는 등 민영화의 실 적(outcome)은 계 획·실행 대비 부진
노태우정부 (1988년~ 1993년)	11개(포항제철, 한국 전력공사, 국민은행, 증권거래소 등)	공기업의 효율성 제 고를 목표로 이전 정부와 달리 공기업 민영화추진위원회 를 신설하는 등 범 정부적으로 추진	특별한 사정없이 민영 화 계획이 수차례 연 기되어 민영화 정책에 대한 신뢰성 상실	민영화를 정책적으 로 충분히 준비하지 않은 상태에서 당시 국민들의 민주화 요 청에 정치적으로 대 응한 측면이 있고, 민영화 목표였던 공 기업의 효율성 제고 에는 기여하지 못함
김영삼정부 (1993년~ 1998년)	21개(대한중석, 토 지개발공사시설공 단, 고속도로시설공 단 등)	1차계획(1993년)은 적극적인 민영화를 시도했으나, 2차계 획(1996년)에서 사 실상 민영화를 포기	완료 실적(21건)은 당초 1차계획(68건) 의 30.9%에 불과	대통령이 민영화의 필요성을 크게 느끼 지 못했고 정부 관 료도 민영화에 대한 의지가 약했음
김대중정부 (1998년~ 2003년)	완전민영화 8개(한 국통신, 포항제철, 한 국중공업, 국정교과 서 등), 자회사정리 50개(파워콤, 매일	공공부문 개혁을 전 담하는 별도의 조직 (기획예산위원회) 을 신설하여 계획 을 마련하고, 민영	민영화를 계획에 맞 추어 체계적으로 진 행. 그러나 공기업 의 핵심인 정부투 자기관이 민영화 대	매각대금 극대화 등 실용적 측면에서는 성공하였으나, 민영 화의 목표와 추진 과정 등에서 전략

		상에서 제외되고, 민간에게의 경영권 이양이 제한되었으며, 해외 주식발행에 편중한 측면	적 치밀성이 부족
	유업, 한국통신카드, 한국인삼공사, 남해화학 등)	화 계획 마련 과정에서 공청회 개최, 노조와의 면담 등 각층의 의견을 수렴		
노무현정부 (2003년~2008년)	–	민영화에 대한 공식적인 종합 계획을 마련하지 않음	이전 정부부터 민영화가 추진되어온 기관(한국남동발전, 한국가스공사 등)의 민영화 중단	공기업 개혁 방향을 민영화(HW측면) 대신 지배구조를 개편(SW측면)하는 방식으로 전환하였고, 소극적인 민영화 추진은 공공부문 비대화의 요인이 됨
이명박정부 (2008년~2013년)	14개(한국자산신탁, 농지개량, 한국지역난방공사 등)	공공기관 선진화 계획에서 24개 기관(완전민영화, 지분 일부매각)의 민영화를 계획했으나, 민영화를 위한 구체적인 실행계획이 없고 대상 기관 선정이 합리적이지 않음	집권 후반기로 가면서 정책 의지가 약화되고 정치화되면서 지지부진해짐	민영화에 대한 의지, 철학, 계획의 투명성 등에서 부정적
박근혜정부 (2013년~2017년)	–	민영화에 대한 체계적인 공식 계획을 마련하지 않음. 집권 말기 8개 에너지 공공기관에 대한 주식시장 상장 계획을 마련함	대통령 탄핵으로 계획된 8개 에너지 공공기관의 주식시장 상장이 추진되지 못함	민영화에 대한 철학 또는 국정방향의 부재와 함께 이전 이명박정부의 민영화계획이 재추진도 철회도 아닌 모호한 상태로 지속됨
문재인정부 (2017년~2021년)	–	민영화에 대한 공식적인 종합계획을 마련하지 않음.	민영화 실적 없음	–

12장

주식시장에 상장된 공공기관

상장 공공기관은 비상장 공공기관에 비해 주식시장에 있는 일반 주주들의 이해관계를 추가로 고려해야 한다. 그만큼 상장 공공기관에 대한 관리 방식은 여타 공공기관과 달라야 할 것이다. 그러나 역대 정부는 상장 공공기관과 여타 공공기관의 관리 방식에서 차이를 두지 않은 것으로 여겨진다. 이하에서는 OECD에서 권고하는 사항 및 해외사례와 함께 한국의 상장 공공기관의 관리 현황에 대해 살펴본다.

국내 및 해외의 상장 공공기관 현황

[표 12-1]에서 보는 바와 같이 한국은 현재 8개 공공기관이 주식시장에 상장되어 있다. 2018년초 현재 7개 기관은 공기업으로, 1개 기관은 기타공공기관으로 지정되어 있다. 중소기업은행은 현재 기타공공기관으로 지정되어 있지만[1], OECD 등 국제기구의 권고에 따르면 공기업으로 분류하는 것이 원칙이다. 따라서 중소기업은행

---

1) 정부의 공공기관 지정에 대한 구체적인 사항은 본서의 제4장을 참고하기 바란다.

표 12-1 국내 상장 공공기관 현황

상장 공공기관명	상장 연도	상장 방식	지분 구성	
			상장 당시	2021년말 기준
한국전력공사 (공기업)	1989(유가증권)	국민주 우리사주	공공부문 100%	공공부문 59.9% 우리사주 0% (2010년 해산) 일반등 40.3% (외국인 16.6% 포함)
한국가스공사 (공기업)	1999(유가증권)	신주발행 공개매도 우리사주	공공부문 100%	공공부문 54.6% 우리사주 3.2% 일반등 42.2% (외국인 8.5% 포함)
한국지역난방공사 (공기업)	2010(유가증권)	신주발행 우리사주	공공부문 100%	공공부문 74.9% 우리사주 4.6% 일반등 20.5%
한국전력기술 (공기업)	2009(유가증권)	공개매도 우리사주	공공부문 100%	공공부문 67.8% 우리사주 0.4% 일반등 31.8%
한전KPS (공기업)	2007(유가증권)	공개매도 우리사주	공공부문 100%	공공부문 59.0% 우리사주 0.4% 일반등 40.6%
그랜드코리아레저 (공기업)	2009(유가증권)	공개매도 우리사주	공공부문 100%	공공부문 57.9% 우리사주 0.01% 일반등 36.2% (외국인 5.9% 포함)
강원랜드 (공기업)	2001(코스닥) 2003(유가증권)	코스닥에서 유 가증권시장으 로 이전	공공부문 51% * 유가증권시장 이전 시점 기준	공공부문 56.2% 우리사주 0.01% 일반등 43.8%
중소기업은행 (기타공공기관)	1994(코스닥시범) 2003(유가증권)	코스닥에서 유 가증권시장으 로 이전	공공부문 77.1% * 유가증권시장 이전 시점 기준	공공부문 68.3% 우리사주 0.2% 일반등 31.5%

자료: 금감원 전자공시 시스템(Dart), 기재부 알리오 시스템(Alio), 각 기관별 홈페이지 및 각년도 경영평가 실적보고서
주: 공공부문은 중앙정부(산하기관 포함), 지자체(산하기관 포함) 및 공기업을 포괄함

표 12 - 2 해외 상장 공기업 현황

국가		상장공기업의 개수	상장공기업의 고용 비율(%) (전체 공기업 대비)	상장공기업의 시가 총액 (10억 USD)	상장공기업의 기업가치 비율 (전체 공기업 대비)
OECD 회원국	노르웨이	3	29	108.6	44.6
	뉴질랜드	1	25	0.8	5.1
	대한민국	8	33	41.4	20.6
	덴마크	1	3	0.1	1.2
	리투아니아	2	2	0.2	2.8
	미국	1	0.16	0.1	3.8
	벨기에	1	18	9.1	89
	스위스	1	19	21.7	54.7
	스페인	1	21	1.3	24
	슬로베니아	5	22	1.5	11.8
	영국	1	41	57.5	86.9
	오스트리아	2	35	11.1	50.4
	이탈리아	7	53	157	69.4
	일본	1	5	82.7	23.4
	체코	1	22	18.6	46.1
	칠레	3	1	1.1	4.9
	터키	6	20	26.2	26.3
	폴란드	6	23	27.8	45.2
	프랑스	3	10	45.1	40.5
	핀란드	3	26	19.8	44.7
	헝가리	1	2	0.1	0.8
	OECD 전체	58	15	632	32
OECD 비회원국	인도	68	자료없음	294	자료없음
	중국	286	61	1,625	37.5

자료: OECD(2015)를 편집함 (가나다순)

도 상장 공기업에 함께 포함하여 살펴볼 필요가 있다. 8개 상장 공공기관 모두 상장 이후에도 공공부문의 지분이 50%를 초과하여 공공부문이 과반인 동시에 제1주주의 역할을 유지하고 있다. 많은 상장 공기업이 신주발행 또는 공개 매도의 방식으로 상장되었다. 또한 모든 상장 공기업이 우리사주 방식을 선택하여 종업원들에게 일부 주식을 매각하였다[2]. 한국전력공사와 한국가스공사의 경우 외국인 지분이 각각 30.7% 및 11.8%에 이른다.

[표 12-2]에서 해외 주요국의 상장 공기업 현황을 볼 수 있다. OECD 국가에는 현재 58개의 상장 공기업이 있는데 조사 대상 국가를 22개국으로 나누면 1개 국가별로 평균 2.6개의 상장 공기업이 있는 꼴이다. 한국은 8개로 OECD 국가보다 상장 공기업을 적극적으로 활용하는 것으로 판단할 수 있다.

상장공기업에서 고용된 종업원이 전체 공기업의 종업원 대비 차지하는 비율은 OECD 국가는 평균 15%이고 한국은 33%이다. 또한 상장 공기업의 기업가치가 전체 공기업 대비 차지하는 비율은 OECD 국가는 평균 32%이고 한국은 20.6%이다. 즉 상장 공기업은 국가별로 몇 개 안되지만 고용 및 시장가치가 여타 공기업에 비해 매우 큼을 알 수 있다. 특히 중국의 경우 OECD 국가는 아니지만, 상장공기업이 국민경제에서 차지하는 비중이 대단히 큰 것을 확인할 수 있다.

공공기관 상장(부분 민영화) 정책의 목표

제11장에서는 OECD(2003)가 분석한 공공기관 민영화의 정책목표로 ① 정부 재정 여건 재고, ② 자본시장 발전, ③ 공기업의 효율성 제고, ④ 공기업의 자연독점 소멸, ⑤ 기타 정치적 이슈를 소개한 바 있다. 이는 완전 민영화를 전제로 한 정책목표이다. 반면 제12장에서 다루는 공공기관의 주식시장 상장은 정부의 지분과 민간의 지분이 양립하기에 혼합소유정책(mixed ownership policy)이고, 정부의 지분이 계속 유지되므로 완전 민영화가 아닌 부분 민영화에 해당한다.

....
2) 한국전력공사는 2010년에 우리사주조합을 해산한 바 있다.

부분 민영화 정책인 공공기관 상장의 목표는 완전 민영화 정책의 목표와 유사한 점도 있고 상이한 점도 있다. 따라서 정부가 부분 민영화 정책인 공기업 상장을 추진할 때는 완전 민영화와 차별화되는 정책목표를 특히 고려하며 추진해야 할 것이다. 공기업 상장 정책과 완전 민영화 정책을 동일시 할 경우 완전 민영화 정책의 목표는 아니지만 공기업 상장(부분 민영화) 정책의 목표에 해당하는 사항을 놓칠 수 있기 때문이다.

OECD(2015)가 공기업 상장 정책시 추구하는 목표를 9가지로 제시한 바 있으나, 본서는 유사한 정책을 묶어서 아래와 같이 6개로 정리하였다. 부분 민영화 정책의 각 목표를 살펴보면서 완전 민영화 정책의 목표와 유사한 것과 상이한 점에 대해 참고할 수 있다.

주식시장 및 자본시장 발달

주식시장 및 자본시장이 발달되지 않은 국가의 경우 공공기관의 주식시장 상장을 주식시장 및 자본시장 발달의 도구로 활용할 수 있다(예: 중국, 폴란드, 인도). 본 목표에는 국민들이 공공기관에 투자하도록 독려하는 것도 포함된다[3]. 이는 OECD(2003)가 분석한 [완전] 민영화의 정책목표 중 '자본시장 발전'과 유사하다.

공공기관에의 자본 유치 및 정부 재정에의 기여

공공기관의 주식시장 상장을 통해 공공기관 운영 및 투자를 위한 자본 유치가 수월해질 수 있다. 주식시장 상장 과정에서 정부의 민영화 수입을 극대화하고 상장 이후 공공기관에 대한 정부예산 지출을 최소화(free up)하며 정부는 교육, 복지 등 여타 분야에 지출하는 등 정부 재정에 기여할 수 있다. 이는 OECD(2003)가 분석한 [완전] 민영화의 정책목표 중 '정부 재정여건 제고'에 해당한다.

---

3) 우량 공공기관에 대한 주식 공개시 국민들에게 부(富)를 축적할 수 있는 기회가 제공되는 것은 여기에 해당할 수 있다.

시장원리를 통한 성과 및 효율성 제고

다수의 연구(Alanazi, 등, 2011; D' Souza 등, 2007; Megginson & Netter, 2001)에서는 주식시장에 상장된 공공기관의 장기적 성과가 상장되지 않은 공공기관의 성과보다 높다고 보고하고 있다. 또한, 공공기관의 주식시장 상장은 민간자본의 개입을 통해 공공기관의 영업전략 변화, 임원 교체 등을 유발하며 효율성을 제고시킬 수 있다. 본 사항은 OECD(2003)가 분석한 [완전] 민영화의 정책목표 중 '공공기관의 효율성 제고'에 해당한다.

공공기관의 투명성 대폭 제고 및 지배구조의 개선

공공기관은 주식시장 상장 과정에서 외부감사인의 감사를 거친 재무제표 등 기업관리와 관련된 다양한 정보를 대외에 충실히 제공하는 등 높은 필요조건을 만족시켜야 한다. 공공기관을 주식시장에 상장시키면서 소유구조가 변화되고, 그것이 공공기관의 지배구조와 경영관리에 개선을 유발할 수 있다. 민간자본이 투입되면서 보다 유능한 전문가가 공공기관의 경영관리를 모니터링하고 효과적으로 통제할 수 있다. 특히 공공기관이 상장되기 이전에 정치적인 인사가 임원으로 선임된 경우 공공기관으로 상장된 이후에는 정치성이 없는 관련 전문가로 대체될 수 있다. 또한, 공공기관 상장 이전에 비해 공공기관의 경영 자율성이 증대될 수 있다. 본 사항은 OECD(2003)가 분석한 [완전] 민영화의 정책목표와 직접적으로 대응되지는 않지만 '공공기관의 효율성 제고'와 관련되기 때문에 간접적으로 대응된다고 볼 수 있다.

공공기관에 대한 위험(risk)을 정부와 민간에 적절히 분산

공공기관의 주식시장 상장을 통해 공공기관에 대한 위험이 정부와 민간에 분산될 수 있다. 적절한 유인책을 통해 민간자본이 공공기관에 유입될 경우 정부가 추진하기 어려운 장기 투자 또는 위험을 수반하는 프로젝트에 대한 추진이 가능하다. 정부 자본은 민간이 추구하는 단기 이윤 극대화를 적절히 견제할 수 있고, 민간 자본은 정부가 정치적 또는 재정적 목적에 의해 배당금을 가져가려는 것을 견제할 수 있다. 본 사항은 정부 지분을 유지시키는 것을 전제로 하기에 OECD(2003)가 분석한 [완전] 민영화의 정책목표와 직·간접적으로 연결되지 않는다.

기타 사항

정치적, 경제적 어려움 등으로 완전 민영화를 추진하기 어려운 경우 또는 정권의 사정 등으로 부분 민영화 방법인 주식시장 상장을 추진할 수 있다. 본 사항은 OECD (2003)가 분석한 [완전] 민영화의 정책목표 중 '기타 정치적 이슈'와 일맥상통한다.

[표 12－3]에서 완전 민영화 정책의 목표와 공공기관 상장(부분 민영화)의 목표간 연결성을 분석하였다. 공공기관 상장(부분 민영화)의 목표중 ① 주식시장 및 자본시장 발달, ② 공공기관에의 자본 유치 및 정부 재정에의 기여, ③ 시장원리를 통한 성과 및

표 12 - 3 완전 민영화의 목표와 공공기관 상장(부분 민영화)의 목표

완전 민영화의 목표		공공기관 상장 (부분 민영화)의 목표	비고
자본시장 발달	직접연결 ⟷	주식시장 및 자본시장 발달	완전 민영화와 공공기관 상장 (부분 민영화) 모두에 해당
정부 재정여건 제고	직접연결 ⟷	공공기관에의 자본 유치 및 정부 재정에의 기여	완전 민영화와 공공기관 상장 (부분 민영화) 모두에 해당
공공기관의 효율성 제고	직접연결 ⟷	시장원리를 통한 성과 및 효율성 제고	완전 민영화와 공공기관 상장 (부분 민영화) 모두에 해당
(공공기관의 효율성 제고)	간접연결 ⟶	공공기관의 투명성 대폭 제고 및 지배구조의 개선	완전 민영화와 공공기관 상장 (부분 민영화) 모두에 해당
	연결없음	공공기관에 대한 위험 (risk)을 정부와 민간에 적절히 분산	공공기관 상장(부분 민영화)에만 해당하며, 공공기관 상장시 특히 고려할 사항임
공공기관의 자연독점 소멸	연결없음		완전 민영화시 자연적으로 달성됨
기타 정치적 이슈	직접연결 ⟷	기타 사항	완전 민영화와 공공기관 상장 (부분 민영화) 모두에 해당

주: 완전 민영화의 목표는 OECD(2003)를 바탕으로 하고 공공기관 상장(부분 민영화)의 목표는 OECD(2015)를 저자가 재구성하여 양자간 연결성을 분석함

효율성 제고, ⑥ 기타 사항은 완전 민영화의 목표와 직접 연결된다. 완전 민영화와 부분 민영화 정책에서 공통적으로 추구될 수 있는 목표이다. 또한 ④ 공공기관의 투명성 대폭 제고및 지배구조의 개선의 경우 완전 민영화의 목표와 간접적으로 연결되기에 마찬가지로 완전 민영화와 부분 민영화 정책에서 공통적으로 추구될 수 있는 목표이다.

반면 ⑤ 공공기관에 대한 위험을 민간에 분산하는 목표는 공공기관 상장(부분 민영화)의 목표로만 추구되는 사항이다. 따라서 본 목표가 부분 민영화 정책인 공공기관 상장 정책의 특징을 제대로 살릴 수 있는 중요한 목표로 볼 수 있다.

상장 공공기관 정책의 해외 사례[4]

이하에서는 상장 공공기관 정책의 각 목표별로 고려할 주요사항을 설명하고 관련된 해외사례를 소개한다.

주식시장 및 자본시장 발달－소액주주 보호 관련

민간 소액주주가 공공기관의 주주가 되는 것은 중요한 의미가 있다. 정부가 대주주로서 공공기관의 경영을 좌지우지하는 가운데 민간 소액주주가 주주총회에 참석하여 경영관리에 대해 갑론을박하고 지분만큼 투표권을 행사할 수 있기 때문이다. 제1주주인 정부는 상장 공공기관의 경영목표를 변경하거나 CEO 등 임원진을 교체하는 것에 수월할 수 있다. 이러한 사항을 적절히 견제할 수 있는 것이 정부를 제외한 여타 주주들이다.

뉴질랜드는 상장 공공기관의 정관 변경을 위해서는 75% 이상 지분의 동의가 필요하다. 이 경우 뉴질랜드 정부가 단독으로 정관을 변경하기가 어려워진다. 폴란드의

---

4) 본 사항은 OECD(2015)를 바탕으로 재구성 및 보완하였으며, 본 사항에서 소개하는 뉴질랜드, 중국, 인도, 폴란드에 대한 사례는 OECD(2015)를 참고하였다.

경우 지분이 10% 이상이 되는 주주는 주주총회를 요청하여 공공기관의 경영관리에 대한 의견을 개진할 수 있다. 브라질은 상법을 통해 정부가 기업을 지배적으로 통제하는 경우 소액주주들에게 평가 권한을 부여하는 등 소액주주를 보호하고 있다 (Pargendler 등, 2013).

반면 기업 지배구조가 효율적으로 체계화되어 있지 않은 개발도상국의 경우 공공기관을 상장하면서 섣불리 민간 소액 투자자를 두는 것은 바람직하지 않다는 의견 (Boubakri, 등, 2011)도 고려할만 하다.

공공기관에의 자본 유치 및 정부 재정에의 기여－상장 공공기관의 자본 유치

공공기관이 상장되면 주식시장 등 자본시장으로부터 자본을 유치하기가 수월해진다. 민간 투자자의 경우 상장 공공기관의 장단기 성과를 고려하며 해당 기관의 주식을 사고파는 것에 제한이 없다. 대부분의 국가는 상장 공공기관이 비상장 공공기관보다 자본시장에 수월하게 접근할 수 있다고 보고하고 있다.

그러나 공공기관이 상장되더라도 추가 자본이 필요할 때 자본시장을 활용하지 않는 경우도 많다고 보고되고 있다. 인도의 경우 공공기관이 주식시장에 상장되어도 신규 필요 자본을 주식시장이 아닌 기존의 방식으로 유치한다. 인도의 상장 공공기관은 여전히 주무부처로부터 융자 또는 증자를 받거나, 정부의 보증 하에 국책은행으로부터 낮은 이자로 대출을 받고 있다.

시장원리를 통한 성과 및 효율성 제고－상장 공공기관의 시장성

공공기관이 상장되면 민간의 대형 기관투자가가 상장 공공기관의 경영관리에 관심을 가지게 될 것이다. 대형 기관투자가가 상장 공공기관의 경영관리 상태를 모니터링하고 경우에 따라 실사하는 과정을 거치면서 상장 공공기관의 경영관리 효율성이 제고되고 성과가 높아질 수 있다.

폴란드의 경우 2010년 동유럽에서 가장 큰 IPO를 개최하면서 글로벌 기관투자가를 초빙하였고 이때 폴란드 공공기관이 글로벌 기관투자가들에게 상당한 어필을 하였다. 국내 주식시장과 해외 주식시장에 동시 상장된 공공기관의 경우 글로벌 스탠다드를 추가로 만족하여야 하기 때문에 해당 공공기관의 투명성과 효율성이 보다 제고될 수 있다.

중국의 공공기관은 자국 주식시장과 해외 주식시장에 동시에 상장시키면서 자기업의 능력과 잠재력을 국제적으로 공인받아 사업을 확장하는 기회로 삼고 있다.

뉴질랜드는 상장 공공기관 여부와 관계없이 모든 공공기관이 시장성을 추구하고 있다. 만약 공공기관이 공공성과 관련된 경영활동을 하더라도 그 비용은 뉴질랜드 정부가 전부 또는 일부를 부담한다. 또한 뉴질랜드 정부는 제1주주로서 해당 공공기관을 직접 관리하는 방식은 지양한다. 정부는 제1주주임에도 불구하고 법령에 의해 규정된 규제에 의해서만 공공기관에 영향을 미칠 수 있다. 즉 공공기관도 사기업과 마찬가지로 정부로부터는 법령에 의한 규제만 적용받는다.

공공기관의 투명성 대폭 제고 및 지배구조 개선－정보 공시 및 이사회의 독립성

공공기관이 주식시장에 상장되기 위해서는 통상 관련 법률 및 규정에 따라 공공기관의 상당 정보를 대외에 공시하게 된다. 재무제표뿐 아니라 임금정책, 회계절차 등 다양한 정보를 정기적으로 또는 수시로 공시해야 한다. 정기적 공시는 연도별 공시뿐 아니라 반기 및 분기별 공시를 포함한다. CEO, 임원 및 주요주주들과의 거래를 공시하고, 상장 공공기관의 전임 임직원이 해당 기관의 자회사 또는 투자회사 등에 채용되거나 그들과 거래하는 사항을 공시해야 한다.

인도는 공공기관이 상장되기 전에는 연도별 보고서만 제출했으나 주식시장에 상장되면서 외부감사인의 감사를 거친 보고서를 분기별로 제출하였다. 또한 자회사를 포함한 통합재무제표를 제출하는 등 증권거래법에서 규정하는 공시 사항을 충실히 따르고 있다. 중국, 터키, 한국도 인도와 유사하게 공공기관이 상장되면서 관련 법령에 따라 기관의 투명성이 대폭 강화되었다.

상장 공공기관의 CEO나 임원은 성과에 따라 보상을 받기에 성과 제고를 위해 노력할 것이다. 이처럼 인센티브 시스템를 바탕으로 성과를 높이는 과정에서 CEO와 임원의 경영관리상 독립성이 제고될 수 있고, 정부의 상시적인 통제와 관리에 적절히 대응할 수 있다.

상장 공공기관의 이사회가 독립성을 갖추면 정부가 상장 공공기관의 경영 활동을 지배하는 것을 적절히 통제할 수 있다. 상장 공공기관의 CEO와 임원이 정치적으로 선임되는 경우는 상당하다. 이 현상은 선진국과 개발도상국 모두에서 찾아볼 수 있다. 정치적 연결 인사가 임원으로 선임되는 경우는 상장 공공기관, 전략 산업에 속한 공공기관, 대도시에 위치한 공공기관에서 특히 보이는 현상이다(Bortolotti & Siniscalco, 2004). 이러한 문제를 해결하기 위해 각국은 여러가지 방안을 도입하였다.

중국과 인도는 상장 공공기관의 이사회 구성원 중 사외이사가 차지하는 최소 비율을 규정하고 있다. 비상장 공공기관에는 없는 규정을 신설한 것이다. 중국은 사외이사가 이사회 구성원 중 1/3이상이어야 하고, 인도는 1/2 이상이어야 한다(실제로는 40% 수준에 그친다고 보고되고 있다).

뉴질랜드는 상장 공공기관의 이사회 구성원은 모두 정부 또는 정권으로부터 독립된 인사여야 한다. 뉴질랜드는 이에 대해 법령 등에서 특별히 규정하지 않았지만 이를 준수하고 있다. 또한 뉴질랜드와 폴란드의 경우 상장 공공기관의 이사회 구성원은 소액주주를 포함한 모든 주주의 이해를 대표해야 한다는 의무를 규정하고 있다.

공공기관에 대한 위험(risk)을 정부와 민간에 적절히 분산 – 정부의 통제와 공공기관의 공공성 및 사회적 책임 활동

정부는 다양한 방법으로 상장 공공기관을 통제할 수 있다. 유틸리티 산업이나 국책은행과 같은 금융공기업의 경우 국민들이 관심을 많이 갖기 때문에 정부는 이들 상장 공공기관에 적지 않은 통제를 행사할 유인이 생긴다. 정부는 이때 민간 주주 또는 투자자가 상장 공공기관에 대한 투자를 줄이거나 취소하지 않는 정도에서 정부의 권한을 행사하려 할 것이다. 정부의 권한은 과반수 이상의 지분이나 황금주(golden share) 또는 거부권을 통해 행사될 수 있다. 선진국에서는 황금주의 행사를 통해 정부가 상장 공공기관의 경영에 [공식적인 방법을 통해 비일상적으로] 개입하는 반면, 개발도상국에서는 정부가 정치적 영향력을 행사하며 [비공식적이이거나 일상적으로] 개입하는 경향이 높다(Boubakri, 등, 2011).

정부가 상장 공공기관의 경영에 개입할 때에도 간접적인 방식으로 개입하는 것이 바람직하다. 정부가 상장 공공기관의 이사회 또는 경영진에게 직접 개입하는 것은 지양해야 한다. 정부의 간접적인 개입방식에는 상장 공공기관에 대한 정부의 자료 요청권 및 상장 공공기관의 제출 의무가 포함된다.

정부는 여타 민간 주주에 비해 상장 공공기관의 정보에 대해 보다 많은 접근권을 가질 수 있다. 상장 공공기관에 대한 정부의 영향력 행사는 국가마다 상이한 양상이다.

뉴질랜드는 정부, 민간 소액 주주 여부와 관계없이 상장 공공기관의 주주는 해당 상장 공기업과 협의된 범위 내에서만 해당 공공기관의 정보에 접근할 수 있다. 즉, 정부에게 여타 주주보다 더 많은 정보 접근권을 주지 않는 것이다. 반면 인도의 경우 주무부처 장관은 상장 공공기관의 정보에 더 많이 접근할 수 있는 권한이 주어지고 이사회에게 경영관리의 방향을 제시할 수 있다. 중국의 경우 상장 공공기관은 경영관리 관련 중요 결정을 내리기 전에 중국 정부와 사전 협의를 하고 있다. 따라서 중국 정부는 상장 공공기관의 정보에 여타 주주보다 우월하게 접근할 수 있고 상당 수준의 통제권을 가지고 있다고 볼 수 있다.

현재까지 많은 나라에서 상장 공공기관의 사회적 책임 활동은 우선순위로 고려되지 않고 있다. 중국의 경우 상장 공공기관이 사회적 책임 항목을 공시하도록 의무화되어 있지 않다. 공공기관의 사회적 책임 활동을 다소 후순위로 인식하는 모습이다. 그러나 일부 대형 상장 공공기관은 사회적 책임 보고서를 발간하는 등 기업 이미지 개선을 위해 자발적으로 공시하고 있다. 인도도 중국과 유사하다. 인도는 정부와 공공기관(상장·비상장 불문)간에 MOU를 체결하여 공공기관의 경영목표를 공유하도록 한다. 그러나 MOU에 공공기관의 사회적 책임에 대한 사항은 포함되지 않고 있다. 뉴질랜드의 경우 공공기관은 관련 법령에 의해 사회적 책임 활동을 추진하고 공시해야 한다. 그러나 상장 공공기관에게는 그러한 의무가 없다.

[표 12-4]에 상장 공공기관 정책에 대한 해외사례를 정리하였다.

표 12 - 4 상장 공공기관 정책에 대한 해외사례

정책 목표	목표별 고려사항	해외 사례
① 주식시장 및 자본시장 발달	소액주주 보호	• 제반 주주들의 의사를 경영관리에 적절히 반영할 수 있는 기업 지배구조가 중요 • (폴란드) 지분이 10% 이상이 되는 주주는 주주총회를 요청하여 공공기관의 경영관리에 대한 의견 개진 가능 • (뉴질랜드) 상장 공공기관의 정관 변경을 위해서는 75% 이상 지분의 동의가 필요(정부의 단독 정관변경이 어려움) • (브라질) 정부가 기업을 지배적으로 통제하는 경우 소액주주들에게 평가 권한을 부여(Pargendler 등, 2013)
② 공공기관에의 자본 유치 및 정부 재정에의 기여	상장 공공기관 의 자본 유치	• 대부분의 국가는 상장 공공기관이 비상장 공공기관보다 자본시장에 수월하게 접근할 수 있다고 보고함 • 그러나 공공기관이 상장되더라도 추가 자본이 필요할 때 자본시장을 활용하지 않는 경우도 보고됨 • (인도) 상장 공기업은 주무부처로부터 융자 또는 증자를 받거나 정부 보증 하에 국책은행으로부터 싼 이자를 대출받는 등 기존 방식으로 자본을 유치함
③ 시장원리를 통한 성과 및 효율성 제고	상장 공공기관 의 시장성	• 대형 기관투자가의 모니터링 등의 과정을 통해 상장 공공기관의 효율성이 제고됨 • 국내 및 해외 주식시장에의 동시 상장과정에서 글로벌 스탠다드를 만족시키며 효율성이 보다 제고됨 • (뉴질랜드) 공공기관은 시장성을 추구하고, 공공성 활동을 할 경우 정부가 그 비용을 부담함. 또한 정부가 제1주주라도 법령에 규정된 규제에 의해서만 공공기관에 영향을 미침
④ 공공기관의 투명성 대폭 제고 및 지배구조 개선	정보 공시 및 이사회의 독립성	[정보공시] • 재무제표, 임금정책, 주요 임원 및 주주들의 거래, 전임 임원과 자회사등과의 거래 등 제반 정보를 공시해야 함(인도, 중국, 한국 등) [이사회의 독립성] • 이사회의 독립성으로 정부의 상장 공공기관에 대한 지배를 적절히 통제 가능. 정치적으로 연결된 인사가 임원으로 선임되는 것을 통제하기 위해 이사회에 독립성이 요청됨. 각국은 이사회 중 독립적 인사가 일정비율 이상되도록 규정함(인도 1/2, 중국 1/3, 뉴질랜드 100%). 상장 공공기관의 이사회 멤버는 소액주주를 포함한 모든 주주의 이해를 대표해야 함을 규정함(뉴질랜드, 폴란드)

정책 목표	목표별 고려사항	해외 사례
⑤ 공공기관에 대한 위험을 정부와 민간에 적절히 분산	정부의 통제와 공공기관의 공공성 및 사회적 책임 활동	[정부의 통제] • 정부는 과반수 이상의 지분, 황금주, 거부권 등으로 정부의 권한 행사 가능 • 선진국은 황금주 등의 행사를 통해 [공식적인 방법을 통해 비일상적으로] 개입하는 반면, 개발도상국은 정부가 정치적 영향력을 행사하며 [비공식적이거나 일상적으로 개입하는 경향(Boubakri, 2011) • 정부가 상장 공공기관의 경영에 개입할 때에도 CEO 등 경영진에게 직접 개입하지 않고 간접적인 방식으로 개입하는 것이 바람직 • 정부의 상장 공공기관의 경영에 대한 정보 접근권과 관련하여 각 정부의 정책에 편차가 큼 • (뉴질랜드) 정부에게 공공기관 경영에 대한 정보와 관련하여 여타 주주보다 더 많은 정보 접근권을 주지 않음 • (인도) 주무 장관은 상장 공공기관의 정보에 더 많이 접근할 수 있는 권한이 주어지고 이사회에게 경영관리의 방향을 제시할 수 있음 • (중국) 상장 공공기관은 경영관리 관련 중요 결정을 내리기 전에 중국 정부와 사전 협의를 해야 함 [사회적 책임 활동] • 많은 나라에서 상장 공공기관의 사회적 책임 활동은 우선순위로 고려되지 않고 있는 실정임 • (중국) 상장 공공기관이 사회적 책임 항목을 공시하도록 의무화되어 있지 않음. 그러나 일부 대형 상장 공공기관은 사회적 책임 보고서를 발간하는 등 기업 이미지 개선을 위해 자발적으로 공시함 • (인도) 정부와 공공기관(상장 비상장 불문)간에 MOU를 체결하여 공공기관의 경영목표를 공유함. 그러나 해당 MOU에 공공기관의 사회적 책임에 대한 사항은 포함되지 않음. • (뉴질랜드) 공공기관은 관련 법령에 의해 사회적 책임 활동을 추진하고 공시해야 함. 그러나 상장 공공기관에게는 그러한 의무가 없음

주: 본 사항은 OECD(2015)를 바탕으로 재구성 및 보완함. 본 사항에서 소개하는 뉴질랜드, 중국, 인도, 폴란드에 대한 사례는 OECD(2015)를 참고함.

한국의 상장 공공기관 정책

이하에서는 국제기구의 분석내용 및 해외사례와의 일관성 유지를 위하여 OECD(2015)에서 제시한 상장 공공기관 정책의 목표와 이슈를 중심으로 한국의 상장 공공기관 정책에 대해 살펴본다.

주식시장 및 자본시장 발달－소액주주 보호

한국의 상장 공공기관은 소액주주를 보호하기 위한 정책을 별도로 가지고 있지는 않다. 다만 상법의 규정을 적용할 수 있다[5].

한국전력공사, 한국가스공사, 지역난방공사 등 다수 에너지 공기업이 주식시장에 상장되어 있는데, 한국의 에너지 공기업은 요금을 시장 상황에 따라 탄력적으로 설정할 수 없다. 정부가 물가 등의 영향을 고려해 통제하기 때문이다. 따라서 에너지 상장 공공기관은 이윤 확대에 상당한 제한이 있을 수밖에 없고, 일반 소액주주는 이 과정에서 여타 상장 기업에의 투자 시에 비해 상대적으로 손해를 볼 수도 있다. 이 경우 상장 공공기관의 소액주주와 여타 주식회사의 소액주주 간에는 차이가 존재할 여지가 있다[6].

....

[5] 상법에서 소액주주의 권한을 보호하는 규정은 다음과 같다. 소액주주권은 회사가 발행한 주식총수의 일정비율 이상의 주식을 가진 주주만이 행사할 수 있는 권리로서 일정한 요건과 구체적 사안에 따라 발행주식총수의 1/100, 3/100, 또는 10/100 이상의 주식수가 필요하다. 그러나 2009년 개정 상법은 상장회사에 대해서는 그 행사요건을 완화하였으며(상법 제542조의6) 정관으로 더욱 완화할 수도 있도록 하였다(상법 제542조의6 제2항). 발행 주식 총수의 10분의 1 이상을 요건으로 하는 소수주주권으로는 회사의 해산청구권(상법 제520조 제1항)과 회사정리개시신청권(회사정리법 제30조 제2항) 등이 있다. 그리고 20분의 1 이상을 요건으로 하는 것에는 이사의 해임청구권(상법 제385조 제2항), 총회소집청구권(상법 제366조), 회계장부열람권(상법 제466조), 회사의 업무와 재산상태의 검사청구권(상법 제467조 제1항), 청산인의 해임청구권(상법 제539조 제2항), 이사의 위법 행위에 대한 유지청구권(상법 제402조), 대표소송(상법 제324조, 제403조, 제467조의2 제4항) 등이 있다. 출처: https://ko.wikipedia.org/wiki/%EC%86%8C%EC%88%98%20EC%A3%BC%EC%A3%BC%EA%B6%8C .

[6] 상장 공공기관의 소액주주와 여타 주식회사의 소액주주간 차이가 있는지에 대한 연구결과는 발견되지 않고 있다. 이들 소액주주간에 차이가 존재한다면 상장 공공기관의 소액주주에 대해서는 별도의 정책이 필요할 것이다.

공공기관에의 자본 유치 및 정부 재정에의 기여-상장 공공기관의 자본 유치

OECD(2015)의 분석과 해외사례에서 알 수 있는 바와 같이 상장 공공기관은 주식시장에 상장된 이후 자본시장으로부터 자본을 보다 원활히 유치할 수 있다. 따라서 정부로부터 출자를 받거나 보조금 등 우회적인 방법으로 지원을 받는 것을 지양해야 할 것이다.

[표 12-5]는 한국의 현재 8개 상장 공기업(공공기관)이 2012년부터 2020년까지 정부로부터 출자금 또는 보조금으로 직접 지원받은 현황을 보여준다. 정부의 알리오 시스템과 금감원의 전자공시시스템에 의하면 정부는 한국전력공사(정부보조금 1,541억원), 한국가스공사(정부출자금 1,600억원, 정부보조금 828억원), 한전KPS(정부보조금 68억원), 중소기업은행(정부출자금 1조 659억원) 등 5개 상장 공기업에게 지난 9년간 2조 709억원(정부출자금 1조 8,196억원, 정부보조금 2,513억원)을 지원하였다.

표 12-5 상장 공공기관 대한 정부의 출자금 및 보조금 지원(2012년~20년)

상장 공공기관	정부 출자금 지원(억원)	정부 보조금 지원(억원)	합계(억원)
한국전력공사	–	1,541	1,541
한국가스공사	1,600	828	2,428
한국지역난방공사	–	76	76
한국전력기술	–	–	–
한전KPS	–	68	68
그랜드코리아레저	–	–	–
강원랜드	–	–	–
중소기업은행	16,596	–	16,596
합계	18,196	2,513	20,709

자료: 기재부의 알리오시스템(Alio), 금감원의 전자공시시스템(Dart)
주: 각 기관별로 정부가 출자금 또는 보조금을 지원한 시기는 다음과 같다. 한국전력공사: 2018-2020, 한국가스공사: 2012-2013년, 2019-2020, 한국지역난방공사: 2016-2020년, 한전KPS: 2012~2015년, 중소기업은행: 2013~2016년, 2019-2020년.

시장원리를 통한 성과 및 효율성 제고—상장 공공기관의 시장성

앞에서 정부가 제1주주라 하더라도 정부는 법령에 규정된 사항에 의해서만 상장 공공기관을 규제하는 사례(뉴질랜드)와, 시장성이 보다 강조되는 상장 공공기관이 공공성 활동을 추진할 경우 제1주주인 정부가 그 비용을 부담하는 사례(뉴질랜드)를 소개한 바 있다.

그러나 한국정부는 상장 공공기관에 대하여 법령에 규정된 규제 이외에 비공식적인 규제 내지 관리를 행하는 것으로 통상 알려져 있다. 또한 한국의 상장 공공기관은 공공성 활동을 적지 않게 추진하고 있다. 예를 들어, 에너지 상장 공기업이 물가 안정 등을 위해 에너지 요금의 인상을 억제하는 것도 공공성 활동 중 하나이다. 그러나 8개 상장 공공기관이 공공성 활동을 하는 것에 대해 한국 정부가 충분한 비용을 부담하는지는 잘 알려져 있지 않다. [표 12-5]에서 살펴본 바와 같이 정부는 8개 상장 공공기관 중 5개 기관에만 출자금 또는 보조금을 지원한 바 있다. 그러나 그것이 해당 공공기관이 원래 수행해야 하는 본연의 사업 이외의 공공성 활동에 대한 정부의 비용 부담인지 여부와 그 정도에 대해서는 별도의 확인이 필요하다.

공공기관의 투명성 대폭 제고 및 지배구조 개선—정보 공시 및 이사회의 독립성

먼저 정보공시와 관련하여, 기재부의 알리오시스템(Alio)[7]은 상장 공공기관의 기관 운영 및 현황, 주요사업 및 경영성과, 대내외 평가, 공지사항, 공공기관 정상화 추진 등에 대한 구체적인 정보를 정기 및 수시로 공시하고 있다. 또한 금감원의 전자공시시스템(Dart)[8]도 정기공시, 주요사항 보고, 발행공시, 지분공시, 외부감사관련, 펀드공시, 자산유동화, 거래소공시, 공정위공시, 기타공시 등 구체적이고 다양한 공시정보를 제출, 정정, 조회할 수 있다. 따라서 한국은 상장 공공기관의 투명성과 관련하여 OECD(2015)가 제시하는 사항을 충분히 이행하고 있는 것으로 볼 수 있다.

다음으로, 이사회의 독립성과 관련하여 한국은 「공공기관의 운영에 관한 법률」에

---

7) http://www.alio.go.kr
8) http://dart.fss.or.kr

공공기관이라면, 상장과 비상장에 관계없이, 사외이사가 이사회의 1/2을 초과하도록 규정하고 있다[9]. 또한 대형 공공기관의 경우 기관장이 아닌 선임 비상임이사가 이사회 의장을 하도록 규정하여 이사회의 독립성을 제고하도록 규정하고 있다[10]. 따라서 한국은 이사회의 독립성과 관련하여 외형상으로는 인도, 중국보다 강화된 규정을 가지고 있다. 그러나 본서 제5장에서 분석한 바와 같이 사외이사가 형식적으로는 독립성을 갖추고 있지만, 실질적으로는 대통령, 정치권 등과 연결된 인사가 선임되어 이사회의 독립성을 갖추지 못한 사례가 상당수이다. 또한 한국은 뉴질랜드와 폴란드처럼 상장 공공기관의 이사회 구성원이 주주의 이해를 대표해야 한다는 규정은 두고 있지 않다.

공공기관에 대한 위험(risk)을 정부와 민간에 적절히 분산－정부의 통제와 공공기관의 공공성 및 사회적 책임 활동

먼저 정부의 통제와 관련하여, OECD(2015)는 정부가 상장 공공기관의 경영에 개입시 CEO 등 경영진에게 직접 개입하지 말고 공식적인 규제 등 간접적인 방식으로 개입할 것을 제안하고 있다. 또한 개발도상국 정부는 상장 공공기관에 일상적으로 개입하는 반면, 선진국 정부는 상장 공공기관에 비일상적으로 개입한다고 보고되고 있다(Boubakri, 2011).

한국은 아래의 사항을 고려시, 정부가 상장 공공기관의 인사, 조직, 예산, 평가 등 제반 경영관리 활동에 대하여 「공공기관의 운영에 관한 법률」, 개별법 및 관련 규정 등을 통한 공식적인 규제와 함께 일상적인 통제도 부가하고 있는 것으로 여겨진다.

상장 공공기관의 CEO, 감사, 상임이사, 비상임이사에 대한 임면은 「공공기관의 운영에 관한 법률」 또는 개별법에 규정되어 있다. 개별법에 임원 임면에 대한 사항이 별도로 규정되어 있더라도 임원 임면에 대해 「공공기관의 운영에 관한 법률」에서 규

---

9) 「공공기관의 운영에 관한 법률」 제24조 제3항에 의해 공기업과 준정부기관의 경우 기관장을 포함한 상임이사는 이사회의 1/2 미만으로 구성하게 되어 있다. 즉 비상임이사가 이사회의 과반수를 구성해야 한다.

10) 「공공기관의 운영에 관한 법률」 제18조에 의해 시장형 공기업과 자산규모가 2조원 이상인 준시장형 공기업의 경우 이사회 의장은 기관장이 아닌 선임 비상임이사가 하도록 규정하고 있다.

정한 사항과 궤를 함께 하고 있다[11]. 통상 해당 공공기관은 공기업, 준정부기관, 기타 공공기관 여부에 따라 차별적인 규정을 적용받는다. 이때 주식시장에의 상장 여부는 임원의 임면과 관련하여 영향을 미치지 않는다.

상장 공공기관의 인력 및 조직과 관련하여 정부는 「공공기관의 운영에 관한 법률」과 「공기업·준정부기관 경영 및 혁신에 관한 지침」에 의거하여 인력과 조직을 통제한다. 상장 공공기관은 인력·조직의 변경을 위해서는 정부에 사전 승인을 받아야 한다.

상장 공공기관의 예산의 경우 「공기업 및 준정부기관 예산편성지침」을 기획재정부가 작성하고, 공공기관운영위원회(위원장, 기획재정부장관)의 의결을 받는다. 동 예산편성지침을 상장 공공기관도 비상장 공공기관과 마찬가지로 차별 없이 따라야 한다. 동 예산편성지침은 주요경비의 지출 방향, 인건비 및 경상경비의 증가율을 제시하고 있다. 상장 공공기관은 지침의 범위 안에서 인력 등을 운용해야 하기에 주식 시황 또는 산업 동향에 맞추어 탄력적으로 인력운용 및 재원을 운용하기 어려운 제약이 존재한다.

상장 공공기관의 평가와 관련하여 정부는 별도의 평가체계를 가지고 있지 않다. 공기업과 준정부기관에 해당하는 상장 공공기관은 주식시장에의 상장 여부와 관계없이 비상장 공기업 또는 비상장 준정부기관과 동일한 평가를 받게 되어 있다. 주요사업(계량, 비계량) 및 경영관리(계량, 비계량)에 대해 평가하는 방식도 상장 공기업이나 비상장 공기업 모두 동일하다. 평가 후 평가 등급(S, A, B, C, D, E)을 부여할 때 상장 공기업만을 대상으로 산정하지 않는다. 상장 공기업과 비상장 공기업을 모두 포괄한 대상 속에서 상대적인 평가를 하여 등급을 부여한다.

다음으로 사회적 책임 활동과 관련하여 해외사례를 살펴보면 상장 공공기관은 사회적 책임 활동을 아직까지 우선순위로 고려하지 않는 실정이다. 한국도 주식시장에 상장한 공공기관의 사회적 책임 활동은 상장되지 않은 경우에 비해 유의하게 후퇴되었다는 실증분석(유승원·이남령, 2014)이 있다.

최근 문재인정부 들어 공기업을 비롯한 공공기관에게 사회적 가치를 강조하고 있다. 상장 공공기관도 예외가 아니다. 그러나 사회적 책임 활동이 경영평가 등을 위한

---

11) 예를 들어, 중소기업은행의 임원 임면에 대한 사항은 「중소기업법」에 규정되어 있다. 은행장은 금융위원회 제청으로 대통령이 임명한다. 정부의 담당 부처가 제청하고 대통령이 임명하는 것은 「공공기관의 운영에 관한 법률」과 일맥상통한다.

보여주기 식으로 활용되는 등 형식적이라는 비판(김석은·홍다연, 2017)이 존재한다. 또한 사회적 책임과 관련하여 정부는 상장 공공기관과 비상장 공공기관간에 차이를 두지 않고 있다.

최근 국내연구 중 공기업의 사회적 책임 활동은 여타 공공기관보다 강화되어야 한 다는 주장(김석은·홍다연, 2017: 103)이 있다. 이를 바탕으로 하면 상장 공기업의 사회적 책임 활동은 비상장 공공기관보다 더 강화되어야 한다는 주장이 가능할 것이다. 그러 나 해외 사례(OECD, 2015)를 보면, 상장 공기업에게 사회적 책임 활동에 대한 부담을 덜 주는 등 반대의 경우도 있다. 앞으로 사회적 책임과 관련하여 상장 공기업에게 비 상장 공기업(공공기관)과 동일한 기준을 적용할지, 아니면 어떠한 차별화된 기준을 적용 할지에 대해 종합적인 검토가 필요할 것이다.

지금까지 살펴본 한국의 상장 공공기관 정책에 대한 제반 사항을 [표 12-6]에 정 리하였다.

표 12 - 6 한국의 상장 공공기관 관련 정책

상장 공공기관의 정책목표와 주요 고려사항	내용
① 주식시장 및 자본시장 발달 —소액주주 보호	• 상법에서 소액주주를 보호하는 규정을 마련 • 그러나 상장 공공기관의 소액주주와 여타 주식회사의 소액주주간 차이가 있는지 여부는 불확실
② 공공기관에의 자본 유치 및 정부 재정에의 기여—상장 공공기관의 자본 유치	• 상장 공공기관은 주식시장 등으로부터의 자본 유치가 여타 기관에 비해 상대적으로 용이함 • 그러나 8개 상장 공공기관 중 3개 기관이 최근 6년간(2012년~17년) 정부로부터 4,076억원의 출자금 또는 보조금을 지원받음
③ 시장원리를 통한 성과 및 효율성 제고—상장 공공기관의 시장성	• 정부는 상장 공공기관에게 시장성을 강조해야 하고, 상장 공공기관에 대한 관리를 위해서는 법령에 규정된 규정에 의해서만 할 필요 • 그러나 정부의 비공식적인 관리가 많다고 통상 알려져 있음 • 상장 공공기관이 공공성 활동을 추진할 경우 정부의 비용 부담 여부 및 정도에 대한 정보 없음
④ 공공기관의 투명성 대폭 제고 및 지배구조 개선—정보 공시 및 이사회의 독립성	[정보 공시] • 기재부의 알리오시스템(Alio)과 금감원의 전자공시시스템(Dart)에서 매우 구체적인 정보가 제공되고 있음 [이사회의 독립성] • 공운법에서 사외이사가 1/2 이상이 되도록 규정하여 외형상으로는 이사회의 독립성이 갖추어 졌지만, 실질적으로는 대통령, 여권 등과 정치적으로 연결된 인사가 선임되어 독립성을 갖추지 못한 사례가 상당수임
⑤ 공공기관에 대한 위험을 정부와 민간에 적절히 분산—정부의 통제와 공공기관의 공공성 및 사회적 책임 활동	[정부의 통제] • 상장 공공기관은 정부통제와 관련하여 비상장 공공기관과 차별을 두지 않음 • 인사, 조직, 예산, 평가와 관련하여 「공공기관의 운영에 관한 법률」과 개별법 및 관련 규정에 근거하여 정부로부터 제반 통제를 받고 있음 [공공성 및 사회적 책임 활동] • 최근 정부는 공공기관의 사회적 가치 활동을 매우 강조. 그러나 다소 형식적이고, 해외사례(뉴질랜드 등)와 달리 상장 공기업과 비상장 공기업간에 차별을 두지 않고 있음

주: 첫 번째 열인 '상장 공공기관 관련 정책목표와 주요 고려사항'은 OECD(2015)에 바탕을 둠

참고문헌

[제1장] 공공기관의 원리

감사원 보도자료. (2018.2.8), 「태양광 발전사업 관련 비리점검」 감사결과.

기획재정부. (2017). 2016년도 공기업·준정부기관 경영실적 평가보고서.

김준기. (2014). 공기업 정책론. 문우사.

배득종, 유승원. (2014). 신재무행정론, 박영사.

유승원. (2020). 정부예산과 재정관리. 문우사.

전수연. (2014). 공공기관 요금체계 평가. 국회예산정책처.

Fama, E. F., & Jensen, M. C. (1983). Separation of ownership and control. The journal of law and Economics, 26(2), 301~325.

Jensen, M. C., & Meckling, W. H. (1976). Theory of the firm: Managerial behavior, agency costs and ownership structure. Journal of financial economics, 3(4), 305~360.

OECD. (2005). OECD Guidelines on Corporate Governance of State-Owned Enterprises.

Vickers, J., & Yarrow, G. K. (1988). Privatization: An economic analysis (Vol. 18). MIT press.

Yarrow. G. (1988). Privatization and economic performance in Britain. Carnegie-Rochester Conference Series on Public Policy, 31(1), 303~344.

[제3장] 공공기관의 지배구조

강영걸. (2004). 공기업 지배구조에 대한 평가와 개선방안: 사장(CEO) 임면과 평가를 중심으로. 정책&지식 제87호, 2~6.

곽채기. (2002). 정부투자기관 지배구조에 대한 평가와 개선방안. 공기업논총 제14권 제1호, 29~63.

남일총, 강영재. (1998). 공기업 민영화 방안. 한국개발연구 제20권 제3·4호, 113~174.

박정수, 박석희, (2011). 공기업 민영화 성과평가 및 향후과제. 한국조세연구원, 1~566.

유승원. (2009). 공기업의 지배구조와 성과: CEO와 내부감사인을 중심으로. 한국개발연구 제31권 제1호, 71~103.

_____. (2013). 공기업의 지배구조가 성과에 미치는 영향: CEO의 정치적 독립성과 전문성을 중심으로. 연세대학교 경영대학 박사학위 논문.

유훈, 배용수, 이원희. (2010). 공기업론. 법문사.

이상철. (2007). 한국 공기업의 이해. 대영문화사.

정갑영, 임웅기, 정구현, 엄구호. (1996). 민영화와 기업구조. 나남출판.

한국개발연구원. (2005). 자율책임경영을 뒷받침하기 위한 공공기관 지배구조 혁신방안. 공공기관 지배구조

혁신방안 공청회 발제자료.
한국조세재정연구원. (2017). OECD 공기업 지배구조 가이드라인 2015 개정판. 공공기관 지배구조 시리즈
　　17-01.
허경선, 라영재. (2011). 공공기관 성과 향상을 위한 공공기관 지배구조의 연구. 한국조세연구원.

Anderson, R. C., Mansi, S. A., & Reeb, D. M. (2004). Board characteristics, accounting report in-
　　tegrity, and the cost of debt. Journal of accounting and economics, 37(3), 315~342.
Ashbaugh, H., Collins, D. W., & LaFond, R. (2004). Corporate governance and the cost of equity
　　capital. Emory, University of Iowa. Retrieved on January, 26, 2006.
Chen, K. C., Chen, Z., & Wei, K. J. (2011). Agency costs of free cash flow and the effect of share-
　　holder rights on the implied cost of equity capital. Journal of Financial and Quantitative analy-
　　sis, 46(1), 171~207.
Claessens, S., & Yurtoglu, B. B. (2012). Corporate governance and development: An update. World
　　Bank.
Cornett, M. M., McNutt, J. J., & Tehranian, H. (2009). The financial crisis, internal corporate gover-
　　nance, and the performance of publicly-traded US bank holding companies. Internal Corporate
　　Governance, and the Performance of Publicly-Traded US Bank Holding Companies (January
　　22, 2009).
Djankov, S., La Porta, R., Lopez-de-Silanes, F., & Shleifer, A. (2008). The law and economics of
　　self-dealing. Journal of financial economics, 88(3), 430~465.
Frederick, W. (2011). Enhancing the Role of the Boards of Directors of State-Owned Enterprises.
　　OECD Corporate Governance Working Papers, No. 2, OECD Publishing, 1~30.
Keasey, K. & Wright, M. (1997). Corporate Governance: Responsibility, Risks and Remuneration.
　　Chichester: John Wiley and Sons.
Laeven, L., & Majnoni, G. (2005). Does judicial efficiency lower the cost of credit?. Journal of
　　Banking & Finance, 29(7), 1791~1812.
Lemmon, M. L., & Lins, K. V. (2003). Ownership structure, corporate governance, and firm value:
　　Evidence from the East Asian financial crisis. The journal of finance, 58(4), 1445~1468.
Mitton, T. (2002). A cross-firm analysis of the impact of corporate governance on the East Asian
　　financial crisis. Journal of financial economics, 64(2), 215~241.
OECD. (2004). OECD Principles of Corporate Governance. OECD Publishing
OECD. (2005). Guidelines on Corporate Governance of State-Owned Enterprises. OECD
　　Publishing.
OECD. (2015). OECD Guidelines on Corporate Governance of State-Owned Enterprises-2015
　　Edition. OECD Publishing.
Rajan, R. G. & Zingales, L. (1998). Financial Dependence and Growth. American Economic Review,
　　88, 559~586.
Vickers, J. & Yarrow, G. (1988). Privatization: An Economic Analysis. Cambridge, MA: MIT Press.
Vickers, J. & Yarrow, G. (1991). Economic Perspectives on Privatization. Journal of Economic
　　Perspectives, 5(2), 111~132.
World Bank. (2007). Finance for All? Polices and Pitfalls in Expanding Access. Washington, D.C.:
　　World Bank.
Wurgler, J. (2000). Financial Markets and the Allocation of Capital. Journal of Financial Economics,
　　58, 187~214.

Yarrow, G. (1989). Privatization and Economic Performance in Britain. Carnegie — Rochester Conference Series on Public Policy. 31(1), 303~344.

[제4장] 정부의 공공기관 지정

감사원. (2017a). 한국방송공사 기관운영감사 통보문.
감사원. (2017b). KBS 이사진 업무추진비 집행 감사 통보문.
배득종, 유승원. (2014). 신재무행정론, 박영사.
유승원. (2014). 공공기관 경영평가 영향요인 연구: 공기업 임원의 정치적연결과 정치적 갈등을 중심으로. 한국행정학보, 48(1).
유승원, 이종원. (2016). 공공기관 지정 기준 및 쟁점기관 검토. 한국조세재정연구원.
조경엽, 송원근, 정연호, 김필헌. (2008). 촛불시위의 사회적 비용, 한국경제연구원 정책연구 2008~04.
조병구. (2006). 불법폭력시위로 인한 사회 경제적 비용에 관한 연구, 한국개발연구원.
한국개발연구원. (2005). 자율책임경영을 뒷받침하기 위한 공공기관 지배구조 혁신 방안. 공공기관 지배구조 혁신방안 공청회 발제자료.
한국조세연구원. (2011). 공공기관 지정·유형구분 기준 재검토. 한국조세재정연구원(공공기관정책연구센터) 수요과제.

IMF. (2015). Government Finance Statistics Manual 2014. International Monetary Fund.

[제5장] 공공기관 임원의 정치적 연결

김다경, 엄태호. (2013). 공공기관 CEO 의 네트워킹 특성이 정부지원금 결정에 미치는 영향에 관한 연구. 한국행정학보, 47(1), 171~200.
민희철. (2008). 정치적 연결이 공기업 보조금에 미친 효과에 대한 분석. 한국조세연구원 재정포럼, 139, 24~31.
유승원. (2013). 공기업 CEO의 정치적 독립성, 이사회 의장 분리, 임원의 전문성과 성과. 한국개발연구, 35(2).
허경선, 라영재. (2011). 공공기관 성과 향상을 위한 공공기관 지배구조의 연구. 한국조세연구원.

Agrawal, A., & Knoeber, C. R. (2001). Do some outside directors play a political role. Journal of Law and Economics, 44, 179.
Bertrand, M., Kramarz, F., Schoar, A., & Thesmar, D. (2004). Politically connected CEOs and corporate outcomes: Evidence from France. Unpublished manuscript.
Chong, A. & M. Gradstein (2007), On the Determinants and Effects of Political Influence. Inter — American Development Bank Working Paper 616, Washington, DC.
DeAngelo, L. E. (1981). Auditor size and audit quality. Journal of accounting and economics, 3(3), 183 – 199.
Desai, R. M. & Olofsgard, A. (2011). The Costs of political influence: firm – level evidence from developing countries. Quarterly Journal of Political Science, 6(2), 137 – 178.
Dopuch, N., King, R. R., & Schwartz, R. (2003). Independence in appearance and in fact: An experimental investigation. Contemporary Accounting Research, 20(1), 79 – 114.
Faccio, M. (2006), Politically connected firms, The American Economic Review, 96(1), 369~386.
Faccio, M. (2010), Differences between politically connected and non – connected firms: a cross

country analysis, Financial Management, 39(3), 905~927.

Frederick, W. R. (2011). Enhancing the role of the boards of directors of state—owned enterprises. OECD Corporate Governance Working Papers, (2), 1.

Gehlbach, S. (2006). The Consequences of Collective Action: An Incomplete—Contracts Approach. American Journal of Political Science, 50(3), 802~823.

Hellman, J. S., Jones, G., & Kaufmann, D. (2003). Seize the state, seize the day: state capture and influence in transition economies. Journal of Comparative Economics, 31(4), 751~773.

Kamal, M. (2010). Corporate governance and state—owned enterprises: a study of Indonesia's code of corporate governance. J. Int'l Com. L. & Tech., 5, 206.

Krueger, A. O. (1974). The political economy of the rent—seeking society. The American economic review, 64(3), 291~303.

Mallin, C. A. (2010). Corporate Governance, Oxford University Press.

Menozzi, A., Urtiaga, M. G., & Vannoni, D. (2012). Board composition, political connections, and performance in state—owned enterprises. Industrial and Corporate Change, 21(3), 671~698.

Niskanen, W. A. Jr. (1971). Bureaucracy and Representative Government, Chicago: Aldine Altherton.

Schuetze, W. P. (1994). A Mountain or a Molehill?. Accounting Horizons, 8(1), 69.

Shleifer, A., & Vishny, R. W. (1994). Politicians and firms. The Quarterly Journal of Economics, 109(4), 995~1025.

Slinko, I., Yakovlev, E., & Zhuravskaya, E. (2005). Laws for sale: evidence from Russia. American Law and Economics Review, 7(1), 284~318.

Sutton, J. (1997). Gibrat's legacy. Journal of economic literature, 35(1), 40~59.

The Institute of Internal Auditors. (2012). International Professional Practices Framework (IPPF), 2011 Edition—Updated for 2012.

Qin, B. (2011). Political connection and government patronage: Evidence from Chinese manu— facturing firms. Unpublished research paper.

Williamson, D. (1974). The Economics of Discretionary Behavior, Englewood Cliffs: Prentice Hall.

[제6장] 선거와 공공기관

박석희. (2009). 공공기관 경영평가제도의 최근 쟁점과 과제. 한국행정학회 2009년 동계학술대회 발표논문.

신현한, 장진호. (2003). 최고경영자의 교체에 따른 경영성과 변화. 재무연구, 16(2), 231~256.

유승원. (2014). 공공기관 경영평가 영향요인 연구: 공기업 임원의 정치적연결과 정치적갈등을 중심으로. 한국행정학보, 48(1), 339~368.

_____. (2016). 선거와 공기업의 성과. 한국조세재정연구원 2015 재정네트워크.

유승원, 김수희. (2012). 공기업의 임원교체와 중도퇴임이 경영성과에 미치는 영향. 한국개발연구, 34(3), 95~131.

Agle, B. R., Nagarajan, N. J., Sonnenfeld, J. A., & Srinivasan, D. (2006). Does CEO charisma matter? An empirical analysis of the relationships among organizational performance, environmental uncertainty, and top management team perceptions of CEO charisma. Academy of Management Journal, 49(1), 161~174.

Alesina, A. (1987). Macroeconomic policy in a two—party system as a repeated game. The Quarterly Journal of Economics, 102, 651~678.

Alesina, A., & Perotti, R. (1996). Income distribution, political instability, and investment. European

Economic Review, 40(6), 1203~1228.

Allen, M. P., Panian, S. K., & Lotz, R. E. (1979). Managerial succession and organizational perform- ance: A recalcitrant problem revisited. Administrative Science Quarterly, 167~180.

Anastassopoulos, J. P. C. (1981). The French experience: conflicts with government. State-Owned Enterprise in the Western Economies. London: Croom Helm, 99~116.

Barro, Robert J. (1991). Economic growth in a cross section of countries, Quarterly Journal of Economics, 98, 85~106.

Bates, R. H. (2005). Markets and States in Tropical Africa: The Political Basis of Agricultural Policies: With a New Preface. Univ of California Press.

Bernanke, B. S. (1983). Irreversibility, uncertainty, and cyclical investment. The Quarterly Journal of Economics, 98(1), 85~106.

Denis, D. J., & Denis, D. K. (1995). Performance changes following top management dismissals. The Journal of finance, 50(4), 1029~1057.

Dinç, I. S. (2005). Politicians and banks: Political influences on government-owned banks in emerging markets. Journal of financial economics, 77(2), 453~479.

Grassini, F. A. (1981). The Italian experience: A historical perspective. State-Owned Enterprise in Western Economies, Croom Helm, Londres, 70~84.

Grossman, G. M., & Krueger, A. B. (1991). Environmental impacts of a North American free trade agreement (No. w3914). National Bureau of Economic Research.

Grusky, O. (1963). Managerial succession and organizational effectiveness. American Journal of Sociology, 69(1), 21~31.

Julio, B., & Yook, Y. (2012). Political uncertainty and corporate investment cycles. The Journal of Finance, 67(1), 45~83.

Khanna, N., & Poulsen, A. B. (1995). Managers of financially distressed firms: Villains or scape- goats?. The Journal of Finance, 50(3), 919~940.

Krueger, A. O. (1974). The political economy of the rent-seeking society. The American Economic Review, 64(3), 291~303.

Luechinger, S., & Moser, C. (2014). The value of the revolving door: Political appointees and the stock market. Journal of Public Economics, 119, 93~107.

Niskanen, W. A. Jr. (1971). Bureaucracy and Representative Government. Chicago: Aldine Altherton.

Nordhaus, W. D. (1975). The political business cycle. The review of economic studies, 42(2), 169~190.

Pfeffer, J., & Salancik, G. R. (2003). The external control of organizations: A resource dependence perspective. Stanford University Press.

Qin, B. (2011). Political connection and government patronage: Evidence from Chinese manu- facturing firms. Unpublished research paper.

Rodrik, D. (1991). Policy uncertainty and private investment in developing countries. Journal of Development Economics, 36(2), 229~242.

Rogoff, K. (1990). Equilibrium political budget cycles. American Economic Review, 80, 21~36.

Shleifer, A., & Vishny, R. W. (1994). Politicians and firms. The Quarterly Journal of Economics, 109(4), 995~1025.

Smith, J. E., Carson, K. P., & Alexander, R. A. (1984). Leadership: It can make a difference. Academy of Management Journal, 27(4), 765~776.

Vickers, J. & Yarrow, G. (1991). Economic perspectives on privatization. Journal of Economic

Perspectives, 5(2), 111~132.

Yarrow, G. (1989). Privatization and economic performance in Britain. Carnegie—Rochester Conference Series on Public Policy, 31(1), 303~344.

Waldman, D. A., Ramirez, G. G., House, R. J., & Puranam, P. (2001). Does leadership matter? CEO leadership attributes and profitability under conditions of perceived environmental uncertainty. Academy of Management Journal, 44(1), 134~143.

[제7장] 공공기관의 사회적 가치와 ESG

기획재정부. (2017a). 2017년도 공공기관 경영평가편람(수정).
_____. (2017b). 공공기관 경영평가제도 개편방안.
대한민국정부. (2018). 국민이 주인인 정부를 실현하는「정부혁신 종합 추진계획」.
박춘섭. (2021). ESG경영－선택이 아닌 필수. 발표 자료.
유승원. (2014). 공공기관 경영평가 영향요인 연구: 공기업 임원의 정치적 연결과 정치적 갈등을 중심으로. 한국행정학보, 48(1), 339~368.
유승원, 이남령. (2014). 공기업의 지배구조가 사회적 책임 활동에 미치는 영향. 경영연구, 29(3), 267~290.
최순빈. (2017). 기업의 사회적 책임과 재무적 성과 관련성에 관한 연구. 기업경영리뷰, 8(1), 149~174.

Barnea, A., & Rubin, A. (2010). Corporate social responsibility as a conflict between shareholders. Journal of business ethics, 97(1), 71~86.

Elahuge, E. (2005). Corporate managers' operational discretion to sacrifice profits in the public interest. Environmental Protection and the Social Responsibility of Firms, Washington, DC: Resources for the Future.

Fernández, B., & Souto, F. (2009). Crisis and Corporate Social Responsibility: Threat or Opportunity?. International Journal of Economic Sciences and Applied Research, 2(1), 36~50.

Giannarakis, G., & Theotokas, I. (2011). The effect of financial crisis in corporate social responsibility performance. International Journal of Marketing Studies, 3(1), 2.

ISO. (2010). Guidance on social responsibility. International Standard ISO26000.

Karaibrahimoglu, Y. Z. (2010). Corporate social responsibility in times of financial crisis. African Journal of Business Management, 4(4), 382.

Lin, L. W. (2010). Corporate social responsibility in China: Window dressing or structural change. Berkeley J. Int'l L., 28, 64.

McGuire, J. B., Sundgren, A., & Schneeweis, T.(1988), Corporate social responsibility and firm financial performance, Academy of management Journal, 31(4), 854~872.

Nowak, Martin A. "Five rules for the evolution of cooperation." science 314, no. 5805 (2006): 1560~1563.

Rodriguez, P., Siegel, D. S., Hillman, A., & Eden, L. (2006). Three lenses on the multinational enterprise: Politics, corruption, and corporate social responsibility. Journal of International Business Studies, 37(6), 733~746.

Valentine, S., & Fleischman, G.(2008), Ethics programs, perceived corporate social responsibility and job satisfaction, Journal of Business Ethics, 77(2), 159~172.

Waldman, D. A., Siegel, D. S., & Javidan, M.(2006), Components of CEO Transformational Leadership and Corporate Social Responsibility, Journal of Management Studies, 43(8), 1703~1725.

Windsor, D. (2006). Corporate social responsibility: Three key approaches. Journal of management studies, 43(1), 93~114.

Zajac, E. J.(1990), CEO selection, succession, compensation and firm performance: A theoretical integration and empirical analysis, Strategic Management Journal, 11(3), 217~230

Zheng, H., & Zhang, Y. (2016). Do SOEs outperform private enterprises in CSR? Evidence from China. Chinese Management Studies, 10(3), 435~457.

[제8장] 공공기관 경영평가

곽채기. (2003). 정부투자기관의 비효율성 통제를 위한 경영평가제도의 역할 및 운영 성과. 공기업논총, 15, 49~91.

김지영. (2010). 경영평가제도와 공기업의 수익성. 한국조세연구원 월간 재정포럼 10월호.

박석희. (2006). 공공부문의 성과관리와 조직역량: 차단된 시계열설계를 통한 13 개 공기업의 실증분석. 한국행정학보, 40(3), 219~244.

박순애. (2017). 공공기관의 성과측정과 관리: 경영평가 패러다임의 변화와 도전과제. 공공부문의 성과측정과 관리 (박순애 편). 문우사.

박정수. (2014). 공공기관 경영평가분석: 자율과 책임의 균형. 2014 공공기관과 국가정책. 한국조세재정연구원.

박정수, 이혜윤. (2013). 공공기관 관리모형의 새로운 접근. 한국개발연구원.

박진. (2015). 평가위원에 대한 평가가 필요. 공공기관 경영평가 30년, 회고와 전망. 한국조세재정연구원.

신완선, 라영재. (2014). 공공기관 경영평가제도 현황과 발전방안. 공기업 개혁: 쟁점과 사례 (박순애·김준기 편). 박영사.

유승원. (2009). 공기업의 지배구조와 성과: CEO와 내부감사인을 중심으로. 한국개발연구, 31(1), 71~103.

유훈, 배용수, 이원희. (2010). 공기업론. 법문사.

윤용준. (2017). 언론보도의 특성과 공공기관 경영평가 결과의 상관관계 연구: 준정부기관을 중심으로. (석사학위논문, 경희대학교 경영대학원).

장지인, 곽채기, 신완선, 오철호. (2012). 공공기관 경영평가제도의 변천 연구. 한국조세재정연구원.

조택, 송선하. (2010). 경영평가 제도가 준정부기관 효율성에 미치는 영향에 관한 연구. 한국거버넌스학회보, 17(3), 85~106.

최성락, 박민정. (2009). 공기업 경영 평가 제도의 성과 분석. 행정논총, 47(1).

황영경. (2014). 언론보도의 질적·양적 특성이 공공기관 경영평가에 미치는 영향에 관한 연구 (석사학위논문, 서울대학교 행정대학원).

각년도 경영평가 실적보고서(각기관).

각년도 공공기관 경영실적 평가보고서(기획재정부)

Aharoni, Y. (1981). Note—Performance Evaluation of State-Owned Enterprises: A Process Perspective. Management Science, 27(11), 1340~1347.

Bruns, W. Jr. (1993). Responsibility Centers and Performance Measurement. Harvard Business Review.

Pfeffer, J. & G. R. Salancik. (1978). The External Control of Organizations: A Resource-Dependence Perspective, New York : Harper & Row.

Shirley, M., & Nellis, J. (1991). Public enterprise reform. The lessons of experience. World Bank, Economic development Institute, Washington. DC.

Singh, J., R. House & D. Tucker. (1986). Organizational Change and Organizational Mortality. Administrative Science Quarterly, 31(4): 587~611.

Williamson, O. (1984). Corporate Governance. Yale Law Journal, 93(7): 1197~1229.

[제9장] 공공기관의 인사·조직·재무 관리 및 노사관계

김재환. (2019). 노동이사제의 공공부문 도입 현황과 공공기관 도입 논의. 국회입법조사처 NARS 현안분석 제101호.
원구환. (2018). 공기업론. 대영문화사.
이상철. (2018). 한국공기업의 이해(제3판). 대영문화사.

[제10장] 공공기관과 협력업체의 동반성장

신현한, 유승원, 김소연. (2017). 「공기업과 협력업체간 협력관계 분석」. 한국조세재정연구원 연구보고서.

[제11장] 공공기관 민영화

가재창. (1998). 한국 공기업 민영화정책의 변천과 향후 방향. 사회과학연구, 9, 155~169.
가재창, 심재권. (1997). 정부와 시장관계에서 본 한국 공기업 민영화. 사회과학연구, 8, 123~145.
강신일. (1987). 공기업 민영화의 일반적 고찰. KDI 공기업 민영화에 관한 정책토론회 자료.
경제기획원. (1988). 공기업백서.
권미정. (2003). 현장에서 2: 전력산업 민영화, 노무현 노동정책의 시금석. 노동사회, 72, 87~90.
기획예산처. (2002). 2002 국민의정부 공공개혁백서.
기획재정부. (2011). 2008~2010 공공기관 선진화 백서.
_____. (2012). 공공기관 선진화. 정책자료집 3 각론.
_____. (2015). 2단계 공공기관 정상화 추진방향 (2015.1.16 발표)
김근세, 권순정. (1997). 작은 정부?: 김영삼 행정부의 정부규모에 관한 실증적 분석. 한국행정학보, 31(3), 275~293.
김인철, 김만기. (1995). 기고논문: 민영화정책과 국민주 보급방식; 재평가. 한국정책학회보, 4(2), 211~232.
김준기. (2014). 제10장 공기업 민영화 정책. 공기업 정책론. 문우사.
김현숙, 민희철, 박기백. (2007). 공기업 민영화 성과분석: 국민 경제적 관점의 효과. 한국조세연구원.
노광표. (2010). 정부의 공공기관 선진화정책 진단과 과제. 한국노동사회연구소.
대한민국정부. (2013). 공공기관 정상화 대책. (2013.12.11 발표)
민희철. (2009). 민영화가 기업의 수익성에 미친 효과 분석. 재정학연구, 2(2), 67~86.
박정수, 박석희. (2011). 공기업 민영화 성과평가 및 향후과제. 한국조세연구원.
송정헌, 손주현. (2012). 민영화 정책의 평가와 과제. 2012 공공기관과 국가정책. 한국조세연구원.
유승원, 이남령. (2014). 공기업의 지배구조가 사회적 책임 활동에 미치는 영향. 경영연구, 29(3), 267~290.
이창원. (2009). 이명박정부 공공기관 선진화의 추진 성과와 문제점. 한국조직학회보 6(2), 153~177.
재정경제부. (2001). 공기업 경영효율화 및 민영화 관련 통계.
조성봉. (2011). 이명박정부 공기업 선진화 정책의 평가와 향후 과제. 규제연구, 20(2), 33~67.
한국조세재정연구원. (2016). 공공기관 관리제도의 이해 1권: 개괄·정책. 기획재정부 수탁과제.

Boubakri, N., & Cosset, J. C. (1998). The financial and operating performance of newly privatized firms: Evidence from developing countries. The Journal of Finance, 53(3), 1081~1110.
Dewenter, K. L., & Malatesta, P. H. (2001). State−owned and privately owned firms: An empirical

analysis of profitability, leverage, and labor intensity. American Economic Review, 91(1), 320~334.

D'souza, J., & Megginson, W. L. (1999). The financial and operating performance of privatized firms during the 1990s. The Journal of Finance, 54(4), 1397~1438.

Galal, A., Jones, L., Tandon, P., & Vogelsang, I. (1992). Welfare consequences of selling public enterprises: Case studies from Chile, Malaysia, Mexico, and the UK. Country Economics Department, Public Sector Management and Private Sector Development Division, The World Bank, Washington, DC.

La Porta, R., F. Lopez−de−Silanes, and A. Shleifer. (1999). Corporate ownership around the world, Journal of Finance 54, 471~517.

Megginson, W. L., Nash, R. C., & Randenborgh, M. (1994). The financial and operating performance of newly privatized firms: An international empirical analysis. The Journal of Finance, 49(2), 403~452.

OECD. (2003). Privatising state−owned enterprises: an overview of policies and practices in OECD countries. OECD.

Vuylsteke, C., Nankani, H., Candoy−Sekse, R., & Palmer, A. R. (1988). Techniques of Privatization of State−owned Enterprises: Methods and implementation (Vol. 88). World Bank Publications.

[제12장] 주식시장에 상장된 공공기관

김석은, 홍다연. (2017). 공공기관의 미션과 사회적 책임의 전략적 연계. 한국행정학보, 51(2), 97~122.
유승원, 이남령. (2014). 공기업의 지배구조가 사회적 책임 활동에 미치는 영향. 경영연구, 29(3), 267~290.

Alanazi, A., Liu, B., & Forster, J. (2011). Saudi Arabian IPOs and privatized firms profitability. Review of Middle East Economics and Finance, 7(1), 67~90.

Bortolotti, B., & Siniscalco, D. (2004). The challenges of privatization: an international analysis. Oxford University Press on Demand.

Boubakri, N., Cosset, J. C., Guedhami, O., & Saffar, W. (2011). The political economy of residual state ownership in privatized firms: Evidence from emerging markets. Journal of Corporate Finance, 17(2), 244~258.

D'souza, J., Megginson, W., & Nash, R. (2007). The effects of changes in corporate governance and restructurings on operating performance: Evidence from privatizations. Global Finance Journal, 18(2), 157~184.

Megginson, W. L., & Netter, J. M. (2001). From state to market: A survey of empirical studies on privatization. Journal of economic literature, 39(2), 321~389.

OECD. (2003). Privatising state−owned enterprises: an overview of policies and practices in OECD countries. OECD.

OECD. (2015). Broadening the ownership of state−owned enterprises: a comparative report. OECD Working Party on State Ownership and Privatisation Practices.

Pargendler, M., Musacchio, A., & Lazzarini, S. G. (2013). In strange company: The puzzle of private investment in state−controlled firms. Cornell Int'l LJ, 46, 569.

찾아보기

ㄱ

감사　50, 77

감사위원　50

강소형　115

강원랜드　198, 212

개발도상국　170, 205

거시적 후생　176, 183

검사청구권　211

경영공시　51

경영관리　117, 127

경영관리 계량　127

경영목표　51

경영실적 보고서　131

경영정보공시　116

경영지침　51

경영진·종업원 직접매각　172

경영평가　51, 93

경영평가단　117, 128

경영혁신　116

경제기획원　186

경찰공제회　46, 66

계량지표　118

계약　51

계획　184

고객　106

고정효과모형　95

공개경쟁 입찰　186

공공기관 경영평가　93, 114

공공기관 선진화　190

공공기관 유형 분류　48

공공기관 정상화　192

공공기관 지정　43, 45, 52

공공기관 지정시　49

공공기관운영위원회　119, 131, 215

공공기관의 운영에 관한 법률　42, 114, 214

공공부문　198

공공선택이론　91

공공성　10, 12, 207, 214

공공재　6

공기업　43, 45, 48, 50

공기업 1유형　115

공기업 2유형　115

공기업 민영화추진위원회　186

공기업 및 준정부기관 예산편성지침　215

공기업·준정부기관 경영 및 혁신에 관한 지침　215

공기업의 대리인 구조　10
공기업의 운영원리　8
공기업의 포괄범위　5
공모방식　172
공무원연금공단　48
공시　206
공정거래법　148
공정거래위원회　148
공정성　106
공청회　188
관리업무비　116
광의의 공기업　5
교보생명보험　151
교통·SOC 공기업　155, 158, 163
국내 상장 공공기관　198
국민건강보험공단　7, 33
국민경제　168
국민은행　186
국민평가　116
국방과학연구소　7, 33
국정교과서　188
국제기준상 공기업　5
국제표준화기구　106
국책은행　205
군인공제회　46
그랜드코리아레저　193, 198, 212
글로벌 스탠다드　206
글로벌 실적비교 방식　118
금융감독원　57
금융기관감사조치법　185
금호아시아나　151
기관장　50, 77, 109
기관장 교체　90

기관투자가　205
기금관리형　115
기금관리형 준정부기관　48
기속　54
기업성　10, 12
기업연령　147, 152
기타 에너지 공기업　155, 158, 163
기타공공기관　43, 46, 48, 50
기획예산위원회　188
기획예산처　188
기획재정부　44, 48, 117, 131
김대중정부　176, 188, 195
김영삼정부　187, 195

ㄴ

낙하산 인사　71, 73
노동　106
노동집약도　176
노르웨이　199
노무현정부　70, 189, 196
노사관계　116
노태우정부　186, 195
농업협동조합　46
농협　151
농협중앙회　66
뉴질랜드　199, 204, 206, 207, 208

ㄷ

다중적 대리인 구조　8, 91
당기순이익　25, 110, 147, 152
대·중소기업 상생협력 촉진에 관한 법률
　145
대규모 기업진단 협력업체　164

대기업　103, 145
대리인비용　8
대림　151
대성　151
대우건설　151
대우조선해양　151
대표소송　211
대한광업제련공사　184
대한교과서　176
대한무역투자진흥공사(KOTRA)　7, 33
대한민국　199
대한석유공사　185
대한석탄공사　126, 150
대한송유관공사　176, 179
대한염업　184
대한재보험공사　184
대한전선　151
대한조선공사　184
대한주택공사　189
대한준설공사　185
대한철광개발　184
대한통운　184
대한항공공사　184
대한해운공사　184
덴마크　199
도전성　128
동국제강　151
동부　151
동양　151
두산　151
두산중공업　176, 180
등급　121

ㄹ
레버리지　175
롯데　151
리투아니아　199

ㅁ
말레이시아　178
매출　110
매출액　147, 152
매출총이익률　153
멕시코　170, 178
목표부여(편차) 방식　118
문재인정부　70, 193, 215
미국　199
미테랑　85
민간투자유치　172
민영화의 성과　173, 182

ㅂ
박근혜정부　70, 191, 196
박정희정부　184, 195
발달－소액주주　211
발전사 공기업　155, 158, 163
방만경영　62, 67
배당금　175
법정 임기　91
벨기에　199
보수　23, 51, 116
보조금　212
복리후생관리　116
부분 민영화　201
부채　110, 147
부채감축　116

부채규모   152
부채현황   25
분산형   171
불공정행위   179
불확실성   89
비계량지표   118
비상임이사   50
비상장 협력업체   160
비위행위   51

ㅅ

사기업의 대리인 구조   8
사모방식   172
사실상 독립성   75
사실상 지배력   43
사외이사   77
사회적 책임   207, 214
산업연관효과   177
삼성   151
삼성전자   18
삼천리   151
상법   211
상임이사   50
상장 공기업   197
상장 협력업체   160
상장 협력업체와 비상장 협력업체   164
상호부조기관   46, 48, 64
상호출자제한 기업집단   148
생산성   177
생산자 이윤   177
서울은행   185
성과   87, 213
성과·환류   184

성과급   119, 130
세아   151
소득재분배   179
소비자 후생   177
소상공인   148
소상공인 보호 및 지원에 관한 법률
    148
소수주주권   211
소액주주   204
소액주주권   211
소프트웨어   190
수산업협동조합   46
수직적 형평성   126
수평적 형평성   126
수협중앙회   66
스위스   199
스페인   199
슬로베니아   199
시장성   44, 205, 213
시장실패   6
시장원리   202
시장조정   154
시장형 공기업   48
시중은행   185
식품안전정보원   7, 33
신경제 100일 계획   187
신세계   151
신용보증기금   48
실물경제   88
실행   184
씨제이   151

ㅇ

아모레퍼시픽   151
안전   6
알리오시스템   17, 198, 212
언론자유지수   63
에너지 공공기관   192
에쓰-오일   151
에어 프랑스   85
엘에스   151
연구개발   6
연봉   23
열린 혁신   116
열린재정시스템   17
영국   178, 199
영업이익률   153
영풍   151
예산편성지침   215
오스트리아   199
오씨아이   151
완전 민영화   201
외관상 독립성   75
외부 충격   93
외부효과   6
외환 의존   185
외환은행   186
우리사주   198
원가보상률   56
원가절감   178
위탁집행형   115
위탁집행형 준정부기관   48
위험   202, 207, 214
위험관리   179
유가증권시장   198

유지청구권   211
유진   151
유틸리티   7
윤리경영   104
이명박정부   70, 190, 196
이분차이(difference-in-differences)
    모형   174
이사회   50
이사회의 독립성   108, 206, 213
이탈리아   199
인권   106
인도   199, 205, 206, 208, 214
인센티브   124
인적자원관리   116
인천국제공항   191
인천국제공항공사   48, 117
인천국제공항청사   150
인천중공업   184
인천항만공사   150
일반적으로 인정된 회계원칙   56
일본   199
일자리   85, 104
일회성 평가   130
임대 또는 경영계약   172
임원   83
임원임면   50

ㅈ

자본 유치   201, 205, 212
자본시장   170, 201, 211
자산   24, 110, 147
자산규모   152
자산매각방식   172

자연독점 6, 170
자율·책임경영 114
자율경영 125
자체수입 44, 56
작은 정부 190
재량 52
재무관리계획 116
재무성과 93, 156
재벌 148
재벌 편중형 185
재임 기간 109
재정여건 170
재향군인회 66
전두환정부 185, 195
전략기획 116
전문성 128
전자공시시스템(Dart) 19, 198, 212
절충형 171
정보의 비대칭 6
정부 3.0 192
정부 재정 201, 205
정부 재정통계 매뉴얼 67
정부권장정책 116
정부부처·지자체의 대리인 구조 8
정부산하기관 관리기본법 54
정부조직관리정보시스템 17
정부투자기관 관리기본법 54
정치 84
정치적 네트워크 74, 91
정치적 독립성 75
정치적 연결 74, 108
정치적 연결성 83
제1주주 206

제도단위 43
제일은행 185
제주국제자유도시개발센터 150
조흥은행 185
종업원 수 147, 152
주식시장 201, 211
주요사업 117, 127
주요사업 계량 127
주요사업 비계량 127
주주총회 205
주택도시보증공사 193
준시장형 공기업 48
준정부기관 43, 45, 48, 50
중간재 177
중견기업 148
중국 199, 206, 207, 214
중소기업 148
중소기업기본법 148
중소기업은행 57, 198, 212
중소기업진흥공단 7, 33
중앙은행 48
중요성 44
중흥건설 151
증권거래소 186
지배구조 106, 202, 206, 213
지분 204, 207
지역난방공사 211
지역참여·발전 106
집중형 171

ㅊ
차이 49
착시현상 72

체계적인 오류 77
체코 199
총인건비 116
총자산이익률 94, 153
최광의의 공기업 5
추세치 방식 118
출연·출자 기관 51
출자금 212
칠레 178, 199

ㅋ

케이씨씨(KCC) 151
케이티 151
코리안RE 184
코스닥 시장 198
코오롱 151
큰 시장 190

ㅌ

태영 151
터키 170, 199
통제가능성 43
투명성 124, 202, 206, 213

ㅍ

평가위원 128
포스코 151, 176, 180
포항제철 186, 188
폴란드 199, 204, 205, 207
프랑스 199
프리덤하우스 63
피어슨 상관계수 156
피어슨 상관관계 127

피평가기관 125
핀란드 199

ㅎ

하드웨어 190
한계 124
한국가스공사 151, 189, 198, 211, 212
한국가스기술 192
한국가스안전공사 7, 33
한국감정원 186
한국건설관리공사 193
한국공항공사 150, 191
한국관광공사 193
한국광물자원공사 150
한국교육방송공사(EBS) 46
한국국방연구원 7, 33
한국기계공업 184
한국남동발전 150, 189, 192
한국남부발전 150, 192
한국노인인력개발원 7, 33
한국농어촌공사 48
한국도로공사 149, 150, 151
한국동서발전 150, 192
한국문화진흥 193
한국방송공사(KBS) 46
한국보훈복지의료공단 7, 33
한국산업은행 7, 33, 57
한국상업은행 184
한국서부발전 149, 150, 192
한국석유공사 150
한국소비자원 7, 33
한국수력원자력 150, 192
한국수산개발공사 184

한국수자원공사   48, 127, 150
한국수출입은행   7, 33
한국연구재단   7, 33
한국은행   57
한국장애인고용공단   7, 33
한국전기안전공사   7, 33
한국전력공사   7, 12, 20, 33, 150, 151,
    186, 189, 198, 211, 212
한국전력기술   198, 212
한국조폐공사   7, 33
한국중공업   188
한국중부발전   150, 192
한국지역난방공사   150, 151, 189, 198,
    212
한국철도공사   48, 120, 150, 151
한국청소년상담복지개발원   7, 33
한국타이어   151
한국토지공사   189
한국토지주택공사   7, 33
한국통신   188
한국환경공단   7, 33
한라   151
한솔   151
한전KDN   192
한전KPS   198, 212
한진   151
한진중공업   151
한화   151
해양환경관리공단   7, 33, 150
해외 상장 공기업   199
해임청구권   211
헝가리   199
현대   151

현대백화점   151
현대산업개발   151
현대자동차   20, 151
현대중공업   151
현장실사   131
협력업체   167
협의의 공기업   5
형평성   126, 179, 183
환경   106, 179
황금주   207
회사정리개시신청권   211
효성   151
효율성   170, 182, 202, 213
후생   176

기타

1종 오류   76
1주주   90, 200, 204
2종 오류   76
88관광개발   193
EBS   48, 60
EU   45, 169
GAAP   56
GFSM   67
GS   151
IMF 외환위기   188
IMF   45, 169
IPO   146, 205
ISO   106
ISO26000   106
KAL   184
KBS   48, 60
KT&G   176, 179

KT   176, 179

KTB 네트워크   176

LG   151

MOU   208

NH투자증권   146

OECD   45, 169, 197, 199

plan－do－see   184

SK   151

SK가스(주)   22

Wilcoxon rank sum 검정   174

저자 유승원

(현) 경찰대 행정학과 부교수

연세대 경영학과 박사(회계학), 미국공인회계사

영국 Exeter대 정치학과 연구원

기획재정부·대통령실·국세청 근무(행정고시 재경직)

기획재정부 공기업·준정부기관 경영평가단 평가위원(간사·팀장)

문화체육관광부 기타공공기관 경영평가단 평가위원

해양수산수 기타공공기관 경영평가단 평가위원

행정안전부 지방공기업 경영평가단 평가위원

행정안전부 정부혁신평가단 평가위원 등

신재무행정론(박영사: 공저)

정부예산과 재정관리(문우사)

제 2 판
공기업의 정치경제

초판발행	2018년 9월 10일
제2판발행	2022년 2월 25일

지은이	유승원
펴낸이	안종만·안상준

편 집	우석진
기획/마케팅	오치웅
표지디자인	이영경
제 작	고철민·조영환

펴낸곳	(주)**박영사**
	서울특별시 금천구 가산디지털2로 53, 210호(가산동, 한라시그마밸리)
	등록 1959. 3. 11. 제300-1959-1호(倫)
전 화	02)733-6771
f a x	02)736-4818
e-mail	pys@pybook.co.kr
homepage	www.pybook.co.kr
ISBN	979-11-303-1516-4 93320

정 가   15,000원